Franck Fischbach est Professeur en Histoire de la philosophie allemande à l'université Paris 1 Panthéon-Sorbonne.

POUR LA THÉORIE CRITIQUE

DU MÊME AUTEUR
   À LA MÊME LIBRAIRIE

Après la production. Travail, nature et capital, 2019
Philosophies de Marx, 2015
La production des hommes. Marx avec Spinoza, 2014
La critique sociale au cinéma, 2012
La privation de monde. Temps, espace et capital, 2011
Sans objet. Capitalisme, subjectivité, aliénation, 2009
L'être et l'acte. Enquête sur les fondements de l'ontologie moderne de l'agir, 2003
Du commencement en philosophie. Étude sur Hegel et Schelling, 1999

MOMENTS PHILOSOPHIQUES

Franck FISCHBACH

POUR LA THÉORIE CRITIQUE

RAISON, NATURE ET SOCIÉTÉ

PARIS
LIBRAIRIE PHILOSOPHIQUE J. VRIN
6 place de la Sorbonne, V^e
2024

© *Librairie Philosophique J. VRIN*, 2024
Imprimé en France
ISSN 1968-1178
ISBN 978-2-7116-3152-0
www.vrin.fr

CRITIQUE SOCIALE ET CRISE ÉCOLOGIQUE[1]

> Là où la société bourgeoise se confronte immédiatement
> à la nature, la production et la destruction coïncident.
> Dans l'abattoir, tuer et fabriquer des denrées alimentaires
> font un[2].

La théorie critique de la société fait-elle face à la crise
écologique comme à un défi qui l'oblige à se renouveler
et à se transformer ? Poser la question en ces termes, c'est
présumer que la théorie critique ne serait en réalité pas
véritablement armée pour faire face au défi de la crise
climatique et écologique, que son histoire et l'héritage
qu'elle porte ne lui permettraient pas de l'affronter sans
devoir subir un sévère *aggiornamento*[3]. Ce jugement est

---

1. Dans une version légèrement différente, ce texte a été publié
d'abord dans *Consecutio rerum*, anno VI, N. 12 (2/2021-2022) : *Temps
de crise(s)*, a cura di I. Aubert e S. Tortorella.

2. M. Horkheimer [?], « Notes et esquisses de la *Dialectique de la
raison* (1939-1942) », dans M. Horkheimer, Theodor W. Adorno, *Le
laboratoire de la* Dialectique de la raison. *Discussions, notes et fragments
inédits*, trad. J. Christ, K. Genel, Paris, Éditions de la Maison des sciences
de l'homme, 2013, p. 177.

3. Sur la théorie critique et la nature, on lira, dans *Critique de
l'antinaturalisme* de Stéphane Haber, le paragraphe intitulé « La Théorie
critique et la question de la nature » (Paris, Puf, 2006, p. 216-221). De
Steven Vogel, on lira *Against Nature. The Concept of Nature in Critical
Theory*, Albany, State University of New York Press, 1996 – un ouvrage

très largement répandu notamment au sein de l'éco-marxisme nord-américain. Tout en reconnaissant que « l'une des contributions durables des théoriciens sociaux de l'École de Francfort, représentée en particulier par la *Dialectique de la raison* publiée en 1944 par Max Horkheimer et Theodor Adorno, a été le développement d'une critique philosophique de la domination de la nature »[1], John Bellamy Foster et Brett Clark n'en estiment pas moins que, « lorsque le mouvement écologique a émergé dans les années 1960 et 1970, le marxisme occidental était, avec sa notion abstraite, philosophique de domination de la nature, mal équipé pour analyser les formes changeantes et de plus en plus périlleuses de l'interaction matérielle entre l'humanité et la nature »[2]. Cette critique de la catégorie de domination en raison de sa supposée « abstraction » et de son caractère excessivement « philosophique » (en un sens péjoratif du terme) ne laisse pas d'étonner et on se demande bien ce qui peut véritablement justifier une telle critique : serait-ce à dire que les catégories philosophiques sont, de façon générale, inutiles ou inopérantes parce qu'elles sont abstraites ? Mais alors on risque de devoir se passer de nombreuses catégories dont le pouvoir heuristique n'est pourtant plus à démontrer. À ce compte-là, en effet, il faudrait par exemple se passer aussi des catégories d'exploitation, d'aliénation, ou encore de celles d'émancipation, de pouvoir ou d'autorité, voire

fondamental, malgré des limites tenant en particulier au fait d'attribuer aux théoriciens critiques une conception de la nature soit comme origine perdue, soit comme objet d'une réconciliation utopique (une conception pourtant explicitement récusée, notamment par Horkheimer dans les textes qui seront commentés dans les pages qui suivent).

1. J. Bellamy Foster, B. Clark, *The Robbery of Nature. Capitalism and the Ecological Rift*, New York, Monthly Review Press, 2020, p. 190.

2. *Ibid.*, p. 191.

de celles de droit et de liberté – autant de catégories « abstraites » et « philosophiques ». Serait-ce parce que les éco-marxistes estiment qu'à la catégorie de domination, il convient de substituer celles de « métabolisme universel de la nature » et de « rupture métabolique » ? S'agissant de cette dernière, remarquons que la notion de *metabolical rift*, le plus souvent présentée comme venant de Marx, ne se trouve en réalité pas telle quelle chez lui. Marx parlait en effet de préférence d'une rupture *de l'équilibre* d'une relation d'échange métabolique, et donc d'une « perturbation du métabolisme », plutôt que de sa rupture : « la production capitaliste, écrivait-il ainsi, perturbe le métabolisme (*stört den Stoffwechsel*) entre l'homme et la terre, c'est-à-dire le retour au sol des composantes de celui-ci usées par l'homme sous forme de nourriture et de vêtements »[1] ; ou encore : « la grande propriété foncière (…) crée les conditions qui provoquent un *hiatus* irrémédiable dans l'équilibre complexe du métabolisme social composé par les lois naturelles de la vie »[2]. Rompre un métabolisme (c'est-à-dire couper, interrompre une relation d'échanges) et rompre un *équilibre métabolique* (c'est-à-dire perturber un cycle) ne signifient pas la même chose[3].

1. K. Marx, *Le Capital*, Livre I, trad. J.-P. Lefebvre, Paris, Puf, 1993, p. 565.

2. K. Marx, *Le Capital*, Livre III, trad. C. Cohen-Solal, G. Badia, Paris, Éditions sociales, 1977, p. 735.

3. Qu'il soit par ailleurs difficile d'« élever au rang de "théorie" développée [de la rupture métabolique] ce qui apparaissait dans le premier tome du *Capital* comme une simple esquisse d'un problème à approfondir », cela est souligné par Timothée Haug dès l'introduction de sa thèse de Doctorat, *La rupture écologique dans l'œuvre de Marx. Analyse d'une métamorphose inachevée du paradigme de la production* (Université de Strasbourg, 2022), p. 23 et aussi p. 145-148.

Quoi qu'il en soit, si c'est l'abstraction des catégories le problème, comment ne pas voir que la catégorie de rupture (de l'équilibre) métabolique est au moins aussi abstraite et philosophique que celle de domination ? À moins qu'il ne faille considérer ces catégories de « métabolisme universel » et de « rupture métabolique » comme moins « abstraites » et moins « philosophiques » pour la raison qu'elles seraient formulées sur la base de connaissances issues des sciences de la nature. Mais, outre que ce serait négliger le fait que le concept de métabolisme universel a des origines philosophiques qui plongent dans la *Naturphilosophie* de Schelling[1], ce serait aussi feindre d'ignorer qu'une catégorie comme celle de domination est depuis longtemps validée comme parfaitement scientifique dans le champ des sciences sociales. Et, surtout, la liquidation de la catégorie de domination et son remplacement par les catégories mentionnées ont le grand tort, à nos yeux, de s'accompagner de l'occultation d'un double lien auquel les théoriciens de Francfort accordaient à juste titre une importance considérable, à savoir d'une part le lien entre la domination de la nature et la domination sociale, et d'autre part (mais les deux sont inséparables) le lien entre raison et domination.

On ne peut certes nier que, dans les écrits récents des représentants actuels de la théorie critique (chez Axel Honneth, chez Rahel Jaeggi[2]), la dimension écologique

1. On sait par exemple que Jacob Moleschott – l'auteur en 1857 de *Der Kreislauf des Lebens* [*La circulation de la vie*] qui a élaboré le concept d'« échange organique » – était un schellingien, voir A. Schmidt, *Le concept de nature chez Marx*, trad. J. Bois, Paris, Puf, 1994, p. 122-124.

2. Significativement, quand elles cherchent les raisons qui peuvent expliquer que le motif de la « critique du capitalisme » soit redevenu central ces dernières années dans la théorie critique, Rahel Jaeggi et

soit absente ou presque : les exceptions sont rares[1], notamment représentées par les démarches qui tentent de développer la perspective de la théorie critique dans le sens de l'éco-féminisme[2]. On peut aussi s'étonner que les catégories de « progrès » et de « régression »[3] puissent être à nouveau considérées comme centrales pour la théorie critique, sans que la première, celle de « progrès », soit questionnée à partir des limites écologiques que rencontre aujourd'hui toute perspective « progressiste », et sans que la tentative soit faite de déconnecter l'un de l'autre la conception progressiste du social et le cadre productiviste qui a été le sien jusqu'ici.

En ce sens, il est étonnant que l'urgence de la crise climatique, et surtout le fait établi du lien de celle-ci avec l'« accélération » proprement explosive du développement capitaliste des forces de production depuis les années

---

Nancy Fraser mentionnent la crise financière de 2008, mais pas la crise écologique (N. Fraser, R. Jaeggi, *Kapitalismus. Ein Gespräch über kritische Theorie*, Frankfurt a. M., Suhrkamp, 2020).

1. Notons que la dimension écologique (*via* la question de la « post-croissance ») n'est pas absente des travaux récents de Hartmut Rosa, par exemple dans *Résonnance. Une sociologie de la relation au monde*, trad. S. Zilberfarb et S. Raquillet, Paris, La Découverte, 2018, notamment chap. 13 : « Stabilisation dynamique : la logique d'accroissement moderne et ses conséquences », p. 465-488. Une autre exception notable est représentée par Eva von Redecker, *Révolution pour la vie. Philosophie des nouvelles formes de contestation*, trad. O. Mannoni, Paris, Payot-Rivages, 2021. En France, une exception est représentée par le travail d'Aurélien Berlan, *Terre et liberté. La quête d'autonomie contre le fantasme de délivrance*, Saint-Michel de Vax, La Lenteur éditions, 2021.

2. Voir en particulier E. Ferrarese, *La fragilité du souci des autres : Adorno et le* care, Lyon, ENS-Éditions, 2018 ; K. Genel, J.-B. Vuillerod, L. Wezel (dir.), *Retour vers la nature ? Questions féministes*, Lormont, Le Bord de l'Eau, 2020.

3. *Cf.* R. Jaeggi, *Fortschritt und Regression*, Frankfurt a. M., Surhkamp, 2022.

1950[1], ne conduisent pas davantage les théoriciens et théoriciennes critiques à redécouvrir, pour se les rapproprier, les potentialités que recèle pourtant la tradition dont ils et elles héritent, et qui pourraient leur permettre de relever le défi de la crise écologique en tant que forme désormais dominante de la crise du capitalisme.

Pourtant, si l'on remonte assez loin en arrière dans l'histoire de la théorie critique, on peut trouver une prise en compte très précoce de la crise écologique, par exemple chez Habermas. Dès 1973, dans *Raison et légitimité*, quand il examinait les « problèmes consécutifs à la croissance dans le capitalisme avancé », Habermas mentionnait au premier rang de ces « problèmes » celui de « l'équilibre écologique ». Il écrivait que

> même en adoptant les hypothèses optimistes, on peut indiquer une limite absolue de la croissance. Il s'agit de la limite que représente la charge thermique qu'il est possible d'imposer à l'environnement (…). Si la croissance économique est nécessairement couplée avec une consommation croissante d'énergie, et si toute l'énergie naturelle transformée en énergie utilisable dans l'économie (…) est finalement libérée sous forme de chaleur, la consommation croissante d'énergie doit avoir à la longue comme conséquence le réchauffement général. (..) Dans l'état actuel des connaissances, on parvient à un intervalle de temps critique d'environ 75 à 150 ans[2].

---

1. Voir I. Angus, *Face à l'anthropocène. Le capitalisme fossile et la crise du système terrestre*, trad. N. Calvé, préfaces d'É. Pineault et de J. Bellamy Foster, Montréal, Éditions Écosociété, 2018, chap. 2 : « La grande accélération », p. 57-66. Voir aussi Chr. Bouton, *L'accélération de l'histoire. Des Lumières à l'anthropocène*, Paris, Seuil, 2022, en part. chap. 6 : « La "Grande accélération" », p. 257-311.

2. J. Habermas, *Raison et légitimité. Problème de légitimation dans le capitalisme avancé*, trad. J. Lacoste, Paris, Payot, 1978, p. 65

Ce texte[1] de Habermas témoigne en outre d'une conscience nette de la spécificité propre au capitalisme dans la façon dont se manifeste, pour lui en tant que mode particulier de production, la limite écologique à la poursuite de son développement. Il soulignait ainsi que le propre du régime capitaliste de production n'est pas de rencontrer une limite à l'extension de la forme que prend en lui le projet de maîtrise de la nature. En effet, tout mode de production, capitaliste ou non, finit par rencontrer une telle limite : la forme que prend la limite change, mais le fait qu'il y en ait une est constant. Ainsi d'une société agraire dont la photosynthèse est la principale source d'énergie : la croissance de sa population finirait par la contraindre à affecter à l'agriculture une quantité de plus en plus grande de terres, au prix d'une déforestation qui la priverait d'énergie calorique et d'une diminution des pâtures qui la priverait d'énergie animale[2].

(je souligne). Notons que le délai indiqué par Habermas se situe entre 2045 et 2120 : hypothèse exagérément optimiste, on le sait maintenant.

1. Dont il faut avouer qu'il est quand même de l'ordre de l'*hapax*. Comme le souligne Stéphane Haber (*Critique de l'antinaturalisme*, *op. cit.*, p. 209-210), Habermas « a longtemps éprouvé de la réticence et de la difficulté à intégrer la problématique environnementale ». L'élargissement de l'éthique de la discussion « au domaine des questions d'éthique écologique » (*via* la question de l'intégration des interactions avec les vivants non-humains à l'éthique de la discussion) apparaît néanmoins en 1991 dans « L'éthique de la discussion : explications » qui constitue le chapitre VI de J. Habermas, *De l'éthique de la discussion* (trad. M. Hunyadi, Paris, Le Cerf, 1992, p. 193-199 ; voir le commentaire de ce texte par Stéphane Haber, *Critique de l'antinaturalisme*, *op. cit.*, p. 209-216). Pour un ensemble d'analyses qui, faisant fond sur le relatif désintérêt de la seconde génération francfortoise pour la question environnementale, se propose d'en montrer l'importance pour la première génération, voir A. Biro (ed.), *Critical Ecologies : The Frankfurt School and Contemporary Environmental Crisis*, Toronto, University of Toronto Press, 2011.

2. Voir *infra*, p. 281-285.

Ce qui change en revanche, c'est la manière dont un système social productif « écarte les périls écologiques ». Et c'est là que se manifeste la particularité du mode capitaliste de production :

> Les sociétés capitalistes ne peuvent suivre les impératifs de limitations de la croissance sans abandonner leur principe d'organisation, car la conversion de la croissance capitaliste spontanée et pseudo-naturelle en une croissance qualitative exige une planification de la production orientée vers les valeurs d'usage, [or] le déploiement des forces productives ne peut être "décroché" des impératifs de la production de valeurs d'échange sans violer la logique du système[1].

Le propre du mode capitaliste de production ne serait donc pas que la nature finisse par opposer une limite (par exemple sous la forme d'un seuil[2] au-delà duquel le réchauffement devient catastrophique pour la perpétuation de la vie) à la poursuite de son développement, mais qu'il lui soit impossible de résoudre le problème que lui pose cette limite autrement qu'en abolissant son propre principe d'organisation et de développement. S'il n'est pas possible en effet de résoudre le problème posé par cette limite

1. J. Habermas, *De l'éthique de la discussion, op. cit.*, p. 66.
2. Sur la distinction entre la limite comme *borne* externe à laquelle un système productif se heurte, et la limite comme *seuil* au-delà duquel des phénomènes négatifs commencent à se produire, voir T. Haug, *La rupture écologique dans l'œuvre de Marx*, thèse citée, p. 138-143. À l'arrière-plan de cette distinction se trouve le concept de « limites planétaires » (*planetary boundaries*) tel qu'élaboré par Johann Rockström et son équipe, ses limites planétaires étant conçues comme des seuils au-delà desquels un « fonctionnement sûr pour l'humanité » ne peut plus être garanti (J. Rockström, W. Steffen, K. Noone, A. Persson *et al.*, « Planetary boundaries : exploring the safe operating space for humanity », *Ecology and Society*, vol. 14, iss. 2, 2009, art. 32).

autrement qu'en « convertissant la croissance capitaliste spontanée en une croissance qualitative », c'est-à-dire sans « planifier » le passage de la croissance quantitative à une décroissance également quantitative (en termes de valeur d'échange) qui soit accompagnée d'une croissance qualitative (en termes de valeurs d'usage), c'est qu'il n'est pas possible d'affronter et de résoudre le problème en laissant inchangé le mode de production capitaliste, et sans « abandonner [son] principe d'organisation ».

Voilà qui témoigne pour le moins d'une conscience étonnamment claire et précoce, de la part de Habermas, non seulement de l'ampleur du défi que représente la crise écologique, mais aussi de son lien direct avec le mode d'organisation propre aux sociétés capitalistes, comme du fait que celles-ci n'ont pas les moyens de relever ce défi en restant elles-mêmes, donc sans rupture avec les modes de fonctionnement qui sont fondamentalement les leur. Mais Habermas n'a pu former si précocement une conscience aussi vive de l'enjeu écologique que parce qu'il faisait fond sur une tradition pour laquelle la question du rapport entre la société et la nature s'était posée depuis longtemps, certes pas encore sous la forme d'une réflexion portant sur la crise écologique[1], mais sous celle d'une réflexion prenant pour objet privilégié la domination exercée par la société humaine, en particulier quand elle est de type capitaliste, sur la nature. Jean-Baptiste Vuillerod a récemment mis cette question au centre d'une relecture

---

1. Quoique Horkheimer posait déjà, dès 1946-47, dans *Éclipse de la raison* (trad. J. Debouzy, Paris, Payot, 1974), que « l'antagonisme de la raison et de la nature est dans une phase aiguë et catastrophique » (p. 183) et il qualifiait de « crise permanente » (p. 135) la situation engendrée par cet antagonisme.

de l'œuvre d'Adorno[1] : il montre de façon parfaitement convaincante comment, selon Adorno, « des humains aux non-humains, toutes les naturalités se voient soumises à une domination qui n'a eu de cesse d'augmenter dans l'histoire jusqu'à se répandre sur l'ensemble du monde », de sorte que ce qu'on appelle « la société » n'est autre « que la totalisation des formes de domination de la nature et [que] l'histoire est comprise comme le chemin qui a mené à cette intégration croissante et dominatrice des naturalités »[2].

Il est bien connu que la critique de la domination exercée sur la nature s'inscrit, chez Adorno et Horkheimer, dans le cadre d'une critique de la forme de rationalité promue par l'*Aufklärung*. Il s'agit en l'occurrence de la forme de rationalité que Horkheimer définit comme « subjective » en ce qu'elle est centrée sur l'*ego* : tel est bien, selon le penseur de Francfort, le résultat du processus historique de l'*Aufklärung*, à savoir d'une part « l'individu purifié de tous les vestiges de la mythologie, y compris la mythologie de la raison objective », « le moi, l'*ego* abstrait, vidé de toute substance (si ce n'est sa tentative de transformer toute chose, sur la terre comme au ciel, en moyen de conservation de soi) », et d'autre part « une nature vide, dégradée en simple matériel, en simple matériau à dominer et sans autre but que cette domination même »[3]. Un tel Moi ou *ego*, vidé de toute substance, séparé de la nature est un Moi aliéné[4] et réduit à l'impuissance, ou plutôt un

---

1. J.-B. Vuillerod, *Theodor W. Adorno. La domination de la nature*, Paris, Éditions Amsterdam, 2021.

2. J.-B. Vuillerod, *Theodor W. Adorno*, op. cit., p. 90-91.

3. M. Horkheimer, *Éclipse de la raison*, op. cit., p. 106.

4. C'est bien le terme d'aliénation [*Entfremdung*] (*cf.* par ex. *Éclipse de la raison*, op. cit., p. 183 ; « Zur Kritik der instrumentellen Vernunft »,

Moi dont toute la puissance restante n'est plus utilisée qu'au profit de son autoconservation, celle-ci passant par l'exercice d'une domination sans reste sur la nature dont il s'est lui-même séparé. Et c'est ainsi que, « d'une part, la nature a été dépouillée de toute valeur ou [de] tout sens intrinsèque » et que, d'autre part, « l'homme a été dépouillé de toute espèce de but, sauf la conservation de soi », ce qui le conduit à « transformer toutes choses à sa portée en moyens subordonnés à cette fin »[1]. Sous le règne de cette « puissance austère appelée *ego* », le rapport entre ce dernier et la nature ne peut être autre chose qu'un « rapport de tyrannie » : « l'univers tout entier devient un instrument de l'*ego*, bien que l'*ego* n'ait aucune substance ni aucun sens, sauf dans sa propre activité illimitée »[2].

Tel est donc le principe régnant des sociétés modernes dans lesquelles la pulsion de domination sur la nature se renforce du dispositif de la domination sur les corps vivants et laborants exercé sous la forme spécifique de la domination du capital sur le travail, point culminant de « l'histoire des efforts de l'homme pour asservir la nature »,

in Horkheimer, *Gesammelte Schriften*, Band 6, hrg. von A. Schmidt, Frankfurt a. M., Fischer Verlag, 2 Auflage : 2008, p. 177) que Horkheimer utilise pour penser la séparation du Moi d'avec la nature, la vacuité en substance et la perte de sens qui en résulte pour le Moi dès lors qu'il ne lui reste plus qu'à s'affirmer indéfiniment, dans cette vacuité même, sous la forme de l'autoconservation et de la domination sur ce qui n'est pas lui. Nous avons, dans *Sans objet. Capitalisme, subjectivité, aliénation* (Paris, Vrin, 2009, en particulier le chapitre intitulé « La privation d'objectivité »), montré comment cette conception de l'aliénation, comprise comme séparation d'avec la nature, perte de l'objectivité et perte de substance, a ses origines dans la manière dont Marx a pensé l'aliénation dès les *Manuscrits de 1844* pour l'approfondir par la suite, notamment dans les *Grundrisse*.

1. M. Horkheimer, *Éclipse de la raison, op. cit.*, p. 110.
2. *Ibid.*, p. 116.

en tant que cette histoire est inséparablement « l'histoire de l'asservissement de l'homme par l'homme »[1]. Et si l'on précise que l'*ego* – dont Horkheimer dit qu'il « apparaît comme lié aux fonctions de domination, de commandement et d'organisation »[2] – n'est pas un *ego* neutre, mais qu'il a été et est généralement plutôt occidental et plutôt masculin, on voit de quelle manière on peut trouver, dans un texte pourtant ancien représentatif de la théorie critique, non seulement de quoi penser la domination exercée sur la nature, mais aussi l'articulation de celle-ci avec les dominations de genre et de race[3]. S'agissant de la domination de genre, lorsque Horkheimer et Adorno écrivent que « dominer la nature de façon illimitée, transformer le cosmos en un domaine de chasse illimité, tel fut le rêve des millénaires durant », ils n'attribuent pas ce « rêve » aux hommes en tant que *Menschen*, mais bien aux hommes en tant que *Männer* : ils précisent à ce propos que c'était à cela que « l'idée de l'homme (*die Idee des Menschen*) était destinée dans la société d'hommes (*in der Männergesellschaft*) »[4]. Dans le même texte intitulé

1. M. Horkheimer, *Éclipse de la raison, op. cit.*, p. 114.
2. *Ibid.*
3. Le lien entre la domination de la nature et le racisme est très clairement exprimé par Adorno : voir par exemple, dans *Minima moralia*, le passage où il explique que « l'assertion courante selon laquelle les sauvages, les noirs, les Japonais ressemblent à des animaux, par exemple à des singes, est la clé même des pogromes : leur éventualité est chose décidée au moment où le regard d'un animal blessé à mort rencontre un homme » (Th. Adorno, *Minima moralia. Réflexions sur la vie mutilée*, trad. E. Kaufholz, J.-R. Ladmiral, Paris, Payot, 1980, § 68, p. 101). Ceux qui détiennent et exercent le pouvoir ne perçoivent l'humain que dans ce qui leur ressemble, de sorte qu'ils ne peuvent voir dans ce qui diffère d'eux qu'animalité et naturalité sur lesquelles exercer leur domination.
4. M. Horkheimer, Th. Adorno, *La dialectique de la raison*, trad. E. Kaufholz, Paris, Gallimard, 1974, p. 271 (trad. revue).

« L'homme et l'animal », rangé parmi les « Notes et esquisses » en annexe de *La dialectique de la raison*, Horkheimer et Adorno ajoutent que, dans « la civilisation occidentale », « la femme n'est pas un sujet (*ist nicht Subjekt*), elle ne produit pas, mais prend soin de ceux qui produisent »[1]. L'idée selon laquelle la femme est devenue « l'incarnation de la fonction biologique, l'image de la nature dont l'oppression est le titre de gloire »[2] de la civilisation occidentale en tant que civilisation masculine, sera reprise par Adorno dans *Minima moralia* où il dira à nouveau que l'assimilation de la féminité à la naturalité est le plus sûr indice de la domination masculine puisque « tout ce que la bourgeoisie dans son aveuglement désigne par le terme de nature n'est que le stigmate de la mutilation sociale », de sorte que « le caractère féminin est le négatif de la domination » telle qu'elle s'exerce au sein d'une « société masculine »[3].

Mais ce qui rend de telles analyses possibles, c'est que la théorie critique de la société n'absolutise ni cette dernière (considérant au contraire que sa séparation d'avec la nature est le ressort de la domination qu'elle exerce sur elle), ni la nature elle-même, de sorte qu'elle n'a pas non plus fait de celle-ci un critère ou une norme sur laquelle la société devrait se régler. Si dualisme de la société et de la nature il y a, il est vu par les théoriciens critiques comme un *résultat*, le produit d'une histoire qui a engendré une société dont la maîtrise qu'elle a de la nature se paye au prix d'une séparation d'avec elle dont les conséquences ont été que

1. *Ibid.*, p. 270 (trad. modifiée).
2. *Ibid.*, p. 270 (trad. modifiée).
3. Th. Adorno, *Minima moralia. Réflexions sur la vie mutilée, op. cit.*, § 59, p. 92-93. Voir E. Ferrarese, *La fragilité du souci des autres : Adorno et le* care, *op. cit.*

la maîtrise a fini par prendre les formes de la domination, de l'exploitation et de la tyrannie exercées sur la nature et sur l'ensemble des vivants, humains comme non-humains. Le dualisme n'est donc pas premier, mais l'unité non plus : il n'y a pas d'unité première de la nature et de la société dont on devrait cultiver la nostalgie. Selon Horkheimer en effet, « on ne peut nier le dualisme de la nature et de l'esprit en faveur de leur prétendue unité originelle, on ne peut faire machine arrière aux tendances historiques réelles reflétées par ce dualisme »[1] : faire cela, ce serait nier la réalité du processus historique dont le dualisme nature/ société est le résultat, et ce serait « tenter de sortir de la présente situation par un *coup de force* impuissant »[2]. Pas de monisme donc, quel qu'il soit : ni de la nature, ni de la société, les deux revenant d'ailleurs au même dès lors que « toute espèce de monisme philosophique sert à fortifier l'idée de la domination de l'homme sur la nature »[3]. Poser l'unité, c'est toujours et encore vouloir dominer, même quand on pose que l'unité est celle de la nature, même donc quand on promeut un monisme naturaliste puisqu'on ne peut le faire à chaque fois qu'en oubliant que « c'est l'esprit qui conçoit le primat de la nature »,[4] et donc que c'est toujours depuis la société qu'on affirme le primat de la nature.

Mais cela revient-il pour autant à promouvoir un dualisme strict, posant l'extériorité réciproque et la séparation réelle de la nature et de la société ? Évidemment non, puisqu'un tel dualisme ne pourrait que porter le

---

1. M. Horkheimer, *Éclipse de la raison*, op. cit., p. 176.
2. *Ibid.*
3. *Ibid.*
4. *Ibid.*

stigmate de la domination exercée sur la nature. On a vu qu'on « ne peut ramener les deux pôles à un principe moniste » : en ce sens le dualisme est inévitable, mais à la condition d'ajouter que « la dualité [de la société et de la nature] doit, dans une large mesure, être comprise comme un produit ».[1] Comprendre le dualisme comme un *résultat* exige de le comprendre comme une forme parmi d'autres que peuvent prendre les rapports entre la société et la nature. C'est donc qu'« il faut comprendre à la fois la séparation et la relation réciproque »[2] de la nature et de la société. Le dualisme de la société et de la nature est ainsi la forme historique sous laquelle une société configure son propre rapport à la nature quand elle verse dans l'illusion de pouvoir, en tant que société, se développer indéfiniment en dominant et en exploitant la nature le plus complètement possible. Mais un tel rapport, se pensant illimité, de domination sur la nature est encore lui-même un rapport social et historique déterminé à la nature qui, en tant que *rapport*, est la contestation en acte du dualisme de la nature et de la société comme de deux substances extérieures l'une à l'autre.

Ce qui est premier, ce sont donc *les rapports*, en l'occurrence les rapports d'interaction (ou d'« action réciproque ») entre nature et société comme entre deux termes dont aucun des deux n'est réductible à l'autre. Dire qu'il ne peut exister de société humaine sans nature ne signifie pas pour autant que les sociétés humaines ne seraient que des modalités ou des modifications de la nature elle-même : cela signifie qu'il ne peut exister de société humaine qui ne se tienne pas *dans un rapport continuel*

1. *Ibid.*, p. 178.
2. *Ibid.*, p. 181.

ou constant *avec* la nature[1], la séparation entre la société et la nature et la domination de la première sur la seconde étant elles-mêmes encore des formes de rapports, même s'ils sont négatifs et engendrent des effets destructeurs. Poser qu'il n'est pas de société qui puisse exister sans rapport avec la nature, c'est accorder quelque chose au naturalisme, c'est même dire que « le naturalisme n'est pas complètement dans l'erreur »[2], au sens où c'est accorder que toute société possède dans la nature sa base matérielle sans laquelle elle ne pourrait ni subsister, ni se reproduire. Et c'est dire aussi que toute absolutisation du social, tout projet « d'émancipation » de la société à l'égard de la nature ne peuvent qu'être illusions et purs fantasmes dont le résultat pourrait bien être au contraire la régression consistant pour une société à « se modeler sur la simple nature qu'elle prétend absorber ou même créer »[3]. En d'autres termes, ce qui existe réellement, ce n'est ni une nature incluant en son sein la société comme une partie ou une modalité d'elle-même, ni une société instituant à partir d'elle-même une nature qui lui serait entièrement relative puisque ne valant *comme* nature que *pour* elle : ce qui existe réellement, c'est toujours un mixte de social et de naturel, fait et constitué des rapports tissés entre l'un

---

1. Ce qui était déjà le point de vue de Marx dans les *Manuscrits de 1844* : « la nature est le corps propre non organique de l'homme – où il faut entendre la nature dans la mesure où elle n'est pas elle-même le corps humain [;] l'homme *vit* de la nature signifie : la nature est son *corps propre*, avec lequel il faut qu'il demeure dans un processus continuel pour ne pas mourir » (K. Marx, *Manuscrits économico-philosophiques de 1844*, trad. et notes par F. Fischbach, Paris, Vrin, 2007, p. 122).

2. M. Horkheimer, *Éclipse de la raison, op. cit.*, p. 179.

3. *Ibid.*

et l'autre[1], et qui peut être soit à dominante naturelle (dans le cas des sociétés de chasseurs-cueilleurs ou des sociétés agricoles), soit à dominante historico-sociale (dans le cas des sociétés industrielles et plus encore dans celui des sociétés industrielles *capitalistes*)[2].

Les sociétés humaines ne résultent donc pas de la nature, elles viennent *en plus*, elles ajoutent quelque chose à la nature qui n'y était pas et qui n'y serait pas sans elles : elles sont ce que Hegel appelait une « seconde nature », c'est-à-dire un monde existant tout aussi objectivement que la « première » nature, mais ajouté à elle et devant forcément, d'une façon ou d'une autre, entretenir des rapports avec elle. Mais inversement, la nature ne résulte pas non plus des sociétés humaines, elle n'en est pas le produit et elle n'est pas une construction sociale. Aussi Horkheimer pouvait-il affirmer à la fois qu'« assumer une dualité ultime [entre nature et société] est inadmissible »[3] et qu'on « ne peut ramener les deux pôles à un principe moniste »[4], ni « réduire l'une à l'autre »[5] : cela ne peut rien vouloir dire d'autre, sinon que « leur dualité doit être

---

1. Ce qu'on peut aussi exprimer en disant que « l'histoire naturelle et les natures historiques désignent ainsi les résultats d'un processus d'interaction permanent » (P. Guillibert, *Terre et capital. Pour un communisme du vivant*, Paris, Éditions Amsterdam, 2021, p. 52). D'où la pertinence de la catégorie de « naturalisme historique » que P. Guillibert emprunte à Frédéric Montferrand, *Marx : ontologie sociale et critique du capitalisme. Une lecture des* Manuscrits économico-philosophiques de 1844, thèse pour le doctorat de philosophie, université Paris-Nanterre, 2016.

2. Voir notre ouvrage *La production des hommes. Marx avec Spinoza*, Paris, Puf, 2005, p. 66-68 ; 2ᵉ éd. Paris, Vrin, 2014, p. 73-75.

3. M. Horkheimer, *Éclipse de la raison, op. cit.*, p. 178.

4. *Ibid.*

5. *Ibid.*, p. 177.

comprise comme un produit »[1] et que les deux entités ne sont analysables et compréhensibles qu'à partir du type de rapports qu'elles entretiennent l'une avec l'autre.

Reconduire la société et la nature à un « principe moniste », ce serait nier que l'une et l'autre n'existent qu'à être en rapport l'une avec l'autre ; réduire la société à la nature ou inversement la nature à la société, ce serait reconduire la domination de l'un des termes sur l'autre et, en définitive, toujours la domination du même terme sur l'autre, à savoir celle de la société sur la nature puisque c'est encore depuis la société qu'un éventuel primat de la nature peut être affirmé. Mais poser une « dualité ultime » et donc absolue entre nature et société n'est pas possible non plus puisque ce serait à la fois nier les rapports qu'elles entretiennent inévitablement l'une avec l'autre, et surtout s'empêcher de concevoir que la dualité ne peut précisément pas être absolue parce qu'elle est toujours historique, parce qu'elle ne peut exister que comme le résultat historique d'un processus de séparation entre société et nature grâce auquel la première se place en position de domination par rapport à la seconde. On retrouve ici le sens de ce que Marx avait exprimé dès les *Grundrisse* :

> Ce n'est pas l'*unité* des hommes vivants et actifs avec les conditions naturelles, inorganiques de leur échange de substance avec la nature ni, par conséquent, leur appropriation de la nature, qui demande à être expliquée ou qui est le résultat d'un procès historique, mais la *séparation* entre ces conditions inorganiques de l'existence humaine et cette existence active, séparation qui n'a été posée comme séparation totale que dans le rapport du travail salarié et du capital[2].

1. M. Horkheimer, *Éclipse de la raison, op. cit.*, p. 178.
2. K. Marx, *Manuscrits de 1857-1858 « Grundrisse »*, trad. J.-P. Lefebvre (dir.), Paris, Éditions sociales, 1980, tome 1, p. 426.

Ce qui, en effet, est le « résultat d'un procès historique », c'est la séparation entre la société et les conditions objectives de son existence existant dans la nature : c'est de cette séparation et donc de cette dualité non pas donnée ni originelle, mais produite et engendrée qu'il faut rendre compte[1], ce qui ne se peut faire qu'à partir de l'analyse et de la compréhension du type de société en question et de ses structures propres et particulières.

La théorie critique n'est donc ni un naturalisme qui réduirait la société à la nature, ni un constructivisme pour lequel il n'y aurait de nature que relative à ce qu'une société donnée considère et construit comme nature. Mais elle ne promeut pas non plus un dualisme qui séparerait nature et société comme deux substances et se contenterait de les juxtaposer l'une à l'autre. Elle est un interactionnisme entre nature et société, au centre duquel se trouve la considération du type de rapports que les deux entités entretiennent, ou plutôt : la considération du type de rapports à la nature qu'une société donnée instaure, et des conséquences de ces rapports sur la nature, autant que des effets produits en retour par la nature sur la société du fait même des rapports instaurés avec la première par la seconde. Dans la mesure où Horkheimer réfute le dualisme nature/société, on pourrait penser qu'il échappe à ce que Philippe Descola appelle « naturalisme », entendant par-là l'idée – « que la *doxa* moderne a instillé en nous » – selon laquelle « les humains sont distribués au sein de collectifs différenciés par leurs langues et leurs mœurs – les cultures –, excluant ce qui existe indépendamment d'eux

---

1. Voir le chapitre intitulé « La privation d'objectivité » de notre ouvrage *Sans objet. Capitalisme, subjectivité, aliénation*, Paris, Vrin, 2009, p. 151-208.

– la nature »[1]. Mais comme un interactionnisme ne peut
fonctionner sans qu'on doive poser la distinction des termes
entre lesquels on dit qu'il y a interaction ou action
réciproque, la position de Horkheimer relève quand même
bien du « naturalisme » au sens de Descola, c'est-à-dire
au sens d'une position gouvernée par « le postulat que le
monde peut être distribué entre deux type de réalité dont
il s'agit de montrer l'interdépendance »[2]. On pourrait certes
dire que ce qui est premier selon Horkheimer, ce ne sont
pas les termes mis en rapport, mais les rapports eux-mêmes.
Dans la mesure en effet où Horkheimer estime qu'on ne
peut comprendre et connaître une société qu'à partir des
rapports qu'elle entretient avec la nature, on peut dire qu'il
y a bien selon lui une priorité, au point de vue de la
connaissance, des rapports sur les termes du rapport. Sauf
que, quand le rapport en question est un rapport de domination, il semble qu'on soit bien obligé de penser que ce
rapport est posé comme tel par l'un des deux termes de la
relation (que ce soit la nature qui domine la société humaine
ou, à l'inverse, celle-ci qui renverse progressivement cette
domination première jusqu'à instaurer sa propre domination
sur la nature) : quoiqu'il en soit, l'idée d'un « axe qui mène
d'une culture totalement naturelle à une nature totalement
culturelle »[3] relève de toute façon aussi du « naturalisme »
tel que Descola le définit.

　　S'agissant de la société et de la nature, insistait
Horkheimer, « il faut comprendre à la fois la séparation et
la relation réciproque des deux concepts »[4]. S'il y a donc

1. Ph. Descola, *Par-delà nature et culture*, Paris, Gallimard, 2005,
p. 441.

2. *Ibid.*, p. 150.

3. *Ibid.*, p. 152.

4. M. Horkheimer, *Éclipse de la raison, op. cit.*, p. 181.

quelque chose de construit, ce n'est pas la nature elle-même, c'est le rapport social à la nature. Et si une société quelconque serait bien en peine de construire la nature elle-même, elle construit en revanche bel et bien à chaque fois le type de rapports qu'elle entretient à la nature : l'ensemble déterminé de rapports sociaux en quoi consiste une société engage ainsi toujours en même temps une forme déterminée de rapport social à la nature. Et c'est aussi ce qui fait qu'une société peut être soumise à la critique non pas seulement sous l'angle du type de rapports sociaux qu'elle instaure entre ses acteurs et actrices, mais aussi sous celui du type de rapports sociaux qu'elle tisse avec la nature, avec la terre, avec les milieux, les ressources et les vivants. Même si l'usage que nous venons de faire du verbe « tisser » pourrait le laisser croire, il est assez clair que le tissage ou le nouage des rapports entre la société et la nature dont nous parlons ici ne relève pas (précisément parce que ce sont des rapports « entre » deux entités) de ce que Jason W. Moore baptise du terme de « toile » (*Web*), entendant par-là, à la suite de Descola (voir plus haut) « l'enchevêtrement et l'interpénétration des humains avec le reste de la nature »[1]. La limite du paradigme de la « double internalité » (« intériorisation par le capitalisme de la vie et des processus planétaires » et « intériorisation du capitalisme par la biosphère »[2]), propre à J. W. Moore, est sa difficulté (pour ne pas dire plus) à penser la spécificité d'un rapport *social* à la nature qui soit un rapport de *domination* : c'est le prix à payer pour la récusation de

---

1. Jason W. Moore, *Le capitalisme dans la toile de la vie. Écologie et accumulation du capital*, trad. R. Ferro, Toulouse, Éditions de l'Asymétrie, 2020, p. 112.

2. *Ibid.*, p. 32.

toute forme de validité du dualisme[1], y compris comme *produit* et *résultat* d'un procès historique[2].

C'est bien pourquoi l'idée de « domination de la nature » ne relève pas selon Adorno et Horkheimer d'un usage métaphorique par transfert et application à la nature d'une catégorie – celle de domination – dont l'usage propre, véritable et non-métaphorique serait en réalité réservé à la société et aux seuls apports intrasociaux. Le rapport sous lequel la nature (et les naturalités qui la composent) est réduite à un « simple objet »[3] est le même que celui qui fait de l'homme « un objet de "traitement" et, en fin de compte, un être qui dépend de dirigeants plus ou moins bienveillants »[4]. Pour peu qu'on veuille bien admettre – ce qui est la thèse fondamentale de la théorie critique, maintenue jusqu'à la conception habermassienne de l'activité communicationnelle et à la théorie honnethienne des rapports de reconnaissance – que les rapports sociaux, en tant que rapports non pas de simple action réciproque, mais de *complémentarité réciproque* entre acteurs humains[5], sont (ou plutôt : *devraient* être – car c'est bien de normativité qu'il s'agit ici) l'élément de réalisation de la raison, on admettra aussi que des rapports sociaux *de*

---

1. *Cf.* Jason W. Moore, *Le capitalisme dans la toile de la vie*, *op. cit.*, p. 46-47.

2. Pour une critique de l'hybridisme de J. W. Moore et pour la défense d'une forme de dualisme (qui ne soit pas un « dualisme de substance », mais un « dualisme de propriété » qui « maintient la distinction analytique afin de démêler comment interagissent les propriétés de la société avec celles de nature »), voir A. Malm, « Nature et société : un ancien dualisme pour une situation nouvelle », *Actuel Marx* n°61 (« Marxismes écologiques »), 1er semestre 2017, p. 47-63.

3. M. Horkheimer, *Éclipse de la raison*, *op. cit.*, p. 182.

4. *Ibid.*, p. 177.

5. Nous reviendrons sur ce point dans un ouvrage à venir, *Faire ensemble. Éléments pour une philosophie de la relation sociale.*

domination sont des rapports témoignant d'une « maladie de la raison » (*Krankheit der Vernunft*)[1] ou de ce qu'Horkheimer appelle aussi son « dérangement » (*Verrüktheit der Vernunft*)[2]. Si la théorie critique est une « autocritique de la raison »[3], c'est bien en ce qu'elle s'assigne une fonction thérapeutique : il s'agit de guérir la raison de cette « maladie », « le "rétablissement" ("*Genesung*") dépendant de la connaissance de la nature de la maladie originelle [de la raison] (*ursprüngliche Krankheit*) »[4]. Or cette connaissance passe par la reconnaissance, par la raison, de son propre ancrage dans la nature[5], de son lien originel avec l'instinct d'autoconservation qui entraîne lui-même la « tendance à la domination » : il s'agit, pour la théorie critique, de parvenir à provoquer une réflexion[6] de la raison sur elle-même car « la raison ne peut réaliser ce qui est raisonnable en elle que par la réflexion sur la maladie du monde telle qu'elle est produite et reproduite par l'homme »[7].

C'est en définitive l'oubli de sa propre inscription originelle dans la nature qui conduit la raison, se croyant séparée et étant par-là aliénée de la nature, à se transformer en « instrument de domination de la nature humaine et extra-humaine par l'homme »[8]. Et c'est pourquoi

---

1. M. Horkheimer, *Éclipse de la raison, op. cit.*, p. 182 ; Horkheimer, *Zur Kritik der instrumentellen Vernunft*, éd. cit., p. 176.

2. *Ibid.*, p. 183 ; Horkheimer, *Zur Kritik der instrumentellen Vernunft*, éd. cit., p. 177.

3. *Ibid.*

4. *Ibid.*, p. 182 ; Horkheimer, *Zur Kritik der instrumentellen Vernunft*, éd. cit., p. 176.

5. Voir J.-B. Vuillerod, *Theodor W. Adorno, op. cit.*, p. 66-67.

6. Voir ici-même notre chapitre « Critique et réflexion ».

7. M. Horkheimer, *Éclipse de la raison, op. cit.*, p. 183.

8. *Ibid.*, p. 182.

> la sujétion de la nature régressera vers la sujétion de
> l'homme, et *vice versa*, aussi longtemps que l'homme
> ne comprendra pas sa propre raison et le processus de
> base par lequel il a créé et maintiendra l'antagonisme
> qui est sur le point de le détruire[1].

« Comprendre sa propre raison », c'est donc d'abord
la comprendre *à l'inverse* de sa conception d'elle-même
désormais prépondérante, voire hégémonique, à savoir
comme *séparée* de la nature. C'est évidemment cet état
de séparation qui lui permet, en situation à la fois d'extériorité et de surplomb, d'exercer sa domination sur la nature :

> comme résultat final de ce processus, on obtient, d'une
> part le Moi, l'*ego* abstrait, vidé de toute substance (…)
> et, d'autre part, une nature vide, dégradée en simple
> matériel, en simple matériau à dominer et sans autre but
> que cette domination même[2].

Tout le paradoxe est que cette domination est en
définitive une impuissance, ce que soulignent, dans la
citation précédente, les expressions de « vide de toute
substance » et d'« abstraction ».

Cette façon de voir les choses qui était celle de
Horkheimer au sortir de la guerre est restée très prégnante
dans l'École de Francfort. En témoigne notamment encore
un texte bien plus tardif, le dernier texte qu'Adorno ait
préparé pour l'édition avant de mourir et qui fut
effectivement publié en 1969 : l'« Introduction à *La
querelle du positivisme au sein de la sociologie allemande* ».
Adorno commence par souligner ce que le sujet a gagné
à sa propre séparation d'avec l'objet, c'est-à-dire d'avec
la nature :

1. M. Horkheimer, *Éclipse de la raison, op. cit.*, p. 183.
2. *Ibid.*, p. 106.

dans la mise à distance du sujet par rapport à l'objet (…),
le sujet avait échappé à la surpuissance réelle de
l'objectivité. Sa domination était celle d'un plus faible
sur un plus fort. Sinon, l'auto-affirmation de l'espèce
humaine n'aurait peut-être pas été possible, le processus
de l'objectivation scientifique ne l'aurait certainement
pas été[1].

La séparation du sujet, de l'*ego* à l'égard de la nature
a donc bien été le moyen grâce auquel l'*ego* générique
humain a pu, depuis cette position en extériorité, à la fois
dominer la nature sur le plan pratique et en faire l'objet
de la connaissance théorique. Mais par-là se mettait aussi
en action un processus qui devait, à terme, se retourner
contre le sujet : « plus le sujet s'approprie violemment les
déterminations de l'objet, plus il s'est pour sa part, sans
en avoir conscience, fait objet ; c'est là l'archi-histoire de
la réification de la conscience »[2]. Si le premier moment
de la séparation du sujet peut être décrit comme ayant été
celui de l'aliénation par laquelle l'objectivité lui est
devenue étrangère, le second moment est celui de la
réification, consistant en ce que la domination que le sujet
exerce sur l'objectivité dont il s'est lui-même séparé, se
retourne contre lui-même et, en s'exerçant désormais sur
lui, le transforme à son tour en objet.

Dès lors que le sujet transforme toutes choses en objets
à dominer, il n'y a en effet aucune raison qu'il s'arrête en
si bon chemin et qu'il ne finisse pas par se traiter lui-même
comme un tel objet.

---

1. Theodor W. Adorno, « Introduction à *La querelle du positivisme
dans la sociologie allemande* », dans *Le conflits des sociologies. Théorie
critique et sciences sociales*, trad. P. Arnoux, J.-O. Bégot, J. Christ,
G. Felten, F. Nicodème, Paris, Payot, 2016, p. 239.
2. *Ibid.*, p. 239.

> À travers les mailles s'échappe ce qui, de l'objet, n'est pas à la mesure de l'idéal d'un sujet étant pour soi, "pur", extérieur à sa propre expérience vivante[1].

Tout ce qui ne se plie pas à une telle domination exercée depuis l'extérieur disparaît, et cela vaut aussi du sujet lui-même : tout ce qui, en lui, ne se plie pas à la domination par lui-même comme pur sujet est évacué, de sorte qu'il ne reste plus du sujet que ce qui est susceptible d'être dominé et donc d'être fait objet ou réduit à l'état d'objet et de matériau à dominer. L'abstraction et la vacuité du pur sujet maître et dominateur de toute objectivité se renversent en objectification et réification du sujet lui-même, de sorte qu'il ne subsiste plus de lui que le support inerte de sa propre domination :

> la subjectivité a éliminé en elle-même tout ce qui ne se plie pas à l'univocité et à l'identité de sa prétention à la domination[2].

Dès lors, ce sur quoi la critique doit porter n'est pas ce fait de l'objectification ou de la réification du sujet, dont on voit qu'il s'agit du résultat d'un processus. Ce à quoi la critique doit nous permettre d'accéder, c'est à la compréhension de l'origine du processus dont le résultat est la réification du sujet et sa transformation en objet de sa propre domination. Or cette origine, c'est la *séparation* du sujet à l'égard de l'objectivité et de la nature, c'est *l'acte* par lequel il s'est posé, en tant que sujet, comme le tout autre de l'objectivité et de la nature : par cet acte,

1. Theodor W. Adorno, « Introduction à *La querelle du positivisme dans la sociologie allemande* », *op. cit.*, p. 239.
2. *Ibid.*

la subjectivité (…) qui, en vérité, est toujours aussi objet, ne s'est pas moins réduite que les objets[1].

Autrement dit, l'acte par lequel il a fait de lui-même un pur sujet (et de la nature l'objet d'une domination sans limite) est aussi l'acte à la suite duquel l'*ego* a oublié ou refoulé la dimension de son être en vertu de laquelle il n'est précisément jamais *purement* sujet, mais toujours *aussi* objet : ce qui était ainsi perdu, c'était la conscience de ce qu'un *ego*, tout sujet qu'il soit, demeure toujours *aussi* ce que Marx appelait un *Naturwesen*, un « être de la nature », de sorte qu'était également perdue la conscience de ce que « la raison » ne peut avoir d'ancrage réel nulle part ailleurs que dans la nature elle-même. À l'inverse, le capitalisme est le mode de production qui met en scène une subjectivité d'autant plus rationnelle (et une rationalité d'autant plus subjective) qu'elle est davantage coupée du monde et séparée de la terre, cette coupure et cette séparation étant les conditions même de l'exercice de la domination de cette subjectivité sur la terre et la nature. C'est ce qu'Eva von Redecker redit à sa manière en posant que « cette manière de se détourner du monde, en plongeant dans l'indifférence à l'égard de la matière, est littéralement cimentée dans le procédé qui nous permet de nous maintenir par la maîtrise objective de la chose »[2]. Une telle maîtrise objective est ainsi le fait d'une subjectivité sans monde, d'une subjectivité qui se pense d'autant plus absolue et dominatrice qu'elle est justement sans monde, et qui ne peut voir que cette privation de monde qui la caractérise signe en réalité son impuissance. Aussi Adorno pouvait-il écrire dans la *Dialectique négative* que

1. *Ibid.*, p. 239-240.
2. E. von Redecker, *Révolution pour la vie*, *op. cit.*, p. 115.

> le sujet absolu ne peut s'extraire de son empêtrement :
> les liens qu'il voudrait arracher, ceux de la domination,
> ne font qu'un avec le principe de la subjectivité absolue[1].

Face à cela, les stratégies critiques sont certainement plus nombreuses qu'on ne le croit. Mais il en est une qui mériterait d'être explorée : c'est celle qui, à l'arrogance d'une subjectivité qui se croit d'autant plus dominante qu'elle est séparée de la terre, oppose qu'il n'y a pas de mode de production plus terrestre, plus profondément enraciné dans les entrailles mêmes de la terre, et donc moins séparé d'elle que le mode de production capitaliste. « Le capital, écrit justement Andreas Malm, est attaché à une quantité de terre toujours plus importante, dont il absorbe les contenus à un rythme toujours plus frénétique pour les mettre en circulation. »[2] Il faut donc lever le voile sur le fait suivant : les figures d'une subjectivité sans monde, détachée de la terre et d'une raison séparée de la nature (comme de l'objectivité qu'elle constitue de l'extérieur), qui accompagnent le capitalisme depuis le début de son développement, cachent en réalité un mode de production qui se trouve dans une dépendance à la terre à un degré qu'aucun autre mode de production n'a jamais connu. Le capitalisme est de façon non pas accidentelle, mais essentielle un extractivisme, or il n'y a évidemment pas d'extractivisme possible sans un rapport à la terre qui, en l'occurrence, prenne la forme d'un rapport d'absorption de contenus terrestres (carburants, minerais) qui sont ensuite jetés dans le processus de production pour y

1. Theodor W. Adorno, *Dialectique négative*, trad. Collège de philosophie, Paris, Payot, 1978, p. 46.
2. A. Malm, *La chauve-souris et le capital. Stratégie pour l'urgence chronique*, trad. E. Dobenesque, Paris, La Fabrique, 2020, p. 109.

permettre la valorisation du capital. Contre l'image d'une société capitaliste qui réaliserait le miracle de pouvoir subsister en étant « hors sol », ou qui pourrait vivre et se reproduire en étant séparée de la terre, il faut donc montrer non seulement qu'aucune société n'a jamais été aussi dépendante de la terre que la société capitaliste[1], mais aussi qu'en étant ainsi dénié et refoulé – quand il n'est pas transformé en son contraire –, ce caractère foncièrement terrestre du capital ne peut que prendre la forme totalement pathologique du pillage pur et simple de la terre[2], jusque dans ses entrailles et bientôt jusqu'au fond des abysses marins. Sans une extension spatiale des marchés *sur* toute la surface de la terre (donc sans la colonisation), et sans une extension concomitante *sous* la surface et dans les profondeurs de la terre à la recherche des carburants fossiles et des minerais, il n'y aurait pas eu de développement possible du capitalisme. C'est la raison pour laquelle les sociétés caractérisées par le mode de production capitaliste sont les premières sociétés qui, dans l'histoire humaine,

---

1. Dans la suite d'Antonin Pottier (*L'économie dans l'impasse climatique. Développement matériel, théorie immatérielle et utopie auto-stabilisatrice*, Thèse pour le Doctorat d'économie, Paris, EHESS, 2014), P. Charbonnier (*Abondance et liberté. Une histoire environnementale des idées politiques*, Paris, La Découverte, 2020, p. 116) montre en quoi la trajectoire historique singulière de l'Europe du Nord-Ouest, marquée par un décollage économique exceptionnel à partir de la seconde moitié du XVIIIe siècle, n'est pas compréhensible tant que l'on ne complète pas le modèle de la « croissance *intensive* » (liée à la division du travail et à la formation des marchés) « des apports *extensifs* que constituent les énergies fossiles et la captation des terres coloniales » (nous soulignons).

2. « Le capital ravage la terre », rappelle Paul Guillibert, précisant que « cette dynamique destructrice du capital s'explique par sa trajectoire historique : il est un système d'appropriation généralisée des conditions naturelles de la subsistance » (P. Guillibert, *Terre et capital. Pour un communisme du vivant*, Paris, Éditions Amsterdam, 2021, p. 237-238).

ont pris une dimension proprement *géologique*[1].
L'alternative à laquelle la théorie critique fait désormais
face n'est plus « socialisme ou barbarie », mais « le capital
ou la terre » : le choix de la seconde n'apportera peut-être
pas le socialisme, mais le choix du premier conduira
assurément à la barbarie.

1. Voir É. Pineault, *A Social Ecology of Capital*, London, Pluto Press,
2023.

HÉRITAGES

ADORNO ET SCHELLING
COMMENT « TOURNER LA PENSÉE PHILOSOPHIQUE
VERS LE NON-IDENTIQUE » ?[1]

Marx a eu beau écrire à Feuerbach que Schelling était selon lui « le 38e membre du *Bund* », que « toute la police allemande se tenait à sa disposition » (ce dont Marx, selon ses propres dires, « a fait une fois l'expérience en tant que rédacteur du *Rheinische Zeitung* »), et que « la philosophie de Schelling était la politique prussienne *sub specie philosophiae* »[2], il n'en demeure pas moins que, de fait, l'œuvre de Schelling a joué un rôle non négligeable chez certains des penseurs, et non les moindres, qui se sont plus tard réclamés, avec plus ou moins de distance, de l'héritage philosophique et politique de Marx. On sait que c'est tout particulièrement le cas de Ernst Bloch, que l'on peut considérer à bon droit comme un marxiste schellingien, mais il ne faudrait pas oublier non plus que le représentant

1. Expression que nous empruntons à Theodor W. Adorno, *Dialectique négative*, trad. Collège de philosophie, Paris, Payot, 1978, p. 126. Ce texte n'a jusqu'à présent été publié qu'en anglais, F. Fischbach, « Adorno and Schelling : How to "Turn Philosophical Thought Towards the Non-Identical" », *The British Journal for the History of Philosophy*, Routledge, Taylor & Francis Group, Volume 22, Number 6 ("*Post-Kantianism and Critical Theory*"), December 2014.

2. Lettre de Marx à Feuerbach du 3 octobre 1843, *in* Schelling, *Philosophie der Offenbarung 1841/42*, hrsg. von M. Frank, Frankfurt a. M., Suhrkamp, 1993, p. 567-568.

majeur de la seconde génération des théoriciens de l'École de Francfort, Jürgen Habermas, a consacré sa thèse de Doctorat à une étude de la philosophie de Schelling : en 1954, Habermas, futur assistant d'Adorno, soutenait devant l'Université de Bonn sa Dissertation intitulée *Das Absolute und die Geschichte. Von der Zwiespältigkeit in Schellings Denken*, dirigée par Erich Rothacker et Oskar Becker. De cette thèse de Doctorat, Habermas a tiré plus tard un article intitulé « Dialektischer Idealismus im Übergang zum Materialismus – Geschichtsphilosophische Folgerungen aus Schellings Idee einer Contraction Gottes », repris en 1963 dans *Theorie und Praxis. Sozialphilosophische Studien*[1]. A la fin de cet article, Habermas en vient à proposer une lecture parallèle du dernier Schelling et du jeune Marx qui culmine dans l'idée selon laquelle

> le point de départ critique, déjà chez Schelling mais de façon véritable seulement chez Marx, provient lui-même du besoin, précédant toute théorie, d'un retournement du renversement tel qu'il est expérimenté dans la pratique[2].

« *Eine Umwendung der Verkehrtheit* » : il s'agit du retournement de ce monde lui-même renversé[3] qu'est notre

---

1. J. Habermas, « Idéalisme dialectique et passage au matérialisme : conséquences de l'idée schellingienne d'une contraction divine pour la philosophie de l'histoire », dans J. Habermas, *Théorie et pratique*, trad. G. Raulet, Paris, Payot, 1975[1], 2006[2], p. 187 *sq.*

2. *Ibid.*, p. 237 (trad. modifiée).

3. « Monde renversé », on sait que l'expression est utilisée par Marx : « Cet État, cette société produisent la religion, une *conscience renversée du monde*, parce qu'ils sont un *monde renversé* » (K. Marx, *Pour une critique de la philosophie hégélienne du droit. Introduction*, *in* K. Marx, F. Engels, *Werke*, Band 1, Berlin, Dietz Verlag, 1988, p. 378). Mais c'est une expression que Marx emprunte à Saint-Simon : considérant que « la nation a admis pour principe fondamental que les pauvres devaient être

monde en tant que monde corrompu. S'agissant de la compréhension de cette essentielle corruption du monde présent, Habermas explique que « Schelling et Marx conçoivent l'un comme l'autre la corruption du monde de façon matérialiste, en ce sens que ce qui devrait servir seulement de fondement à l'existence, la matière, s'est en réalité soumis l'existence »[1]. C'est là ce qui fait de notre monde actuel un monde renversé, face auquel ou plutôt au sein duquel l'individu ressent de façon pratique le besoin d'un retournement qui permette de libérer l'existence de l'emprise de la matière, c'est-à-dire les hommes de l'emprise de l'égoïsme, ou bien, pour le dire en termes marxiens, la reproduction sociale de l'emprise de la propriété privée. Pour Schelling comme pour Marx, selon Habermas, le monde actuel comme monde renversé, c'est le monde au sein duquel le « moyen de vivre » (c'est-à-dire le moyen de subsistance) exerce un « pouvoir matériel sur la vie même », c'est le monde caractérisé par « le pouvoir de la "base", du moyen sur les fins, de l'inférieur sur le supérieur, de l'extérieur sur l'intérieur »[2].

Compte tenu de l'intérêt que présente ce rapprochement de Schelling et de Marx effectué par Habermas, on se prend à regretter qu'à l'exception d'une brève mention de Bloch[3], il se fasse dans l'indifférence à l'égard non seulement d'autres tentatives qui auraient pu être faites de

---

généreux à l'égard des riches » et que, « dans tous les genres d'occupations, ce sont des hommes incapables qui se trouvent chargés du soin de diriger les gens capables », Saint-Simon en concluait « que la société actuelle est véritablement le monde renversé » (Saint-Simon, « L'Organisateur. Les quatorze lettres », dans *Œuvres complètes*, Paris, Puf, 2012, vol. 3, p. 2123).

1. J. Habermas, *Théorie et pratique*, *op. cit.*, p. 231.
2. *Ibid.*, p. 235.
3. *Ibid.*, p. 237.

lire ensemble les deux philosophes, mais aussi sans attention particulière pour la question de savoir si la pensée de Schelling a pu ou non jouer un rôle au sein de la tradition philosophique dont Habermas est lui-même l'héritier, à savoir la tradition de l'École de Francfort. C'est la question que nous voudrions examiner ici, en nous centrant sur l'œuvre d'Adorno. Pourquoi Adorno ? Parce qu'il est incontestablement celui des francfortois qui entretient le rapport à la fois le plus intense et le plus profond avec la tradition philosophique, et en particulier avec la tradition de la philosophie allemande classique, de Kant à Husserl et Heidegger, en passant par Hegel et Marx. La question que nous posons est simple : est-il possible de s'expliquer aussi intensément avec Hegel que Adorno l'a fait, notamment dans sa *Dialectique négative* (mais pas seulement), sans tenir compte d'une façon ou d'une autre du plus grand précédent historique d'une telle explication, à savoir l'explication de Schelling avec Hegel ? Et au-delà du faible nombre de références explicites de Adorno à Schelling, jusqu'à quel point peut-on considérer que Adorno entretient un rapport avec la pensée de Schelling ?

Ce qui justifie un rapprochement de Adorno avec Schelling est la recherche qui leur a été commune d'une rupture avec ce que Schelling appelait la « philosophie rationnelle » et Adorno l'idéalisme, c'est-à-dire avec ce que l'un et l'autre considèrent comme une pensée de l'identité incarnée par Hegel plus que par aucune autre philosophie. À quoi s'ajoute que, pour les deux philosophes, s'extraire de la philosophie de l'identité revient d'une certaine façon à devoir imprimer à la philosophie une tournure empiriste, c'est-à-dire à confronter la pensée avec quelque chose qui soit véritablement *extérieur* à la pensée et *différent* d'elle : mais, autant pour Adorno que pour

Schelling, cette référence à un réel irréductiblement extérieur à la pensée ne peut pas avoir le sens du recours à un simple *fait* ou à un simple *donné* empirique que la pensée spéculative aurait tôt fait de s'approprier et de reconduire à son identité à elle-même. La quête est donc celle d'un réel qui soit effectivement irréductible à la pensée, sans être pour autant un simple donné ni un simple fait ; elle est donc aussi la quête d'un empirisme qui soit, comme disait Schelling, un « empirisme en grand ».

Dès « L'actualité de la philosophie » (1931), sa leçon inaugurale à l'Université de Francfort, Adorno pose qu'il faut renoncer à « l'illusion sur laquelle s'ouvrait autrefois les projets philosophiques », à savoir « l'illusion selon laquelle il serait possible de saisir par la force de la pensée la totalité du réel ».[1] Un projet de ce type doit être considéré comme illusoire et caduque dès lors que « la réalité » se montre elle-même rétive à la pensée, dès lors que la réalité s'affirme elle-même comme irréductible à la rationalité de la pensée. Comment pourrait-on encore vouloir saisir la réalité par la pensée, ou saisir par la pensée ce qu'il y a de rationnel dans la réalité quand on a affaire à « une réalité dont l'ordre et la configuration mettent à bas toute prétention de la raison »[2] ? Dès lors qu'il n'y a plus rien dans la réalité, sinon « sous forme de traces et de ruines », qui puisse encore permettre d'envisager de faire coïncider notre raison subjective avec une raison que l'on pourrait considérer comme présente dans les choses-mêmes, c'est « l'adéquation de la pensée à l'être comme totalité qui

1. Theodor W. Adorno, « L'actualité de la philosophie », dans *L'actualité de la philosophie et autres essais*, trad. sous la direction de J.-P. Bégot, Paris, Éditions Rue d'Ulm, 2008, p. 7.

2. *Ibid.*

s'est désagrégée »[1]. Et c'est ce qui fait que la philosophie doit désormais, selon Adorno, apprendre à « renoncer à la question de la totalité », ce qui signifie qu'elle doit apprendre à « se tirer d'affaire sans sa fonction symbolique » si, par cette fonction, on entend le fait d'être capable de présenter l'universel dans le particulier, de mettre au jour et de révéler l'universel au sein du particulier ou de montrer comment le particulier est capable de « présenter l'universel » : il faut renoncer à une telle fonction de la philosophie à partir du moment où le particulier n'est justement plus capable de présenter quoi que ce soit d'universel, à partir du moment où il n'est plus possible de montrer l'universel tel qu'il est ou serait à l'œuvre dans le particulier.

Il y a donc désormais une hétérogénéité complète de la pensée et de la réalité : la seconde n'est pas seulement extérieure à la première, elle lui est *hétérogène*. C'est pourquoi, d'une part, le rapport que la pensée peut entretenir avec la réalité ne peut plus être un rapport d'appropriation, ni d'intériorisation, mais seulement encore un rapport d'interprétation. Et c'est pourquoi, d'autre part, il est désormais clair qu'il n'y a pas d'autre accès à la réalité, pas d'autre prise possible sur la réalité que par la *pratique*. « L'interprétation de la réalité et son abolition sont référées l'une à l'autre » mais de telle sorte que « ce n'est certes pas dans le concept qu'est abolie la réalité », mais seulement dans et par « la praxis matérialiste »[2]. Dès lors en effet que la réalité est reconnue comme hétérogène au concept et à la raison, ce qui est également et en même temps

---

1. Theodor W. Adorno, « L'actualité de la philosophie », *op. cit.*, p. 7

2. *Ibid.*, p. 21.

reconnu, c'est l'exigence d'une transformation pratique de cette réalité justement parce qu'il n'est plus possible d'y reconnaître le rationnel, sinon sous forme de traces ou de ruines : mais cette transformation elle-même ne peut qu'être extra-conceptuelle, et si, « de la construction de la figure du réel suit à coup sûr promptement l'exigence de sa transformation réelle »[1], une telle transformation ne peut elle-même être que du ressort de la pratique. « La pure pensée n'étant pas capable d'accomplir à partir d'elle-même » la transformation de la réalité, « elle convoque la praxis auprès d'elle »[2]. Un tel recours à la praxis ou au pratique comme à l'instance capable de suppléer la pensée quand celle-ci est parvenue au faîte de ses possibilités nous fait évidemment d'abord penser à Marx et à ce dont Adorno en hérite : c'est oublier que Schelling recourt également à une instance pratique, à un vouloir quand il parvient au terme de ce dont une pensée purement rationnelle est capable. Lorsqu'on atteint ce qui ne se contente plus de pouvoir être l'étant, mais qui l'est effectivement et absolument, c'est-à-dire lorsqu'on arrive à ce qui est « le *totalement* étant, non pas puissance, mais tout entier acte, effectivité pure »[3], on arrive à ce que la philosophie a toujours *voulu* atteindre et posséder comme son objet suprême, mais on y parvient aussi comme à ce qui ne peut que s'imposer de l'extérieur à la philosophie en se posant comme tel par soi-même et en n'étant plus posé par la pensée, c'est-à-dire qu'on parvient à ce que la philosophie ne peut plus ni poser elle-même, ni déduire par elle-même,

1. *Ibid.*
2. *Ibid*, p. 22.
3. Schelling, *Philosophie de la Révélation*, Livre premier : *Introduction à la Philosophie de la Révélation* (dite « Introduction de Berlin »), trad. de la RCP Schellingiana (CNRS), Paris, Puf, 1989, p. 175.

mais qui s'impose à elle à partir de soi-même comme l'acte
même que cela est, et à quoi ou par quoi la philosophie est
comme convoquée, étant à elle de décider si elle veut
répondre ou non à l'appel de cela qui est absolument et
simplement l'étant. Ici (c'est-à-dire au terme de toute
philosophie rationnelle ou négative, et au seuil de la
philosophie positive) la pensée est confrontée à « l'acte
pur » et elle n'en peut répondre qu'à cesser d'être pensée
pure et à devenir vouloir effectif.

Quand il s'agit de dire dans quelles conditions peut
être posée la question du sens de l'être, Adorno précise
que cela ne peut être qu'à partir du moment où « la réalité
effective n'est plus immédiatement accessible et où le sens
de la réalité effective et celui de la *ratio* ne sont pas le
même », c'est-à-dire « là où la *ratio* reconnaît la réalité
effective qui lui fait face comme quelque chose
d'étranger »[1]. C'est sur cet argument que Adorno – dans
son texte de 1932 intitulé « L'idée d'histoire de la nature »
– prend appui pour adresser à Heidegger le reproche de
tenter de « gagner de l'être trans-subjectif grâce aux
moyens de la *ratio* autonome et grâce au langage de
celle-ci ». Adorno ne conteste pas en lui-même, au
contraire, le projet selon lequel,

> à une philosophie qui s'attelle à la tâche de dissoudre
> toutes les déterminations de l'être en des déterminations
> de la pensée et qui croit pouvoir fonder toute objectivité
> dans les structures fondamentales déterminées de la
> subjectivité, il s'agit de substituer une question qui est
> posée de manière à permettre de gagner un être qui est
> autre, principiellement autre[2].

1. Theodor W. Adorno, « L'idée d'histoire de la nature », dans
L'actualité de la philosophie et autres essais, op. cit., p. 33-34.
2. *Ibid.*, p. 33.

Sans contester le projet en lui-même, Adorno veut seulement pointer la contradiction qu'il y a à vouloir gagner un être principiellement autre que la pensée et la *ratio* avec les moyens de la pensée et de la *ratio* elles-mêmes. A ce qui est étranger à la *ratio* et autre qu'elle, on ne peut pas accéder au moyen de la *ratio* elle-même. Ce qui ne laisse que deux possibilités : soit montrer que ce qui se présente d'abord comme étranger à la *ratio* ne l'est en réalité pas, et donc est accessible à la *ratio* ; soit renoncer à la *ratio* pour accéder à l'être qui est « principiellement autre » et, éventuellement, chercher un autre moyen d'y parvenir.

Toujours dans ce texte de 1932, Adorno s'engage dans la première voie et il entreprend de surmonter l'opposition entre « la nature » et « l'histoire » : si, par « nature », on entend « ce qui est là depuis toujours, ce qui, en tant qu'être donné par avance et agencé à la manière d'un destin, supporte l'histoire humaine »[1], c'est-à-dire si par « nature », on entend en fait « le mythique », alors Adorno entreprend de montrer dans ce texte que le mythique est lui-même historique, et donc que la nature est elle-même déjà histoire – ce qui revient à montrer que ce qui paraît comme un être étranger toujours déjà donné est en réalité un être engendré, produit, et donc en définitive un être non-étranger. Mais on peut penser que la voie qu'Adorno empruntera dans des textes ultérieurs consistera plutôt à renoncer à la *ratio* et à chercher un moyen autre et différent d'elle afin d'accéder à un être ou à une réalité interprétée par lui comme *définitivement* autre que la raison et comme *réellement* différente d'elle. Cette voie est clairement une voie schellingienne, qu'Adorno s'y engage ou non en une référence assumée à Schelling.

1. *Ibid.*, p. 32.

S'engager dans cette direction impliquait ou supposait une explication et une confrontation avec Hegel. On en trouve des éléments importants dans la phase préparatoire à l'écriture de la *Dialektik der Aufklärung*. Adorno explique à ce moment-là (nous sommes en 1939) qu'il veut « soulever la question de savoir si notre approche à nous [c'est-à-dire l'approche commune à Adorno et à Horkheimer] n'est pas véritablement différente au plan ontologique de l'approche hégélienne »[1]. Ce faisant, Adorno en vient à soupçonner que « les éléments de la philosophie hégélienne ne soient déjà si préformés par le tout que chez lui [Hegel] l'opposé factuel se tient depuis le début sous l'emprise du principe d'identité »[2]. Si tel est le cas, c'est que Hegel ne serait pas parvenu à un « factuel » qui soit réellement capable de résister à l'emprise de la pensée identifiante, ce qui confirmerait le diagnostic porté par Schelling sur le hégélianisme. Mais cela devient encore plus intéressant quand Adorno tente de préciser où « réside toute la différence avec Hegel »[3] et qu'il en arrive par là à écrire ceci :

> Il s'agit de savoir si tout ce qui tombe dans le cercle de la pensée apparaît uniquement comme simple pensée, ou si on peut le considérer comme quelque chose d'effectif qui ne tombe pas dans le cercle de la pensée, mais qui en même temps ne peut pourtant être compris que dans la relation avec la pensée[4].

1. M. Horkheimer, Theodor W. Adorno, *Le laboratoire de la Dialectique de la raison. Discussions, notes et fragments*, trad. J. Christ et K. Genel, Paris, Éditions de la Maison des sciences de l'Homme, 2013, p. 69.
2. *Ibid.*, p. 69-70.
3. *Ibid.*, p. 70.
4. *Ibid.*

Il faudrait donc que la pensée puisse se rapporter à un effectif qui, à la fois, lui soit véritablement extérieur mais qui, pour autant, n'empêche pas tout exercice de la pensée – et face à quoi, donc, la pensée puisse se maintenir en état de marche, mais en étant définitivement débarrassée de sa pulsion identificatrice ou de sa volonté d'identifier à elle-même tout contenu qu'elle est susceptible de penser.

Or c'est là très exactement ce que Schelling avait lui-même tenté de faire. Il expliquait ainsi, dans l'*Introduction de Berlin*, que, au terme de la philosophie rationnelle ou négative, « la raison pose le *pur et simple* étant comme absolument extérieur à elle pour la seule raison qu'en lui il n'y a rien d'un concept »[1] ; dans les termes d'Adorno, cela signifie qu'on parvient là à un « effectif qui ne tombe pas dans le cercle de la pensée » puisqu'il s'agit d'un purement existant qui non seulement est extérieur à toute pensée mais qui la précède absolument. Ce dont part la philosophie positive, ne cesse de répéter Schelling, c'est de « l'être qui est *absolument* hors de la pensée », de « cet être extérieur à toute pensée qui est également tout aussi bien un être au-delà de toute expérience qu'il est un être précédant toute pensée »[2]. Si donc cet existant pur et simple ne peut qu'être posé par la raison comme totalement extérieur à elle, « elle ne le pose ainsi cependant qu'en vue de faire à nouveau de ce qui est en dehors et au-dessus de la raison le contenu de la raison »[3]. En d'autres termes, la raison « pose l'être sans concept, [mais] pour aboutir à partir de lui au concept, elle pose le transcendant pour le transformer en l'*absolument* immanent

---

1. Schelling, *Philosophie de la Révélation*, *op. cit.*, p. 195.
2. *Ibid.*, p. 151.
3. *Ibid.*, p. 196.

et pour avoir cet immanent *absolu* en même temps comme un existant », c'est-à-dire comme un effectif dont elle sait que, si elle peut le connaître, ce sera néanmoins toujours comme un existant irréductiblement autre et extérieur à elle et, dans cette mesure, définitivement non identifiable ou irréductible et rétif à toute logique identifiante.

C'est sur cette voie qu'Adorno a été conduit à la pensée du « non-identique », c'est-à-dire de ce qui n'est pas identifiable à la raison, de ce que la raison échoue nécessairement à identifier à elle-même, de ce qui résiste et finalement échappe à son identification à et par la raison. Comme en échos à son propre texte de 1932, Adorno considère dans la *Dialectique négative* que le non-identique a été pensé par Marx à l'aide du concept de nature[1] : on peut certainement le penser, notamment si l'on songe à ce passage de *L'idéologie allemande* où Marx écrit que, « bien entendu, le primat de la nature extérieure n'en subsiste pas moins »[2]. Marx veut dire ici que sa propre conception de l'activité humaine comme transformation et appropriation de la nature et de ses forces n'est pas telle qu'elle impliquerait une sorte de liquidation de la nature du fait de son appropriation complète par les hommes, chose inconcevable selon Marx, pour la raison simple que l'activité humaine est elle-même une activité naturelle ou, plus exactement, l'activité de ces êtres eux-mêmes naturels que sont les hommes. En ce sens, la nature serait le « non-identique », c'est-à-dire précisément ce qui ne peut être complètement ramené et réduit à l'identique. Or on peut noter que Schelling également, lorsqu'il a cherché sur le tard dans

1. Theodor W. Adorno, *Dialectique négative*, *op. cit.*, p. 142.
2. K. Marx, F. Engels, J. Weydemeyer, *L'idéologie allemande*, premier et deuxième chapitres, trad. J. Quétier et G. Fondu, Paris, Éditions sociales, 2014, p. 57.

sa première philosophie des signes en quelque sorte avant-coureurs de son passage ultérieur à la philosophie positive, a considéré que sa propre *Naturphilosophie* pouvait être après coup considérée comme ayant été sa première tentative de faire droit à une réalité extérieure et irréductible à la raison. Il est un point, écrit Schelling, « où la philosophie de la nature pourrait, sans modification essentielle, entrer dans le système positif »[1] : la nature aurait ainsi été le premier non du positif, c'est-à-dire d'un « existant » véritable ou d'un « véritablement existant » qui, en tant que tel, ne peut être qu'en dehors et au-delà de la raison et de la pensée logique – ce qu'Adorno appelle quant à lui le « non-identique ».

La « nature » possède ainsi tant pour Adorno que pour Marx et Schelling le sens d'une réalité à laquelle la raison se rapporte comme à quelque chose d'extérieur et d'irréductible à elle. C'est cet accueil d'une réalité extra-rationnelle qui conférait selon Schelling à sa démarche philosophique sa tournure empiriste. De sa philosophie de la nature de jeunesse, le Schelling de la période de Munich disait que, « comme toutes les autres sciences, elle a grandi grâce à l'expérience »[2] et qu'elle est la philosophie qui est la plus proche d'une prise de conscience de sa propre nature empiriste : elle est la philosophie qui, contrairement aux différentes versions de l'idéalisme, ne refoule pas ou plus l'empirisme inhérent à toute philosophie véritable, et qui (contrairement cette fois aux empirismes anglais et français) ne réduit pas l'empirisme philosophique à la seule expérience *sensible*. Ce qui conduisait Schelling à se

1. Schelling, *Introduction à la philosophie*, trad. M.-C. Challiol-Gillet, Paris, Vrin, 1996, p. 156.
2. Schelling, *System der Weltalter. Münchner Vorlesung 1827-28*, hrsg. von S. Peetz, Frankfurt a. M., V. Klostermann, 1990, p. 77.

demander : « comme nous avons déjà accueilli la nature dans la philosophie, la philosophie ne devrait-elle pas atteindre un degré encore bien plus grand de perfection si nous accueillions encore l'histoire en elle ? »[1]. En accueillant en elle encore l'histoire ou l'historique en plus du naturel, la philosophie serait tout proche de se découvrir elle-même comme un empirisme philosophique et de franchir le pas de la positivité, si du moins le positif ne réside pas dans de simples *faits* (*Tatsache*), mais dans un *faire*, dans des *actes* dont témoignent aussi bien le dynamisme productif de la nature que la liberté dans l'histoire.

Une telle quête d'un historique qui ne soit pas en opposition au naturel est commune à Adorno et à Schelling. Pour ce dernier, l'historique comme tel (ce qu'il appelle *das Historische*) est très tôt apparu comme ce qui met en échec et en arrêt le procès dialectique d'une pensée n'ayant à faire qu'à elle-même et ne se déployant qu'en elle-même. « L'opinion entretenue de temps à autre selon laquelle la philosophie pourrait enfin, grâce à la dialectique, se transformer en une science effective est une opinion qui trahit des vues quelque peu bornées »[2] : s'en tenir, avec Hegel, à des vues bornées de ce genre, c'est ignorer qu'il n'y de science, de connaissance effective, c'est-à-dire de savoir sachant et non pas seulement pensant, que de réalités qui sont historiques, c'est-à-dire de réalités dont on ne peut apprendre que de l'expérience ce en quoi elles ont consisté, ce qu'elles ont fait et ce qu'elles ont été – raison pour laquelle, selon Schelling, « le philosophe se trouve au fond

---

1. Schelling, *System der Weltalter. Münchner Vorlesung 1827-1828*, *op. cit.*, p. 77.
2. Schelling, *Les âges du monde. Fragments dans les premières versions de 1811 et 1813*, trad. P. David, Paris, Puf, 1992, p. 14.

dans une situation qui ne diffère pas de celle de tout autre historien », de sorte que ce à quoi il faut travailler, c'est à ce que « le philosophe puisse, lui aussi, revenir à la simplicité de l'histoire »[1]. Car ce qui distingue la démarche historique et en fait l'opposé de toute démarche dialectique au sens d'une dialectique spéculative, c'est qu'en elle « celui qui sait reste toujours distinct de son objet, ce dernier restant à son tour séparé et devenant l'objet d'une contemplation sereine »[2] : aucune prétention ici à l'absorption, à l'identification de l'objet au sujet pensant pour la raison que l'objet historique, en tant que tel, est irréductible à la pensée. Et c'est bien là ce qu'Adorno reconnaît à son tour quand il écrit ceci :

> Une philosophie qui ne postule plus l'autonomie, qui ne croit plus que la réalité a un fondement dans la *ratio*, et qui, au contraire, postule encore et toujours que dans la législation à la fois autonome et rationnelle peut se faire jour un être qui ne lui est pas adéquat et ne peut être projeté rationnellement comme totalité – une telle philosophie n'ira pas au bout du chemin qui mène aux présupposés rationnels, mais restera là où la réalité irréductible fait irruption ; si elle poursuit son chemin vers la région des présupposés, elle ne pourra parvenir jusqu'à eux que de manière formelle et au prix de cette réalité où se situent ses tâches authentiques. C'est pourtant d'une manière concrètement historique que l'irréductible fait irruption, et c'est pour cette raison que c'est l'histoire qui met un terme au mouvement de pensée menant aux présupposés[3].

1. Schelling, *Les âges du monde*, p. 18.
2. *Ibid.*
3. Theodor W. Adorno, « L'actualité de la philosophie », dans *L'actualité de la philosophie et autres essais, op. cit.*, p. 26.

Que l'historique, lorsqu'il surgit en tant que tel – et il ne peut précisément que « surgir », étant de la nature de *l'acte* – soit ce qui interrompt la quête rationnelle des présupposés, c'est très exactement la reprise d'une thèse essentiellement schellingienne : « en procédant de façon déductive, nous avons été conduit à une cause qui est libre et qui est simplement cause de l'*actus* », c'est-à-dire à « cette cause libre qu'est l'étant »[1].

L'accès à la philosophie positive, c'est-à-dire (en termes adorniens) à une philosophie du non-identique, s'est ainsi fait chez Schelling dans la continuité avec sa propre philosophie de la nature. Si celle-ci s'est approchée au plus près du seuil de la positivité, c'est en ce qu'elle voulait faire de la philosophie une pensée véritablement sachante et non pas seulement pensante, ce qui conduisait à faire de la philosophie en quelque sorte le témoin de l'auto-construction d'une réalité – la nature – qui l'a depuis toujours précédée et qui lui demeure irréductible. Mais cela supposait de la part de Schelling une rupture avec les formes de philosophie dont le but est la reconduction de toutes choses, de tout étant ou de tout ce qui est à l'identité du concept – une démarche dont l'archétype est représenté, aussi bien pour Schelling que pour Adorno, par Hegel : si Schelling reconnaît une validité aux philosophies pensantes, c'est-à-dire aux philosophies logiques, conceptuelles ou rationnelles de type hégélien, c'est à la condition qu'elles soient développées et déployées en étant tout entières tendues vers cela même qui échappe à toute identification à la pensée logico-rationnelle. Une philosophie de l'identité n'est légitime d'un point de vue schellingien qu'à la condition qu'elle conduise au non-identique, à l'inassimilable

----

1. Schelling, *Introduction à la philosophie, op. cit.*, p. 119.

par et pour toute pensée identifiante. Et c'est très précisément l'idée à laquelle Adorno devait lui-même parvenir, sans relation positive explicite avec Schelling, mais assurément dans le rapport explicitement critique à l'égard de Hegel qui était déjà celui de Schelling : « la non-identité, écrit Adorno, est le *telos* de l'identification, ce qu'il faut sauver en elle ; l'erreur du penser traditionnel est de considérer l'identité comme son but ; la puissance qui rompt l'apparence d'identité est celle du penser lui-même : l'application de son « ceci est » ébranle sa forme pourtant nécessaire »[1]. Le non-identique auquel aboutit la philosophie rationnelle (ou négative), c'est le « pur existant » ou le « simplement existant », et c'est de ce « simple existant » que Schelling déclare qu'il est « justement ce par quoi est rabattu tout ce qui pourrait provenir de la pensée, ce devant quoi la pensée se tait, ce devant quoi la raison elle-même s'incline »[2]. Du purement existant, Schelling peut ainsi dire qu'il est « en sécurité contre tous les doutes, et même contre la pensée »[3] : à moins qu'il ne faille plutôt dire *surtout* contre la pensée.

Aussi comprend-on mieux que le nom de Schelling apparaisse chez Adorno à un moment clé de sa *Dialectique négative* où il donne des indications décisives au sujet du non-identique et du rôle de la contradiction dans sa conception d'une dialectique négative :

> Dans les philosophies traditionnelles, là même où selon le mot de Schelling, elles construisaient, la construction n'était proprement qu'une reconstruction qui ne tolérait rien qui n'ait été prédigéré par elles. Dans la mesure où

1. Theodor W. Adorno, *Dialectique négative*, *op. cit.*, p. 121.
2. Schelling, *Philosophie de la Révélation*, *op. cit.*, p. 187.
3. *Ibid.*

elles interprétèrent jusqu'à l'hétérogène comme étant elles-mêmes, comme esprit finalement, l'hétérogène redevient pour elles le semblable, l'identique dans lequel elles se répétèrent comme dans un gigantesque jugement analytique, sans laisser de place pour du qualitativement neuf. Ce qui s'introduisait, c'est une habitude de penser selon laquelle la philosophie ne serait pas possible sans une telle structure identitaire et se désintégrerait dans la pure juxtaposition de constatations[1].

Mais s'il est une pensée qui ne relève justement pas de ces « philosophies traditionnelles » dont parle ici Adorno, c'est bien celle de Schelling : lui aussi, comme Adorno, a su accéder à l'hétérogène et le maintenir *comme* hétérogène, c'est-à-dire ne pas le réduire à l'identique et au semblable. Pour Schelling aussi, la pensée ne trouve son objet (le purement étant) qu'en découvrant en même temps que cet objet est irrémédiablement à la fois extérieur et antérieur à la pensée, et donc qu'il n'est pas identifiable, qu'il ne peut être ramené au sujet ni assimilé par lui.

Ce qui peut s'exprimer aussi en disant qu'on ne peut se rapporter à cet objet que comme à ce qu'on *veut* et non comme à ce qu'on *pense*, la spécificité de l'objet d'un vouloir étant qu'il est extérieur aussi longtemps qu'il est voulu, tandis que l'objet du penser est intériorisé aussitôt qu'il est pensé. Adorno ne dit rien de différent quand, dans la *Dialectique négative*[2], il évoque l'impossibilité pour la pensée de se porter à un point de vue qui serait au-delà de la différence du sujet et de l'objet : en tant que cette différence est celle « dans laquelle se révèle l'inadéquation de la *ratio* à ce qui est pensé », et pour autant que « cette séparation du sujet et de l'objet est celle qui réside dans

1. Theodor W. Adorno, *Dialectique négative*, *op. cit.*, p. 126.
2. *Ibid.*, p. 73.

toute pensée et dans le penser lui-même », il est exclu que le penser puisse par lui-même et par ses propres moyens surmonter et dépasser une séparation qui lui est essentielle. Ainsi le penser est aussi essentiellement distinct de la réalité pensée que celle-ci lui est hétérogène, et ce qui *est* réellement n'est tel qu'à être extérieur à la pensée.

Le Schelling connu de lui étant essentiellement celui de la période de la *Naturphilosophie* et de la philosophie de l'identité, la critique à laquelle Adorno soumet la philosophie en général en tant que pensée de l'identité se déploie sans référence à la critique à laquelle le Schelling plus tardif a lui-même soumis sa propre philosophie de l'identité et, à travers elle comme à travers l'idéalisme spéculatif (hégélien), *toute* philosophie rationnelle de l'identité *en général*. Il semble donc que ce soit de façon involontaire et sans référence assumée à la pensée du dernier Schelling que Adorno retrouve les principaux thèmes de la critique schellingienne de la philosophie de l'identité. Si l'on devait résumer l'essentiel de cette critique de Hegel dans laquelle se retrouvent Adorno et Schelling, ce serait la critique de la tentative hégélienne d'absorber l'empirique et l'historique au sein du spéculatif et du systématique. Pour Adorno comme pour Schelling, une tentative de ce genre est vouée à l'échec dans la mesure où l'empirique et l'historique sont précisément *l'autre* du systématique et du spéculatif. Dans « Skoteinos ou comment lire », Adorno note ainsi que, « dans la mesure où la philosophie devient avec Hegel intellection et description du mouvement du concept, la *Phénoménologie de l'esprit* en est virtuellement l'historiographie »[1]. Ce qui

---

1. Theodor W. Adorno, « Skoteinos ou comment lire », dans *Trois études sur Hegel*, trad. du Collège de Philosophie, Paris, Payot, 2003, p. 120.

veut dire que Hegel aurait entrepris de raconter dans la *Phénoménologie* l'histoire qui conduit à l'entreprise d'intellection complète du réel qui est précisément celle de Hegel, de sorte que ce dernier « tentait de philosopher comme si l'on écrivait l'histoire, comme si l'on forçait par le mode de pensée l'unité du Systématique et de l'Historique conceptualisée dans la dialectique »[1]. Mais Adorno estime que Hegel échoue en définitive à présenter cette unité, ce qu'atteste selon lui le fait que « l'exposition recèle la trace de l'élément empirique incommensurable au concept »[2]. Et Adorno va jusqu'à penser que Hegel lui-même a dû finir par reconnaître que « l'élément empirique ne peut être complètement pénétré par le concept »[3] : en témoignerait notamment la longue Remarque du § 3 des *Principes de la philosophie du droit* dans laquelle, selon Adorno, Hegel aurait désavoué son propre projet et aurait fait « la critique de son propre système » en optant « pour la séparation traditionnelle de l'Historique et du Systématique »[4]. Et c'est en prenant appui sur cette

1. Theodor W. Adorno, « Skoteinos ou comment lire », *op. cit.*, p. 120.

2. *Ibid.*

3. *Ibid.*

4. Il est vrai que Hegel note, dans cette Remarque du § 3, que « la présentation et l'accès donné à la conceptualisation historique de la naissance de la Chose, et le point de vue philosophique portant pareillement sur la naissance et le concept de la Chose, ont leur demeure dans des sphères différentes » (Hegel, *Principes de la philosophie du droit*, texte intégral présenté, traduit et annoté par Jean-François Kervégan, Paris, Puf, 2013, p. 144) – ou encore : « l'entreprise purement historique se tient en dehors de tout rapport avec l'examen philosophique, dans la mesure, en effet, où le développement à partir de raisons historiographiques ne se confond pas lui-même avec le développement à partir du concept » (p. 142). Hegel distingue ici l'historique du spéculatif et pose leur hétérogénéité réciproque, mais il affirme la supériorité du spéculatif sur

Remarque des *Principes* que Adorno est amené à écrire :
« Dans le non-conceptuel qui résiste au mouvement
hégélien du concept, la non-identité prend la haute main
sur le concept. Ce qui serait en fin de compte la vérité
s'affirmant contre le système de l'identité, cela devient en
celui-ci même sa macule, l'Irreprésentable. »[1] Faire droit
à l'Irreprésentable comme à la Vérité en tant qu'elle n'est
pas l'Identité, tel est le programme philosophique dans
lequel Adorno et Schelling se retrouvent ensemble, à
distance de Hegel.

l'historique, sans que cela signifie pour autant la réduction du second au
premier. Contrairement à Adorno, on peut penser que cette position n'a
rien d'exceptionnel chez Hegel et qu'elle correspond à son attitude
habituelle, du moins dans sa période de pleine maturité (en laissant
ouverte la question de savoir si c'était bien là déjà la position de Hegel
à l'époque de la *Phénoménologie de l'esprit*).

1. Theodor W. Adorno, *Trois études sur Hegel, op. cit.*, p. 121.

LE SENS DU RECOURS À HEGEL
DANS LA CRITIQUE ADORNIENNE
DU POSITIVISME[1]

Qu'est-ce que philosopher de façon encyclopédique? Je me propose de chercher des éléments de réponse à cette question en prenant appui sur ce qui me paraît être l'une des lectures et des tentatives à la fois d'appropriation et d'actualisation les plus significatives de Hegel au cours du XXe siècle, celles tentées par Adorno. Philosopher de façon encyclopédique signifie entretenir, en tant que philosophe, un rapport déterminé aux sciences, rapport indiqué comme tel par le titre complet d'Encyclopédie *des sciences philosophiques*. Ce rapport engage à la fois et aussi bien la manière dont les sciences se comprennent elles-mêmes quand elles réfléchissent sur leurs objets et sur leurs méthodes, que la manière dont la philosophie

1. Ce texte a été publié une première fois sous le titre « La critique adornienne du positivisme et son rapport à Hegel et Husserl », *in* F. Fraisopi (Hrsg.), *Mathesis, Grund, Vernunft. Die philosophische Identität Europas zwischen Deutschem Idealismus und Phänomenologie*, Reihe « Studien zur Phänomenologie und praktischen Philosophie », Baden Baden, Ergon Verlag, 2019. Dans une version différente, il a été publié sous le titre « Adorno et Hegel : la langue de la dialectique ou comment préserver la possibilité de la critique », dans C. Denat, A. Fillon, P. Wotling (dir.), *Les logiques du discours philosophique en Allemagne de Kant à Nietzsche*, Reims, Éditions et Presses universitaires de Reims (Épure), 2019.

elle-même se positionne comme telle relativement aux résultats de cette auto-compréhension et de cette auto-réflexion des sciences. Adorno considère que le philosopher de type encyclopédique engage un rapport critique aux sciences quand celles-ci engendrent une compréhension d'elles-mêmes de type positiviste. C'est pourquoi il comprend l'encyclopédie hégélienne comme engageant « à la fois une philosophie rationnelle et une philosophie anti-positiviste ».

C'est un fait que Adorno a constamment considéré la philosophie hégélienne comme une arme décisive dans la lutte contre le positivisme, c'est-à-dire à la fois contre le positivisme spontané propre aux sciences et contre les philosophies qui se soumettent elles-mêmes purement et simplement à ce positivisme spontané, voire qui cherchent à le justifier et à le fonder philosophiquement. C'est pourquoi Adorno écrit, dans celle de ses *Trois études sur Hegel* intitulée « Le contenu de l'expérience », que « la philosophie hégélienne, et toute pensée dialectique, supporte aujourd'hui le paradoxe d'être à la fois périmée au regard de la science et plus actuelle que jamais face à la science ».[1] Périmée, elle l'est en ce sens qu'elle ne participe plus depuis longtemps aux succès que remporte la science, si elle l'a jamais fait, mais plus actuelle que jamais aussi, elle l'est pour ce qui est de la compréhension des limites propres au type ou à la forme de rationalité mise en œuvre par la science, et donc aussi pour ce qu'il en est de la tâche d'effectuer une critique de la science qui soit non pas externe, mais *immanente*.

---

1. Theodor W. Adorno, *Trois études sur Hegel*, trad. du Collège de Philosophie, Paris, Payot, 2003, p. 59 (désormais cité *TEH*).

Que fait, selon Adorno, le philosopher hégélien tel qu'il se déploie dans l'*Encyclopédie* ? « Formé à la science, et à l'aide de ses moyens, Hegel – écrit Adorno – a franchi les limites d'une science qui se borne à constater et à ordonner, qui ne vise qu'à l'apprêt des matériaux, telle qu'elle régnait avant lui et de nouveau après lui quand la pensée perdit la tension démesurée de son autoréflexion : sa philosophie est en même temps une philosophie de la raison et une philosophie antipositiviste »[1]. Le geste spéculatif hégélien aurait donc consisté, sans sortir de la science, à la hausser au-delà d'elle-même vers une scientificité plus accomplie qui ne se soumette pas à l'autorité du donné, et qui n'enseigne pas une résignation devant le fait qui est, selon Adorno, parfaitement contraire à la raison.

Adorno note ainsi, dans son Introduction de 1969 à *La Querelle du positivisme au sein de la sociologie allemande*, qu'il y a dans le positivisme, essentiellement représenté selon lui par la série Mach-Schlick-Carnap, une tendance à « hypostasier le sujet connaissant » qui est telle que ceux qui « se sentent vainqueurs de l'idéalisme »[2] philosophique en sont en réalité bien plus proches qu'ils ne le croient eux-mêmes, qui plus est sous la forme d'un idéalisme subjectif que la tradition même de l'idéalisme, notamment avec Schelling et Hegel, avait jugé unilatéral et abstrait et dont elle a tenté le dépassement. Ce subjectivisme propre

---

1. *Ibid.*, p. 68.
2. Theodor W. Adorno, « Introduction à *La Querelle du positivisme au sein de la sociologie allemande* » (1969, dernier texte préparé par Adorno pour la publication, désormais cité *IQP*), dans *Le conflit des sociologies. Théorie critique et sciences sociales*, trad. P. Arnoux, J.-O. Bégot, J. Christ, G. Felten, F. Nicodème, Paris, Payot, 2016, p. 220-221.

au positivisme perdure, toujours selon Adorno, y compris
après le tournant langagier que lui a fait prendre
Wittgenstein. Poser par exemple que la tâche de la
philosophie est de rendre claire les pensées qui, sans elle,
resteraient obscures et confuses, c'est mobiliser un critère,
celui de la clarté, qui, relève Adorno, « ne revient qu'à la
conscience subjective et à elle seule »[1]. Ainsi donc la
prétention à l'objectivité dont se réclame le positivisme
se solderait en définitive par un subjectivisme exacerbé :
il y a là une contradiction, le problème n'étant pas pour
Adorno cette contradiction elle-même, mais le fait qu'elle
ne soit pas assumée et, le plus souvent, pas même aperçue.

Cette contradiction entre prétention à l'objectivité et
position subjectiviste[2] apparaît de façon flagrante, au sein
même du positivisme, dans « l'antagonisme permanent
qui oppose [en lui] l'aile logico-formelle à l'aile
empiriste ». Pour Adorno, cet antagonisme, interne au
positivisme, entre un pôle logico-formel d'un côté, et de
l'autre un pôle de l'empirisme du simple donné, montre

---

1. Theodor W. Adorno, *Le conflit des sociologies. Théorie critique
et sciences sociales*, *op. cit.*, p. 221.
2. Sur l'inversion du sens de ce qui est objectif et de ce qui est
subjectif dans le positivisme, voir le fragment « C'est celui qui le dit qui
y est » dans *Minima moralia* : « les concepts de "subjectif" et d'"objectif"
se sont complètement inversés ; ce qu'ils appellent "objectif", c'est le
jour incontesté sous lequel apparaissent les choses, leur empreinte prise
telle quelle et non remise en question, la façade des faits classifiés[,] en
somme ce qui est subjectif [;] et ce qu'ils nomment "subjectif", c'est ce
qui déjoue ces apparences, qui s'engage dans une expérience spécifique
de la chose, se débarrasse des idées reçues la concernant et préfère la
relation à l'objet lui-même au lieu de s'en tenir à l'avis de la majorité,
de ceux qui ne regardent même pas et *a fortiori* ne pensent pas ledit
objet[,] en somme, l'objectif » (Adorno, *Minima moralia. Réflexions sur
la vie mutilée*, trad. É. Kaufholz et J.-R. Ladmiral, Paris, Payot, 1980,
p. 67).

« combien peu le positivisme a réussi à établir la médiation de la factualité et du concept »[1]. Le problème n'est pas qu'il y ait une tension entre factualité et concept, mais que cette tension, faute d'être reconnue et assumée comme telle, dégénère en un dualisme des deux termes et en une absence de médiation entre eux. Le problème, c'est l'incapacité à voir que, comme le dit Adorno, « pas plus qu'il n'est possible de défendre le primat absolu du donné singulier face aux idées, [pas plus] il n'est possible de maintenir l'absolue indépendance d'un domaine purement idéal, le domaine mathématique en l'occurrence »[2]. Apercevoir cette impossibilité et la prendre au sérieux, comme l'a fait Hegel, implique de passer à un mode de pensée dialectique dont se réclame Adorno, c'est-à-dire à une pensée de la médiation entre les éléments constitutifs d'une totalité, à une pensée du tout ou du vrai comme résultat posé de la médiation entre les opposés qui le constituent. L'antagonisme, pour ne pas dire la contradiction interne au positivisme entre son pôle empiriste et son pôle logico-formel rejoue très exactement aux yeux d'Adorno ce que Hegel avait dit au sujet des pensées ou des philosophies de la réflexion : à savoir non seulement qu'elles sont des idéalismes subjectifs, mais aussi qu'elles sont des *dualismes* philosophiques qui en restent à l'opposition du contenu et de la forme. En ce sens, il apparaît nécessaire de repartir de ce que Hegel écrivait au § 35 du « Concept préliminaire » dans l'édition de 1817 de l'*Encyclopédie* :

> Pour se placer au point de vue de la science [c'est-à-dire de la philosophie], il est requis d'abandonner les

1. *IQP*, p. 222.
2. *Ibid.*

présuppositions qui sont contenues dans les manières d'être subjectives et finies de la connaissance philosophique, [à savoir] :

1. [la présupposition] de la *validité* fixe de *déterminations d'entendement* bornées et opposées, en général,

2. la présupposition d'un *substrat donné*, représenté comme *déjà tout prêt*, qui doit être la mesure de référence pour déterminer si l'une de ces déterminations-de-pensée lui convient ou non,

3. [la présupposition] de la connaissance comme d'une simple *mise en relation* de tels prédicats tout prêts et fixes avec un substrat donné quelconque,

4. [la présupposition] de l'opposition du sujet connaissant et de son objet qui ne peut être réuni avec lui, opposition dont (…) chaque côté doit être pour lui-même pareillement quelque chose de fixe et de vrai[1].

Tout semble se passer comme si Adorno avait eu constamment à l'esprit ce paragraphe du « Concept préliminaire »[2] de l'*Encyclopédie* et comme s'il y avait puisé l'ensemble des ressources théoriques et philosophiques dont il avait besoin pour mener le combat qui était le sien contre le positivisme, aussi bien d'ailleurs sur le terrain philosophique que sur le terrain de la sociologie.

---

1. Hegel, *Encyclopédie des Sciences philosophiques, I. La science de la logique*, trad. B. Bourgeois, Paris, Vrin, 1986, « Concept préliminaire » (1817), § 35, p. 198.

2. Ou comme si, « penché sur son épaule, Hegel soufflait pour ainsi dire les répliques à Adorno », selon l'expression de Gilles Moutot au sujet du rapport d'Adorno non pas, il est vrai, à l'*Encyclopédie*, mais à la *Phénoménologie* (G. Moutot, *Essai sur Adorno*, Paris, Payot, 2010, p. 187). Sur la critique du positivisme par Horkheimer et Adorno, on lira, dans le même livre de G. Moutot, le paragraphe intitulé « Qu'est-ce qu'être "positiviste" ? » (*op. cit.*, p. 148-162).

Prenons l'exemple de « la polarité abstraite du formel et de l'empirique »[1], typique de ce que Hegel appelait les manières d'être subjectives et finies de la connaissance philosophiques », dont relève le positivisme. Adorno n'a pas de mal à montrer que ce qui s'est produit dans la philosophie se produit également dans la sociologie, à savoir qu'une « sociologie formelle est le complément [d'une] expérience restreinte »[2]. Et c'est bien en effet de Hegel que l'on peut apprendre qu'un empirisme qui sépare le donné empirique de la forme de la pensée est toujours en même temps un mauvais empirisme, c'est-à-dire un empirisme lui-même incomplet et partiel. Ainsi des sociologies positivistes qui prennent par exemple pour objet d'étude le phénomène de la bureaucratisation des partis ouvriers et qui croient pouvoir rendre compte de ce phénomène en le mettant immédiatement en relation avec le concept formel, vide et abstrait « d'organisation en général ». Mais ce concept est justement abstrait et formel en cela même qu'il est la contrepartie d'une expérience elle-même limitée, partielle et incomplète, d'une expérience qui, en l'occurrence, se dispense « d'analyser les chaînons intermédiaires, d'exposer dans le détail comment l'adaptation aux rapports de production capitalistes touche ceux dont les intérêts objectifs vont, à la longue, contre cette adaptation »[3]. Mais ne pas se contenter d'une expérience incomplète et entrer dans le détail des chaînons intermédiaires, pénétrer la richesse de l'expérience, cela exigerait justement de ne pas séparer le donné empirique de la forme globale de la société et de se rendre ainsi

---

1. *IQP*, p. 222.
2. *Ibid.*
3. *Ibid.*, p. 223.

capable de comprendre que le propre d'un système social est de diffuser partout et dans les moindre détails ses formes spécifiques d'organisation, de les « réaliser à l'échelle du Tout », et donc de communiquer ces formes y compris aussi à ceux des groupes sociaux qui s'opposent à ce système. Il y a ainsi une « universalité concrètement historique » propre à une formation sociale qui n'est saisissable comme telle, c'est-à-dire comme universalité historiquement concrète, à l'aide ni de catégories formelles et anhistoriques comme « l'organisation », ni de données empiriques limitées et partielles, comme telles incapables d'exprimer le tout d'un rapport social historique concret.

Mais le positivisme sociologique n'est pas seulement marqué par le dualisme forme/contenu, il est aussi, comme le positivisme philosophique, caractérisé par son subjectivisme. Du côté de la forme, ce subjectivisme s'atteste à la tendance classificatoire propre à ce type de sociologie : selon une méthode dont Hegel faisait déjà la critique dans la Préface à la *Phénoménologie*, un phénomène sera déclaré connu quand il aura été placé ou inséré dans la bonne case au sein d'une grille schématique « plaquée sur le matériau »[1]. Du côté du contenu empirique, le subjectivisme se marque au fait qu'il s'agit d'une sociologie « qui part des opinions, des modes de comportements, de la compréhension d'eux-mêmes qu'ont les sujets individuels, au lieu de partir de la société »[2]. L'objection que Adorno adresse aux sociologies de cette sorte est explicitement hégélienne, nonobstant le fait que la société prend ici la place qu'occupait l'État chez Hegel : partir des sujets individuels, de leurs représentations et de

1. *IQP*, p. 223.
2. *Ibid.*

leurs comportements revient à s'empêcher par principe de connaître la société comme telle puisque celle-ci, précédant toujours déjà les individus, est le *médium* au sein duquel ils se forment et se meuvent comme individus.

Dans ce type de pensées, la fixation sur les objets comme simplement donnés et comme de purs et simples faits, s'accompagne inévitablement de la fixation sur le sujet individuel de la connaissance : ces deux fixations sont inséparables l'une de l'autre et elles découlent d'une même source. Ainsi, note Adorno dans « *Skoteinos* ou comment lire », « la conscience réifiée fait se figer les objets jusqu'à l'en soi, afin qu'ils deviennent pour-un-autre, disponibles pour la science et la pratique »[1], la « pratique » désignant ici essentiellement la manipulation technique. La chose, figée dans son objectivité immédiate de simple donné, devient une chose pour-un-autre, c'est-à-dire pour un sujet individuel, lui-même à son tour immobile et fixe, qui ne peut entrer avec la chose qui lui est ainsi soumise que dans un rapport de domination et de manipulation technique.

On a là une critique de l'intelligence scientifique, en tant qu'elle dispose les choses en vue de l'action essentiellement technique ou instrumentale du sujet sur elles, qui n'est pas sans rappeler la critique bergsonienne. Adorno remarque d'ailleurs, dans « Le contenu de l'expérience », cette proximité entre Bergson et Hegel[2] : « en cela, écrit-il, Hegel n'était pas si éloigné de Bergson,

---

1. *TEH*, p. 98.
2. L'intérêt porté par les théoriciens de Francfort à la pensée de Bergson est attesté aussi par le texte de Horkheimer, « La métaphysique bergsonienne du temps » (1934), trad. P. Joubert, dans *L'Homme et la Société*, n°69-70, 1983. Sur le rapport de Horkheimer et d'Adorno à Bergson, voir J.-B. Vuillerod, *Theodor W. Adorno, op. cit.*, p. 75-77.

qui révéla comme lui l'insuffisance de la science bornée et réifiante et son inadéquation au réel »[1]. Ce qui, selon Adorno, rapproche les deux penseurs, c'est que, chez Bergson comme chez Hegel, c'est l'esprit scientifique qui est conduit à mettre en œuvre sa propre critique et qui, ainsi, vient se placer en contradiction avec lui-même. Mais la différence entre les deux est tout entière dans la manière de traiter cette contradiction. Bergson a tenté de la résoudre en recourant à une *autre* source de connaissance, « l'intuition ». Mais le risque, dans ce cas, est la chute dans l'irrationalisme. « Hegel savait, note Adorno, que toute critique de la conscience réifiante, morcelante et aliénante est impuissante lorsqu'elle se borne à lui opposer de l'extérieur une autre source de la connaissance »[2] : en faisant cela, Bergson a pris, selon Adorno, le risque « d'être à la fois théoricien de la connaissance et irrationaliste ». Hegel, pour sa part, a considéré que la contradiction dans laquelle une forme de rationalité – celle de la science – entre avec elle-même est cela même qui permet de produire la forme proprement philosophique de la rationalité : « Hegel, note Adorno, a fait de la contradiction entre l'esprit scientifique et la critique de la science le principe même de la philosophie »[3]. Ce qui veut dire qu'une forme de réflexion, quand elle est menée jusqu'à ses propres limites, où elle apparaît comme réifiante, fixatrice, séparatrice, scindante et utilitaire, ne peut franchir ces limites que *par elle-même* et sans recours à une instance extérieure, qu'on l'appelle « intuition » ou autrement. C'est ce qui permet que la pensée de Hegel soit à la fois une philosophie

1. *TEH*, p. 74.
2. *TEH*, p. 74.
3. *TEH*, p. 75.

antipositiviste, donc une philosophie critique de l'entendement, et, pour ce motif même, une philosophie de la raison : c'est que la raison n'est nulle part ailleurs présente et active comme telle que dans la compréhension de la contradiction de la réflexion avec elle-même. C'est pourquoi chez Hegel, selon Adorno, « la pensée de la réflexion ne se dépasse que par la réflexion »[1], de sorte qu'on ne sort des impasses d'une réflexion seulement subjective que par un approfondissement de la réflexion en elle-même, et non par le recours à un *autre* de la réflexion.

C'est pourquoi l'essentiel de l'apport hégélien aux yeux d'Adorno réside dans la mise en œuvre d'une « réflexion de la réflexion »[2] : Hegel, et en particulier le Hegel de l'*Encyclopédie*, est celui qui a clairement reconnu, comme le dit Adorno, que la « première tâche de la conscience philosophique est de provoquer la réflexion de la science sur elle-même pour rendre sa fluidité à ce qui est figé en elle et le ramener à ce dont la science l'a éloigné »[3]. Ce qui est ainsi figé, c'est le donné dès lors qu'il est considéré comme immédiatement identique à l'objet : mais cet objet n'est pas la chose-même, il est même au contraire le plus sûr moyen de ne pas accéder à la chose, et cela pour autant qu'il s'agit d'une objectivité qui ne vaut en définitive comme telle que, précisément, pour un sujet lui-même rendu fini par son rapport à une objectivité qui lui reste extérieure. C'est ce que note Adorno en remarquant que « Hegel a reconnu dans le positivisme (…) l'unité de la réification – d'une fausse objectivité,

1. *Ibid.*
2. *TEH*, p. 74.
3. *TEH*, p. 75.

extérieure à la chose même, abstraite (…) – et d'une naïveté qui confond le simple reflet du monde, les faits et les chiffres, avec son principe »[1]. Cette objectivité propre à la science et à la conception positiviste de la science est fausse en ceci que, si elle est bien une objectivité extérieure au sujet, elle n'est pourtant l'objectivité de rien qui soit véritablement différent du sujet, de rien qui soit réellement autre que le sujet. C'est en ce sens aussi qu'Adorno peut écrire que « l'objectivité propre à la science est purement subjective »[2] et attribuer à Hegel le mérite de l'avoir reconnu. Cela tient au fait que « la science se soucie moins de la vie des choses que de leur conformité à ses propres règles du jeu »[3].

Et c'est bien en effet à cette « vie des choses » que Hegel n'a eu de cesse de vouloir faire droit. Mais comment y est-il parvenu, ou plutôt : comment Adorno pense-t-il que Hegel y est parvenu ? Hegel est celui qui aurait reconnu que l'objet auquel s'en tient la science n'est pas la chose même, ou que l'objectivité telle qu'elle est posée comme objectivité pour un sujet n'est pas la chose-même ou « le réel ». Comme le dit Adorno, « par la réflexion sur elle-même, la conscience se souvient de ce qui lui échappe de la réalité »[4], elle comprend que ce qu'elle considérait jusque-là comme l'objectivité est une « fausse objectivité » dont la fausseté réside dans le fait qu'elle n'est objectivité que pour le sujet, et donc qu'elle n'est qu'une forme extérieure aux choses mêmes. Mais cette fausseté de la pensée d'entendement, à commencer par sa catégorie même d'objet, n'est pas simplement une inexactitude au sens

1. *TEH*, p. 75.
2. *Ibid.*
3. *Ibid.*
4. *TEH*, p. 74.

d'une non-conformité au réel de ce que la science tient pour objectif : cette fausseté consiste en davantage que cela, elle tient à ce qu'elle provoque une « mutilation » du réel. De sorte que, par ce que Hegel appelait « l'abandon des présuppositions qui sont contenues dans les manières d'être subjectives »[1], il devient possible de comprendre comment les formes immédiates de conscience d'objet « mutilent [la réalité] par leurs notions d'ordre » et par l'usage des catégories d'entendement[2].

Parvenu à ce point, on peut saisir en quelque sorte sur le vif et de façon précise la manière dont Adorno entretient avec le hégélianisme un rapport fait à la fois de grande fidélité et de contestation, un rapport qui relève très exactement de ce qu'il convient d'appeler une *critique interne* et qui n'est possible que si l'on commence par mener le plus loin possible le rapport de fidélité. Ainsi, l'importance du hégélianisme, pour Adorno, est d'avoir porté « l'exigence de ne pas manipuler les concepts comme de simples jetons, [l'exigence] de concevoir ce qu'est vraiment la chose, de concevoir les moments essentiels et nullement concordants entre eux qu'elles contient »[3]. On a là l'ambition hégélienne dans toute son ampleur : « accéder totalement à la chose au moyen du concept »[4]. Et Adorno de citer les propos de Hegel dans son allocution d'octobre 1818 en ouverture de ses cours à Berlin : « L'essence fermée de l'univers n'a en elle aucune force qui pourrait résister au courage du connaître, elle doit nécessairement s'ouvrir devant lui et mettre sous ses yeux ainsi qu'offrir à sa jouissance sa richesse et ses

1. Hegel, « Concept préliminaire » (1817), § 35, *op. cit.*, p. 198.
2. *TEH*, p. 74.
3. *TEH*, p. 72.
4. *Ibid.*

profondeurs ».[1] En cela réside toute la différence entre le
hégélianisme et le positivisme, ce dernier apparaissant à
Adorno comme étant essentiellement caractérisé par le
renoncement, la résignation et l'adaptation : renoncement
à une connaissance complète, totale du réel au profit de la
maîtrise partielle de tel ou tel région du réel, résignation
à ce que ne soit admises comme valables que les connaissances utiles, adaptation prétendument « réaliste » à
l'éclatement de l'expérience, résignation devant la multipli-
cité des sciences, résignation et adaptation à l'isolement
du sujet connaissant, etc. Là contre, écrit Adorno, le
hégélianisme n'a jamais « renoncé à l'espoir de connaître
quand même la totalité du réel et de son contenu, que
l'entreprise scientifique [nous] masque au nom d'acquis
sûrs et inattaquables »[2].

Mais alors, sur quoi peut bien porter exactement la
critique que Adorno adresse au hégélianisme ? Au fond,
la critique consiste à dire que, en dépit de son ambition
philosophique sans équivalent, Hegel se serait accordé une
forme de facilité qui vient contredire l'ambition initiale.
Cette facilité réside dans une sorte de garantie qui permet
de continuer à croire réalisable le projet d'une connaissance
du sens total du réel. Cette garantie est celle que fournit
le fait de poser que « la chose et le concept ne font
qu'un »[3] : c'est cela qui soutient l'ambition même
« d'accéder totalement à la chose au moyen du concept ».
Soit, mais peut-on renoncer à ce que la chose et le concept
ne fassent qu'un sans renoncer en même temps à la

1. Hegel, « Allocution à ses auditeurs pour l'ouverture de ses cours
à Berlin » (22 octobre 1818), dans Hegel, *Encyclopédie des Sciences
philosophiques*, *I. La science de la logique, op. cit.*, p. 149.
   2. *TEH*, p. 70.
   3. *TEH*, p. 72.

philosophie elle-même? Et comme Adorno ne renonce pas à la philosophie, c'est que, d'une manière qui reste à préciser, il ne renonce pas à l'identité de la chose et du concept. Mais alors le problème serait-il que, chez Hegel comme dans toute dialectique « idéaliste », l'identité de la chose et du concept, de l'objet et du sujet soit elle-même subjective et conceptuelle? Mais en quoi est-ce un problème, et, surtout, peut-il en aller autrement? En serait-ce un seulement parce que la préférence d'Adorno irait à ce que ce soit l'inverse qui se produise : s'agirait-il au fond de la simple volonté qui serait celle d'Adorno d'inverser le primat du sujet en celui de l'objet, en quoi consisterait le renversement de la dialectique idéaliste hégélienne en une dialectique matérialiste?

Une stratégie de ce genre relèverait de la critique externe, qui n'est précisément pas le type de critique à laquelle Adorno soumet Hegel. La forme interne de critique qu'il pratique le conduit à penser que le type d'unité sujet/objet que promeut le hégélianisme en tant qu'identité elle-même subjective du sujet et de l'objet, en tant qu'identification par le sujet à lui-même de la différence de l'objet, que l'identité ainsi pensée contredit l'idéalisme philosophique hégélien. Adorno ne récuse pas une identité pensée de façon idéaliste au nom d'une identité qui serait pensée de manière matérialiste (ce serait une critique externe) : il dit que l'idéalisme est contredit par sa propre manière de penser l'identité. Pourquoi l'est-il? Parce que, comme l'écrit Adorno, l'idéalisme en général et le hégélianisme en particulier n'admet pas que « l'identité produise à son extrême limite, le non-identique »[1], ce qui signifie que, pour pouvoir se poser comme identité,

1. *TEH*, p. 71.

l'identité doit produire et reproduire le non-identique, et donc que l'identité vraie est celle qui se retient d'identifier complètement le non-identique à elle puisque, en cédant à cette tentation, elle prend le risque de ne plus être en mesure de s'affirmer encore elle-même comme identité. Aussi Adorno peut-il écrire que, « dans la mesure où le concept est maintenu et sa signification ainsi confrontée avec ce qu'il subsume, son identité avec la chose (…) révèle en même temps la non-identité, le fait précisément que la chose et le concept de sont pas un »[1]. L'identité du concept et de la chose devrait aussitôt et à chaque fois se montrer comme étant tout aussi bien la non-identité du concept et de la chose, du moins si la pensée philosophique entend rester fidèle jusqu'au bout à son ambition de n'être rien d'autre que l'expression et la saisie du mouvement de la chose même. Il s'agit pour Adorno de maintenir « une conscience omniprésente de l'unité et de la différence non moins inévitables [l'une que l'autre] du concept et de ce qu'il doit exprimer »[2]. Il n'y a pas d'autre manière de conserver le mouvement du concept, ni de maintenir le concept en mouvement, et ainsi de lui permettre d'être effectivement l'expression du mouvement des choses mêmes. C'est la seule manière à la fois d'éviter la réification des concepts, typique du positivisme, et d'exprimer l'automouvement du réel sans renoncer au concept, c'est-à-dire sans verser dans l'irrationalisme.

D'où cette proposition d'Adorno : « la philosophie doit s'en remettre à cette différence [celle du concept et du réel], parce qu'elle ne renonce pas à cette unité »[3]. On voit

---

1. *TEH*, p. 73.
2. *Ibid.*
3. *Ibid.*

que c'est justement parce que, selon Adorno, la philosophie ne doit et ne peut pas renoncer à être l'expression de l'unité du concept et de la chose – ce qui reviendrait pour elle à renoncer à elle-même – c'est parce que la philosophie ne doit pas renoncer à « concevoir ce qu'est vraiment la chose », c'est pour cela donc qu'elle doit aussi s'en remettre à la différence de la chose, et qu'elle doit donc s'empêcher ou se retenir d'annuler ou d'abolir cette différence. C'est donc au fond l'exigence même de l'idéalisme qu'Adorno fait valoir contre l'idéalisme : il lui demande d'être cohérent jusqu'au bout avec lui-même, et il pose que cette cohérence exige que le sujet n'identifie pas totalement à lui-même la différence de l'objet, auquel cas c'est le sujet qui, de lui-même, se priverait de la possibilité d'affirmer son propre primat sur l'objet. Il faut que quelque chose de l'objet ou de la « chose » demeure différent du sujet, que l'objet demeure quelque chose de différent du sujet, qu'il soit préservé dans sa différence d'avec lui, du moins si le sujet doit pouvoir encore se maintenir en position d'affirmer son primat sur l'objet. Si la différence de l'objet est résorbée dans et par le sujet, alors le primat du sujet n'a plus rien sur quoi s'exercer et il s'annule comme primat. C'est en ce sens que la critique de Hegel par Adorno, en tant que critique interne, prend la forme d'une fidélité paradoxale à sa pensée et à ses exigences les plus fondamentales.

J'y reviendrai, mais on peut sans doute dire qu'Adorno opère à l'aide d'une distinction entre *l'altérité* de l'objet et *la différence* de l'objet : réduire l'altérité ou l'étrangèreté de l'objet en le pensant et en en saisissant le concept est une chose, réduire la différence de l'objet en est une autre. Et il s'agit précisément que la réduction de l'altérité de l'objet n'emporte pas avec elle la différence de l'objet :

quand l'objet n'est plus l'autre de la pensée, il apparaît comme *apparenté* à la pensée, mais justement, être apparenté ne signifie pas être identique. La relation de parenté supprime l'étrangèreté radicale, mais maintient la différence. Cette voie est celle qu'emprunte Adorno, à la fois contre un subjectivisme positiviste dont le formalisme revient à entériner *de facto* une complète extériorité de l'objet par rapport à la pensée (et donc à renoncer à le connaître réellement), et contre une tendance du hégélianisme à pousser la suppression de l'étrangèreté du réel jusqu'à la suppression de sa différence.

Cette affirmation de la *parenté* entre sujet et objet, qui s'oppose autant à leur étrangèreté radicale qu'à leur identification pure et simple, devient centrale pour Adorno dans sa *Contribution à une métacritique de la théorie de la connaissance*. Adorno, dans un passage consacré à Kant, trouve chez lui, et en particulier dans sa doctrine des formes pures de l'intuition et dans celle du schématisme, la trace de ce que « la connaissance n'a jamais réussi à se débarrasser entièrement de son moment mimétique, c'est-à-dire du moment où le sujet se rapproche de la nature […] et à partir de laquelle jaillit la connaissance elle-même ».[1] Le moment mimétique, selon Adorno, désigne « la ressemblance, l'"égalité" du sujet et de l'objet »[2], où le terme utilisé par Adorno est *Gleichheit* qui, en l'occurrence, ne signifie pas l'égalité pure et simple entre deux choses identiques, mais la *similitude* entre deux choses qui se *ressemblent*, qui sont donc *apparentées* l'une à l'autre

---

1. Theodor W. Adorno, *Contribution à une métacritique de la théorie de la connaissance*, trad. C. David et A. Richter, Paris, Payot, 2011, p. 173 (désormais cité *CMTC*).

2. *Ibid.*

mais, précisément, sans être identiques l'une à l'autre. Selon Adorno, ce « motif mimétique reste vivant dans la réflexion sur la connaissance », et cela non pas seulement à titre de survivance d'un « élément archaïque », « mais parce que la connaissance elle-même ne peut être conçue sans l'ajout de la *mimèsis*, aussi sublimé soit-elle »[1]. Cet élément subsiste chez Kant et il apparaît au moment où Kant pose l'existence de « l'imagination pure » comme « pouvoir fondamental de l'âme humaine », permettant que s'accordent « les deux extrêmes, la sensibilité et l'entendement ».[2] Mais cet élément mimétique subsiste également chez Hegel (et d'ailleurs aussi chez Husserl), la *mimèsis* reste en état de marche chez eux justement parce que, pas plus que Kant, ils ne cèdent à la représentation empiriste et positiviste selon laquelle la connaissance serait une image de son objet. Une telle conception de la connaissance comme de l'image d'un donné ne se forme comme telle précisément que lorsque l'objet et le sujet ont perdu toute ressemblance, que lorsqu'ils sont devenus irrémédiablement dissemblables l'un à l'autre : « l'idée que la connaissance serait une image de son objet n'est – selon Adorno – qu'un substitut ou une consolation sur lesquels se rabattre une fois que le semblable a été arraché de manière irrévocable au semblable »[3]. Les représentations empiristes et positivistes de l'objet comme d'un donné dont la connaissance serait une image ou un signe sont des représentations compensatrices et consolatrices qui ne se forment « qu'une fois que sujet et objet ne se ressemblent

---

1. *Ibid.*
2. Kant, *Critique de la raison pure*, trad. A. Tremesaygues et B. Pacaud, Paris, Puf, 1980, p. 139.
3. *CMTC*, p. 173.

plus » et « qu'ils sont devenus étrangers l'un à l'autre »[1].
La rupture et la scission sont alors consommées et la porte
est ouverte aux conceptions formalistes, subjectivistes et
instrumentales de la connaissance. Il est clair que pour
Adorno le hégélianisme témoigne d'un effort philosophique
sans précédent et sans doute sans équivalent – quoiqu'il
faille faire un sort particulier à Husserl – en vue d'empêcher
que le sujet et l'objet ne deviennent étrangers l'un à l'autre,
et de résister aux représentations consolatrices qui, en
réalité, entérinent leur scission.

En effet, si, comme le dit Adorno, « la *mimèsis* perdue
ne peut être retrouvée qu'en renonçant à toute apparence
de ce genre, dans l'idée d'une vérité sans image, et non
dans la conservation de ces vestiges »[2], alors aussi bien
l'ambition hégélienne d'une saisie et d'une expression des
choses elles-mêmes et de leur vie dans et par le concept
et le mouvement du concept, que « le désir husserlien
d'aller vers les "choses elles-mêmes" » sont l'une et l'autre
les expressions du projet philosophique de réunir ce qui a
été séparé. Chez Hegel, le primat du sujet ne l'a pas
empêché de faire droit, dans le sujet, à ce que les *Minima
moralia* appellent le désir mimétique de s'identifier à
l'autre, à ce qui est autre, de devenir autre que soi.[3] Le
hégélianisme a su faire droit à ce désir mimétique en posant
que la connaissance vraie de la chose suppose l'oubli de
soi du sujet et son identification au mouvement de la chose
elle-même ; Husserl aussi a voulu retrouver cette impulsion
mimétique inhérente à la connaissance, et c'est bien à elle
qu'il voulait faire droit en formulant l'impératif d'un

1. *CMTC*, p. 173.
2. *CMTC*, p. 174.
3. Theodor W. Adorno, *Minima moralia. Réflexions sur la vie mutilée*,
op. cit., § 99, p. 145.

« retour aux choses mêmes ». Là réside toute la supériorité
à la fois du hégélianisme et de la phénoménologie sur le
positivisme dans lequel il ne subsiste rien de cette
identification du sujet connaissant à la chose connue, où
Adorno entend l'écho lointain de la *mimèsis* et le désir de
retrouver la ressemblance ou la parenté du sujet connaissant
et de l'objet connu. Au contraire, le positivisme repose sur
la disparition et l'oubli de la *mimèsis* : l'objet est abandonné
par lui à une altérité et une étrangèreté telles que le sujet
a toujours déjà renoncé à toute relation de parenté avec la
chose – ce qui rend possible que la pulsion manipulatrice
se substitue au désir mimétique.

On voit donc quel rapport complexe Adorno entretient
avec l'idéalisme philosophique, qu'il définit au demeurant
de la façon suivante dans la *Contribution* : « ce n'est pas
l'affirmation d'une priorité constitutive de la conscience
en général (…) qui décide du caractère idéaliste [d'une]
pensée, mais sa prétention permanente à l'identité »[1]. Or,
selon Adorno, « en dépouillant les structures les plus
universelles de la conscience de toute relation à une matière
et en faisant revenir ce rapport uniquement comme
caractéristique formelle de la structure de la conscience »[2],
la pensée de Husserl apparaît comme un idéalisme qui
s'assure *a priori* de l'identité de la pensée et de l'être et
ramène l'être à l'identité de l'être-pensé. Cette tendance
à « extirper l'altérité », comme dit Adorno, existe certes
aussi dans le hégélianisme, et c'est ce qui en lui relève de
l'idéalisme, mais il ne s'y réduit pas entièrement. Et s'il
ne s'y réduit pas, c'est parce qu'il existe aussi dans le
hégélianisme une « conscience que ce qui existe est

---

1. *CMTC*, p. 215.
2. *CMTC*, p. 216.

irréductible à l'un des pôles de l'indépassable différence »[1], une conscience donc de « l'indépassable différence » entre le sujet et l'objet, entre la pensée et la chose.

Au fond, ce qui manque chez Husserl ou, du moins, ce qui est beaucoup moins accentué chez Husserl que chez Hegel, c'est le moment négatif de l'oubli de soi du sujet dans la chose, c'est-à-dire dans ce qui *diffère* réellement du sujet, dans ce qui ne lui est pas identique. Cela a évidemment à voir avec le fait que la pensée hégélienne est de type dialectique et que, comme telle, elle fait droit à un moment essentiellement négatif. La singularité de Hegel et ce qui permet à Adorno de lui être fidèle, même si c'est de façon critique, c'est que le hégélianisme est une pensée qui certes maintient ce qu'Adorno appelle, dans ses leçons d'*Introduction à la dialectique*, « l'intention de l'idéalisme allemand radical », à savoir l'intention de « dissoudre complètement l'objectivité dans la subjectivité ou, plus exactement, l'étant dans l'absoluité de l'esprit »[2], mais qui ne maintient cette intention qu'en faisant *aussi* et tout autant droit au moment du « *Nicht-ineinander-Aufgehen von Subjekt und Objekt* », au moment du « non-passage l'un dans l'autre du sujet et de l'objet », « du jugement et de sa chose », et donc au moment de la « non-identité »[3]. Hegel fait ainsi de l'échec du jugement singulier, qui affirme l'identité du jugement et de la chose, le moteur qui mène le jugement singulier au-delà de lui-même et qui, comme dit Adorno, « conduit au système en un sens omni-englobant »[4]. On voit mieux à quoi Adorno

1. *CMTC*, p. 215.
2. Theodor W. Adorno, *Einführung in die Dialektik* (1958), hrsg. von C. Ziermann, Frankfurt a. M., Suhrkamp, 2015, p. 234 (désormais cité *ED*).
3. *ED*, p. 235.
4. *Ibid.*

veut et peut être fidèle chez Hegel : c'est à « la dialectique dans la mesure où elle est la doctrine de la contradiction », ou, plus exactement, c'est au moment dialectique parce ce moment est celui qui permet que « la simple logicité du monde [soit] critiquée »[1]. Adorno en vient à penser que, « lorsqu'on attribue un rôle si central au concept de contradiction, comme c'est le cas dans la philosophie hégélienne, alors cela signifie qu'on ne se contente pas de simplement reconnaître la logicité du monde, qu'on ne se contente pas de reconnaître sans autre forme de procès que le monde et notre pensée sont identiques l'un à l'autre, que le monde et la pensée passent l'un dans l'autre, mais au contraire que les deux se séparent précisément aussi l'un de l'autre »[2]. Mais cela conduit à ce « paradoxe que cette séparation [*dieses Auseinanderweisen*] du monde et de la pensée n'est à son tour médiatisée précisément que par la pensée »[3]. Ce paradoxe signifie « qu'il faut que quelque chose soit qui ne peut précisément pas être »[4], qu'il faut que la séparation de la pensée et de l'être soit, mais qu'elle ne peut pas être, du moins si elle doit être simplement pensable.

La pensée qui est capable de reconnaître la ressemblance et la parenté entre le monde et la pensée n'est en ce sens ni celle qui pose leur pure et simple identité, ni celle qui pose leurs radicales séparation et étrangèreté. La pensée qui pose cette identité est celle qui réduit le monde à la pensée, et qui attribue au monde une logicité qui est celle de la seule pensée : sur ce point, il faudrait donner entièrement raison à Schelling. Mais Schelling a eu tort de

---

1. *ED*, p. 103.
2. *Ibid.*
3. *ED*, p. 104.
4. *Ibid.*

penser que Hegel s'était rendu coupable d'une telle logicisation du monde : au contraire, Hegel est bien, selon Adorno, celui qui a reconnu la non-identité du monde et de la pensée, de l'objet et du sujet. Mais il est aussi celui qui a reconnu que c'est encore seulement la pensée qui peut poser cette non-identité entre le monde et elle-même, de sorte qu'elle seule peut aussi mettre au jour dans la chose qu'elle pense ce qui diffère d'elle-même, sans pour autant que cela la lui rende étrangère, au contraire. Reconnaître que la chose diffère de la pensée, qu'elle ne lui est pas identique, est la condition pour que l'on puisse aussi reconnaître ce qui, dans la chose, ressemble à la pensée et lui est apparentée, sans lui être identique. Et c'est ce dont est évidemment incapable toute pensée positiviste qui réduit les choses à de simples *data* manipulables toujours déjà identifiés à la pensée dans ce qu'elle a elle-même de plus vide et de plus formel : une telle pensée est toujours déjà étrangère au monde, elle s'est toujours déjà aliénée le monde.

Maintenir la non-identité du sujet et de l'objet est ce qui permet selon Adorno de rester fidèle, davantage que Hegel lui-même ne l'a été, à une pensée de la médiation. Et c'est bien pourquoi il ne peut s'agir pour Adorno de se contenter de renverser une pensée qui identifie l'objet au sujet en une pensée qui, à l'inverse, identifierait le sujet à l'objet : se croyant matérialiste, une pensée de ce genre serait en réalité tout aussi idéaliste que celle qu'elle prétend renverser puisqu'elle resterait une philosophie de l'identité. Adorno écrit clairement « qu'on ne peut pas dissoudre la dialectique dans l'objet », à la façon de la dialectique de la nature de Engels, et on ne le peut, ajoute-t-il, parce que « la subjectivité est inhérente à l'objet »[1].

1. *CMTC*, p. 187.

Il ne s'agit donc pas de substituer le primat de l'objet à celui du sujet, ni de remplacer une identité par une autre, il s'agit d'être à même de reconnaître et de penser aussi bien ce qu'il y a de subjectif dans l'objet que ce qu'il y a d'objectif dans le sujet, et donc la manière dont l'un est toujours médiatisé par l'autre. Il s'agit de ne pas « réduire l'objet à une opération catégoriale du sujet »[1], et tout autant de ne pas réduire le sujet à une modalité de l'objet. Et pas davantage il ne s'agit de ramener le médiat à l'immédiat ou l'immédiat au médiat : « il est impossible, écrit ainsi Adorno, d'isoler de la médiation le moment immédiat de la sensation » ou du donné, comme sont tentés de le faire les différentes formes d'empirisme, y compris positiviste, « et inversement, poursuit-il, d'isoler la médiation du moment de l'immédiateté », selon une tendance qui serait davantage, selon Adorno, celle « des idéalistes post-kantiens »[2]. « Ce qu'il faut, conclut Adorno, c'est mettre un frein à la coupure entre médiation et immédiateté, aussi bien qu'à l'absolutisation de l'une ou de l'autre »[3]. Et cela vaut aussi du sujet et de l'objet : là aussi, il s'agit de « mettre un frein », autant à la coupure entre eux qu'à l'absolutisation de l'un ou de l'autre et à l'identification de l'un à l'autre. Et cela parce qu'aussi bien la coupure entre eux que l'absolutisation de l'un des deux et l'identification de l'un à l'autre sont les trois manières qui empêchent de reconnaître la simple *parenté* entre eux.

Mettre un frein aussi bien à la coupure entre sujet et objet qu'à l'absolutisation de l'un ou de l'autre et à l'identification de l'un à l'autre, c'est se mettre en mesure de ré-effectuer le geste hégélien de « s'abandonner à l'objet

1. *Ibid.*
2. *Ibid.*
3. *Ibid.*

sans réserve, avec cette liberté, comme dit Hegel – c'est Adorno qui parle ici, dans ses *Modèles critiques* – que déploya le sujet de la connaissance jusqu'à ce qu'il se fonde véritablement dans l'objet auquel il est *apparenté* en vertu de son statut d'objet ».[1] Mais reconnaître cette parenté du sujet et de l'objet revient à dire que « le sujet n'est jamais tout à fait sujet, ni l'objet tout à fait objet », selon l'expression d'Adorno dans la *Dialectique négative*[2] : de sorte qu'il faut en définitive « s'en tenir de façon critique à la dualité du sujet et de l'objet »[3]. Et s'en tenir « de façon critique » à cette dualité revient à se maintenir sur une étroite ligne de crête entre, d'un côté, l'abîme de « la prétention à la totalité », c'est-à-dire à l'identité, et, de l'autre, le gouffre de « la séparation qui rend l'objet étranger et en fait quelque chose à dominer »[4].

1. Theodor W. Adorno, « Sujet et objet », dans *Modèles critiques*, trad. M. Jimenez et E. Kaufholz, Paris, Payot, 1984, p. 270 (nous soulignons).

2. Theodor W. Adorno, *Dialectique négative*, *op. cit.*, p. 140.

3. *Ibid.*, p. 141.

4. *Ibid.*

L'INVENTION DE LA CRITIQUE IMMANENTE
DE HEGEL ET MARX À ADORNO[1]

Partons d'une remarque de Marx dans une note du Livre I du *Capital*. Il s'agit de la note 324 du chapitre XIII[2]. Marx écrit ceci : « Ce passage montre la force et la faiblesse à la fois d'un certain type de critique qui sait juger et condamner, mais qui ne sait pas comprendre le présent. » Nous sommes dans les dernières pages du chapitre consacré à « la machinerie et la grande industrie » et, à ce moment de son texte, Marx est en train de parler des effets produits par l'industrie capitaliste dans la sphère de l'agriculture. Il expose les raisons pour lesquelles, selon lui, la grande industrie provoque une révolution dans l'agriculture, dans la mesure notamment où elle « anéantit ce bastion de l'ancienne société qu'est le "paysan" et lui substitue l'ouvrier salarié », ce qui produit un alignement de la société rurale sur la société urbaine. Le caractère proprement révolutionnaire du passage à la grande industrie dans le monde agricole tient au fait que, en un temps record et sur une durée très courte, « le mode d'exploitation le

1. Une version abrégée de ce texte a été publiée sous le titre « Marx et la critique immanente », dans Chr. Berner, E. Renault (dir.), *Critique immanente. Histoire et actualité*, Lille, Presses universitaires du Septentrion, 2023.
2. Nous donnons les références dans l'édition suivante : K. Marx, *Le Capital*, Livre I, *op. cit.* (ici note 324, p. 565-566).

plus routinier et le plus irrationnel est remplacé par l'application technologique consciente de la science ». En ce sens, cette révolution est bien une rupture en ce qu'elle brise brutalement et irrémédiablement le « lien de parenté qui unissait initialement l'agriculture et la manufacture au stade non développé de l'une et de l'autre », mais cette rupture peut aussi être vue comme la condition d'une nouvelle unité à venir de l'agriculture et de l'industrie : « cette rupture, écrit Marx, crée en même temps les présupposés matériels d'une nouvelle synthèse à un niveau supérieur et de l'association de l'agriculture et de l'industrie ». Mais nous n'en sommes pas là et le sens du moment présent, tel que diagnostiqué par Marx, est celui de la scission entre le monde industriel urbain d'un côté, et le monde industriel agricole de l'autre. Et dans le temps que durera cette scission, ses effets négatifs se feront sentir aussi bien d'un côté que de l'autre. Voilà comme Marx comprend ces effets négatifs, et même destructeurs de la scission présente entre l'industrie urbaine et l'industrie agricole :

> Avec la prépondérance toujours croissante de la population urbaine qu'elle entasse dans de grands centres, la production capitaliste amasse d'un côté la force motrice historique de la société et perturbe d'un autre côté le métabolisme entre l'homme et la terre, c'est-à-dire le retour au sol des composantes de celui-ci usées par l'homme sous forme de nourriture et de vêtements, donc l'éternelle condition naturelle d'une fertilité durable du sol. Elle détruit par là même à la fois la santé physique des ouvriers des villes et la vie intellectuelle des ouvriers agricoles. (p. 565-566)

On a donc chez Marx un diagnostic portant sur le présent et se formulant comme le diagnostic d'une scission entre l'industrie urbaine et l'industrie agricole, provoquant elle-même un déséquilibre de la relation métabolique entre société et nature, mais d'une scission qui pose en même temps les conditions matérielles d'une future nouvelle synthèse. C'est à ce moment qu'intervient la citation que Marx donne en note de David Urquhart, qui donc, pour sa part, écrivait ceci :

> Vous partagez le peuple en deux camps ennemis, d'un côté les paysans balourds et de l'autre des nains efféminés. Par tous les cieux ! Une nation divisée en intérêts agricoles et intérêts commerciaux se dit saine, mieux, se tient pour éclairée et civilisée, non seulement en dépit, mais à cause précisément de cette coupure monstrueuse et antinaturelle. (p. 566)

C'est donc de ce passage précis que Marx dit qu'il « montre la force et la faiblesse d'un certain type de critique qui sait juger et condamner, mais qui ne sait pas comprendre le présent ». Et, de fait, cette critique sait *juger* puisqu'elle ne se trompe pas en posant non seulement que le peuple est divisé en deux camps ennemis, les paysans et les ouvriers, mais en pointant en outre les effets dévastateurs que cette division a sur les individus des deux « camps », en ce qu'elle engendre d'un côté des ouvriers agricoles intellectuellement démunis, et de l'autre des ouvriers industriels physiquement dégradés. La critique de Urquhart *juge* encore avec justesse quand elle pose que la nation est « divisée [entre] intérêts agricoles et intérêts commerciaux ». Mais cette même critique sait également fort bien *condamner* : elle le fait très bien d'une part en montrant qu'une telle division en intérêts agricoles et intérêts commerciaux est « antinaturelle » (ce qui rejoint le diagnostic de Marx portant sur la rupture d'équilibre du métabolisme entre nature et société qui vient en contradiction de ce qu'il appelle « l'éternelle condition naturelle d'une fertilité durable du sol »), et d'autre part en posant qu'une telle division est indigne d'une nation qui se prétend « éclairée et civilisée », c'est-à-dire d'une nation qui prétend à une forme d'organisation de sa production que Marx dirait plus « rationnelle » que des formes antérieures. Cette forme de critique sait donc bien juger et condamner, mais elle ne sait pas « comprendre le présent », et c'est la précisément toute la différence entre la critique à la Urquhart et la critique propre à Marx.

En effet, il apparaît que, si les composants de la critique sont les mêmes chez Urquhart et Marx, en revanche il n'y a que chez Marx que chacun d'entre eux est accompagné d'un élément qui est proprement *explicatif* et qui, à ce titre, produit un effet de *compréhension*. On peut le vérifier sur trois points :

> 1. Urquhart parle de « paysans balourds », là où Marx parle quant à lui de la vie intellectuelle mutilée des ouvriers agricoles : mais c'est Marx qui fait le lien entre cette vie intellectuelle diminuée et la « dispersion des ouvriers agricoles sur de plus grandes surfaces » (p. 566), qui est elle-même la conséquence de la diminution de la population rurale due à l'introduction du machinisme dans la production agricole. C'est cet isolement des travailleurs agricoles dispersés sur des territoires de plus en plus vastes qui produit cette atrophie de leur vie intellectuelle.
> 2. De même, Urquhart parle de l'engendrement de « nains efféminés », là où Marx parle de la destruction de la santé physique des ouvriers de l'industrie : mais seule la forme marxienne de la critique peut faire comprendre pourquoi « la mutation capitaliste du mode de production apparaît en même temps comme le martyrologue des producteurs », et comment « le moyen de travail apparaît comme le

moyen d'assujettir, d'exploiter et d'appauvrir le travailleur » (p. 566).

3. De même encore, Urquhart parle du « partage du peuple en deux camps ennemis » et de la division en intérêts agricoles et intérêts commerciaux, quand Marx parle de son côté de « la rupture du lien de parenté qui unissait initialement l'agriculture et la manufacture ». Mais seul Marx parvient à expliquer et à faire comprendre que cette rupture à la fois présuppose une unité première, donc qu'elle est *produite* et non donnée, et qu'elle est un moment intermédiaire ou transitoire qui ne se résume pas aux effets néfastes et négatifs qu'elle produit actuellement, en ce qu'elle jette positivement les bases matérielles de ce que Marx appelle « une nouvelle synthèse à un niveau supérieur » ou « une association de l'agriculture et de l'industrie sur la bases des configurations propres qu'elles se sont élaborées en opposition l'une à l'autre » (p. 565).

On *comprend* alors que l'opposition de l'agriculture et de l'industrie, de la campagne et de la ville, à laquelle Urquhart s'en tient comme à un état de fait qu'il condamne, mais auquel il ne voit pas d'issue, que cette opposition donc est à la fois apparente et transitoire : apparente en ce qu'elle cache l'essentiel qui est d'une part la généralisation de la condition du salariat qui, de l'industrie, s'étend à l'agriculture, et d'autre part l'application de la science à la production agricole au même titre qu'à la production industrielle. Ce sont là, sous les apparences de la scission, des processus essentiels qui préparent matériellement l'unité à venir du travail industriel et du travail agricole.

Comparée à la critique d'Urquhart, la critique marxienne possède ainsi une force explicative que la première n'a pas, même quand ces jugements sont justes et ses condamnations justifiées. À quoi il faut encore ajouter que cette force explicative ne s'exerce pas en général, mais qu'elle a un objet précis auquel elle s'applique en l'éclairant et en le rendant compréhensible : cet objet est *le présent*. Ce sont bien la situation présente des ouvriers agricoles et celle des ouvriers de l'industrie qui sont expliquées par la critique marxienne de l'industrialisation capitaliste de l'agriculture, et c'est le présent même de cette industrialisation qui est expliqué et qui peut être compris dès lors qu'il est ressaisi à la fois comme résultat d'un procès antérieur et comme condition d'une évolution à venir.

À partir de là et sur la base de cet examen introductif d'un texte de Marx, je voudrais aller vers l'idée que la critique immanente peut se définir, de façon spécifique, comme la production d'une intelligence du présent social-historique au moyen de sa critique et en vue de sa transformation dans la pratique. La dimension de la production d'intelligence, de compréhension ou de connaissance de la réalité sociale par la critique me paraît être en effet la dimension essentielle de ce qu'on entend par « critique immanente », et c'est le point que je voudrais établir ici. Je tenterai donc de fonder l'idée que l'unité de la connaissance ou de la compréhension et de la critique est constitutive de la critique immanente et que c'est ce qui la distingue de deux autres formes de critiques, la critique externe et la critique interne. Les trois formes de la critique – externe, interne et immanente – ont en commun le jugement négatif porté sur une réalité, la différence entre elles consistant, sous ce point de vue, dans la méthode du jugement et dans le rapport de la norme du jugement à la chose jugée – mais ni la critique externe, ni la critique interne n'ont un rapport qui soit de l'ordre de la connaissance avec la réalité jugée et critiquée. C'est ce que je vais commencer par tenter d'établir à partir de ce qui me semble être la caractérisation la plus pertinente des trois sortes de critiques, à savoir celle proposée par Rahel Jaeggi. Une fois précisé le modèle théorique de la critique immanente en tant que modèle de l'articulation d'une évaluation de la réalité objective avec sa connaissance et sa transformation, je chercherai à déterminer la provenance de ce modèle théorique que, sans surprise, je pense pouvoir trouver chez Hegel. Puis j'examinerai la reprise de ce modèle par Marx en cherchant à déterminer la nature de l'intervention propre à Marx quand il s'approprie le modèle de la critique immanente : l'idée serait que, si Hegel a explicité la méthode de la critique immanente, Marx lui a donné ses objets propres, savoir la réalité et le présent sociaux-historiques.

Je commencerai donc par rappeler la manière dont Rahel Jaeggi a proposé de distinguer entre critique externe, critique interne et critique immanente. Les deux dernières formes de critiques ont en commun de s'opposer à la critique externe : le propre de celle-ci est en effet « d'appliquer à une société donnée un critère normatif qui doit valoir indépendamment de celle-ci »[1], là où, au contraire, la critique interne et la critique immanente n'appliquent à une société donnée que des normes qui sont admises et reconnues comme valables par cette société même. La difficulté est alors celle de la distinction entre critique interne et critique immanente. La première est celle qui part du fait que « des idéaux et des normes déterminés appartiennent certes à l'auto-compréhension d'une communauté déterminée, mais que *de facto* ils ne sont pas

1. R. Jaeggi, *Kritik von Lebensformen*, Frankfurt a. M., Suhrkamp, 2014, p. 262.

réalisés en celle-ci »[1]. Autrement dit, « la réalité de pratiques et d'institutions déterminées est mesurée à l'aune d'idéaux qui sont déjà contenus en elle, mais qui ne sont pas réalisés par elle »[2]. En conséquence, la critique interne sera porteuse de l'exigence de mettre en accord la réalité d'un ordre social et politique avec les normes et les idéaux qui sont les siens. Si le point de départ est fourni par le constat qu'un ordre social ou une pratique sociale tombe sous une norme et en même temps la contredit en ce qu'il ou elle ne la réalise pas, alors l'exigence portée par la critique interne sera celle de la suppression de cette contradiction, et donc celle d'une *mise en accord* de la réalité d'un ordre ou d'une pratique sociale avec les normes et les idéaux que cet ordre ou cette pratique prétendent servir. Le critique interne exige donc que les normes reconnues comme valables valent *vraiment*, c'est-à-dire qu'elles se traduisent dans les faits et dans la réalité des pratiques et des institutions.

Je laisse de côté les difficultés posées par ce genre de critique, en particulier celle qui consiste en la nature finalement conservatrice de la critique interne, qui vise une véritable mise en œuvre ou application des normes *telles* qu'elles sont définies par l'ordre social qui les reconnaît comme valables, et non pas une transformation ou une évolution de ces normes elles-mêmes.[3] Je laisse

---

1. R. Jaeggi, *Kritik von Lebensformen, op. cit.*, p. 263.

2. *Ibid.*

3. *Cf.* R. Jaeggi, *Kritik von Lebensformen, op. cit.*, p. 271 : « Dans la mesure où la critique interne se rapporte aux contradictions internes d'un ordre social, elle aspire à la restauration d'un accord, et donc à la restauration d'un état de chose antérieur ; la critique interne s'avère être par-là conservatrice en son essence, ou plutôt : elle *n'*est *pas dynamique* et pas *non plus transformatrice* ».

cet aspect de côté, au moins provisoirement, pour considérer d'abord l'attitude *cognitive* qui est propre à la critique interne, une attitude qui est justement désignée par Rahel Jaeggi comme relevant de *l'interprétation*, Axel Honneth préférant parler pour sa part de *reconstruction*, et définissant la chose de la façon suivante : « les approches reconstructives s'efforcent d'extraire des institutions et des pratiques existantes des idéaux normatifs qui permettent de critiquer la réalité sociale »[1]. Le fait qu'il y ait un désaccord ou une contradiction entre une pratique et une norme, le fait que la pratique existante contredise les normes qu'elle reconnaît comme valables en ne les réalisant pas ou pas complètement, ce fait ne peut être établi qu'au terme d'un processus d'interprétation ou de reconstruction qui peut en tant que tel être l'objet d'une contestation.[2] Et ce n'est pas seulement la contradiction entre les pratiques et les normes qui peut faire l'objet d'interprétations différentes, ce sont les normes elles-mêmes qui peuvent être interprétées et reconstruites différemment, de sorte qu'il sera toujours possible de prétendre que la contradiction pointée par le critique est seulement fonction de l'interprétation de la norme qui lui est propre et qu'au regard d'une autre interprétation, il n'y a plus une telle contradiction. En ce sens, la critique interne est exposée à un conflit des interprétations, et le critique interne s'expose lui-même au reproche d'arbitraire, son interprétation et sa reconstruction des normes pouvant toujours lui être renvoyées comme n'étant que les siennes et comme ne se réglant pas sur des critères objectifs.

---

1. A. Honneth, « Une critique reconstructive de la réalité sous réserve généalogique. Sur l'idée de "critique" dans l'école de Francfort », dans A. Honneth, *Ce que social veut dire*, tome 2 : *Les pathologies de la raison*, trad. P. Rusch, Paris, Gallimard, 2015, p. 88.
2. *Cf.* R. Jaeggi, *Kritik von Lebensformen, op. cit.*, p. 270-271.

Pour autant, il est clair qu'un tel conflit des interprétations ne peut se produire que dans un espace commun et partagé par ceux-là mêmes qui s'opposent entre eux quant à l'interprétation des normes, de leur hiérarchie et de leur degré de réalisation dans les pratiques et les institutions. Comme le note Rahel Jaeggi, « les contradictions pointées par le critique entre normes et pratiques d'une communauté s'affirment comme des interprétations rivales, y compris là où ces interprétations partagent un point de référence commun »[1]. Il faut même dire qu'un tel point de référence commun est en réalité indispensable au conflit des interprétations touchant les normes et le rapports des normes aux pratiques, et donc que les interprétations rivales sont rendues possibles par l'existence d'un point de référence commun : ceux qui interprètent différemment les normes portées par l'ordre social, ou qui s'opposent sur l'interprétation de la hiérarchie des normes au sein de cet ordre social, ou encore qui s'opposent sur l'interprétation du degré de réalisation de ces normes au sein de l'ordre social existant, ceux-là doivent avoir en commun ces normes elles-mêmes, ils doivent les partager et les considérer ensemble comme valables.

En d'autres termes, aucun d'entre eux ne visent à compléter les normes existantes par d'autres, pas plus qu'ils ne visent à transformer les normes existantes : ils s'opposent dans leurs interprétations du degré de réalisation de ces normes dans les pratiques et l'ordre existants, ils s'opposent dans leur interprétation de l'importance à donner à telle norme par rapport à telle autre au sein de l'ordre social, et donc sur la question de savoir laquelle

1. R. Jaeggi, *Kritik von Lebensformen*, op. cit., p. 271.

ou lesquelles de ces normes doivent être prioritairement réalisées ou mieux réalisées dans les pratiques et les institutions, mais ces normes elles-mêmes sont leur point de référence commun, elles sont considérées comme devant valoir telles qu'elles sont, et non pas comme devant être complétées, encore moins comme devant être amendées ou transformées.

Ces dernières considérations nous conduisent vers la critique immanente. Celle-ci et la critique interne ont en commun de ne critiquer leur objet qu'en fonction de critères et de normes qui sont déjà contenus dans l'objet ou la réalité critiquée. Ce point est le seul que les deux formes de critiques aient en commun. Tout le reste les oppose. Et l'on peut relativement aisément énumérer les différences entre elles, toute la difficulté étant de savoir s'il y a une différence plus importante que les autres, une différence dont on pourrait dire qu'elle est essentielle. Dans son analyse, Raher Jaeggi me paraît avoir tendance à considérer que la différence essentielle entre la critique interne et la critique immanente serait que la première, comme on l'a vu, est de nature conservatrice et statique, là où la seconde serait transformatrice et dynamique. Et il n'est certes pas faux que la critique interne considère l'ordre social comme consistant de fait en un ensemble *donné* de pratiques, d'institutions et de normes qu'il s'agit essentiellement de mettre en cohérence les unes avec les autres : elle vise à ce que les pratiques et les institutions réalisent bien et même le mieux possible les normes que ces pratiques et ces institutions reconnaissent *de facto* comme étant celles sur lesquelles elles se fondent et doivent se régler.

En revanche, la critique immanente considérera l'ordre social non comme un ensemble *donné* de pratiques et de normes, mais comme une réalité *dynamique* caractérisée par une transformation continue des pratiques et des normes elles-mêmes. Là où la critique interne part des normes et des pratiques *données*, et pose le problème en termes *d'application* des normes aux pratiques, la critique immanente s'intéresse à la manière dont des normes sont actives au sein des pratiques et des institutions : elle pose le problème non en termes d'application, mais en termes de *mise en œuvre*, de mise *en pratique* et donc en termes de processus d'actualisation des normes par les pratiques et les institutions, étant entendu qu'un tel processus est susceptible d'affecter en retour *et* les normes *et* les pratiques, les normes et les pratiques pouvant être affectées, modifiées, transformées par le processus même de mise en œuvre des premières par les secondes. Rahel Jaeggi peut donc dire à bon droit de la critique immanente qu'elle « repose sur une compréhension de la manière dont des normes sont efficaces (*wirksam*) au sein des pratiques sociales »[1], et elle ajoute que « la critique immanente localise la normativité des pratiques sociales dans les conditions mêmes de mise en œuvre de ces pratiques », considérant que « ce n'est pas par hasard » que des normes ne sont pas réalisées dans des pratiques. Ce qui revient à poser que la non-réalisation ou la réalisation seulement incomplète et partielle des normes par les pratiques est liée à un défaut ou à un déficit qui affecte les pratiques et les institutions, et donc l'ordre social qui, tel qu'il est, et aussi longtemps qu'il demeure ce qu'il est, est et restera plus ou moins impuissant à mettre en œuvre les normes qu'il pose et reconnaît pourtant comme valables.

Il y a, me semble-t-il, dans la manière dont Rahel Jaeggi définit la critique immanente, un aspect décisif sur lequel elle-même n'insiste cependant pas ou peu. Il s'agit de

---

1. R. Jaeggi, *Kritik von Lebensformen, op. cit.*, p. 277.

l'aspect *cognitif* de la critique immanente, et de la spécificité de cet aspect par rapport à la critique interne. Cette dimension cognitive est implicite dans toutes les caractéristiques de la critique immanente qui viennent d'être évoquées : la critique immanente, avons-nous vu, mobilise une *compréhension* de la manière dont les normes informent des pratiques. Ou encore : si l'on dit, comme on l'a fait avec Rahel Jaeggi, que la critique immanente repose sur l'idée que la normativité n'est nulle part ailleurs que dans les conditions objectives de mise en œuvre des pratiques, alors cela implique que la critique produise une connaissance de ces mêmes conditions objectives. De même, enfin, quand on pose que la non-réalisation ou la réalisation seulement imparfaite des normes est liée à l'existence, au sein des contextes sociaux, de conditions qui font obstacle à la mise en œuvre de ces normes, alors le critique ne peut pas se soustraire à la nécessité de devoir enquêter afin de comprendre quelles sont ces conditions qui, dans le contexte ou l'ordre social présent, empêchent la mise en œuvre et l'actualisation des normes. Dans tous les cas, il apparaît avec évidence, et ceci à la manière d'un critère qui permet l'identification de la critique immanente à partir d'une différence propre, que cette forme de critique engage un rapport *cognitif* aux pratiques, aux conditions objectives de ces pratiques ainsi qu'à leur contexte social de mise en œuvre – et en l'occurrence un rapport cognitif qui est bien de l'ordre de la *connaissance* et de la compréhension, et donc plus seulement de l'ordre de *l'interprétation*, comme c'était le cas s'agissant de la critique interne. La critique immanente paraît en ce sens exiger qu'on se fasse davantage que l'interprète d'un rapport entre normes et pratiques, et qu'on produise une connaissance des conditions objectives qui empêchent ou qui, au contraire, permettent et favorisent la mise en œuvre de normes dans et par des pratiques et des institutions.

La chose devient plus claire encore quand on pose avec Rahel Jaeggi que « la critique immanente, par opposition à la critique interne, ne s'oriente pas seulement sur une contradiction entre norme et réalité (et donc sur le fait que la réalité n'honore pas la norme) : elle s'oriente bien plutôt sur la *contradiction interne* de la réalité et des normes mêmes qui en sont constitutives »[1]. Cette contradiction interne n'est pas l'objet d'un simple constat, elle est davantage de l'ordre de quelque chose qui est expérimenté : c'est une contradiction dont des acteurs sociaux font *l'expérience*, en l'occurrence une expérience qui pose les bases d'un processus qui est de l'ordre de la connaissance.

C'est certainement chez Horkheimer qu'on trouve l'articulation la plus claire entre cette expérience d'une contradiction et l'adoption de ce qu'il appelait « l'attitude critique ». Il posait que l'expérience en question consistait en ce que ce « caractère scindé de la totalité sociale dans sa forme actuelle se développe en une contradiction consciente chez les sujets de l'attitude critique »[2]. L'adoption de l'attitude critique supposerait ainsi, du côté du sujet, l'épreuve ou l'expérience d'une scission de la société qui accède chez lui au niveau de la conscience d'une contradiction. Les termes de cette contradiction peuvent être décrits de la façon suivante. D'un côté les sujets « reconnaissent l'organisation présente de l'économie et l'ensemble de la culture qui est fondée sur elle comme les produits du travail humain, comme l'organisation dont

---

1. R. Jaeggi, *Kritik von Lebensformen, op. cit.*, p. 291.
2. M. Horkheimer, *Théorie traditionnelle et théorie critique* (désormais cité TTTC), trad. C. Maillard et S. Muller, Paris, Gallimard, 1974, p. 39 (trad. modifiée)

l'humanité s'est dotée et dont elle était capable à cette
époque ».[1] De ce point de vue-là, les sujets comprennent
l'organisation sociale existante comme celle que le travail
humain a engendrée et produite, ils reconnaissent
l'organisation sociale existante comme le résultat et le
produit « de la volonté et de la raison », et donc comme
étant « leur propre monde »[2] dans la mesure où, comme
le précise Horkheimer, « l'œuvrer-ensemble (*das
Zusammenwirken*[3]) des hommes dans la société est le mode
d'existence de leur raison »[4]. Mais, d'un autre côté, les
mêmes sujets font également « l'expérience de ce que la
société est comparable aux processus naturels extrahumains
et à de purs et simples mécanismes parce que les formes
de culture reposant sur la lutte et l'oppression ne portent
pas témoignage d'une volonté unifiée et consciente d'elle-
même »[5]. C'est bien du *même* monde social que
précédemment qu'il s'agit, mais compris cette fois par les
sujets comme « un monde qui n'est pas le leur mais qui
est celui du capital ». L'expérience qui engendre l'adoption
de l'attitude critique est ainsi celle d'une contradiction
entre un monde social compris comme devant être rationnel
puisque résultant du travail et du *Zusammentwirken* des
hommes, et un monde social – *le même* – compris cette
fois comme un monde inaccessible à la volonté des hommes
et s'imposant à eux avec la contrainte et la nécessité d'un
monde naturel. C'est l'expérience vive qu'il fait de cette
contradiction qui modifie à la fois le sujet et son rapport

1. *Ibid.*, (trad. modifiée).
2. *Ibid.*, (trad. modifiée).
3. *Das Zusammenwirken* : un terme que l'on peut aussi traduire
littéralement par « la co-opération ».
4. TTTC, p. 34 (trad. modifiée).
5. TTTC, p. 39 (trad. modifiée).

au monde : la modification du sujet consiste en l'adoption de la posture critique, tandis que la modification de son rapport au monde consiste en ce qu'il considère désormais le monde social comme un monde devant être transformé.

L'expérience étant faite de cette contradiction, les acteurs ne peuvent en effet s'en tenir là : ils sont poussés à devoir comprendre les raisons de cette expérience et donc aussi les causes de cette contradiction. Ils chercheront à connaître quels sont les éléments structurels, qui, dans la réalité, empêchent que les normes pourtant posées comme valides, reconnues comme rationnelles, y puissent être réalisées. Ils chercheront aussi à connaître ce qui, dans les normes elles-mêmes et dans l'ordre normatif constitue un obstacle à leur propre mise en œuvre. Un bon exemple est celui, donné par Rahel Jaeggi[1] et emprunté à Marx, de la norme de l'égalité qui est à la fois réalisée par l'échange marchand et en même temps rendue parfaitement illusoire quand l'échange porte sur la force de travail et qu'il a lieu entre le vendeur et l'acheteur de cette marchandise tout à fait particulière. L'expérience de ce qu'une même norme peut être à la fois nécessitée par un ordre social donné et en même temps vidée de son contenu par ce même ordre social, est une expérience qui engendre une volonté de comprendre quelles sont les conditions qui, aussi bien dans l'économie de la réalité sociale que dans celle de l'ordre normatif lui-même, rendent une telle expérience possible.

C'est que l'expérience en question n'est plus seulement celle d'une inadéquation entre norme et réalité, mais celle d'une contradiction au sein même de l'ordre social qui à la fois nécessite telle norme et la rend impuissante, inactuelle en la privant d'efficace (autre que trompeuse). Il y a là l'expérience d'un dysfonctionnement qui affecte

---

1. TTTC, p. 39 (trad. modifiée).

l'ordre social comme tel en tant qu'il engendre lui-même les entraves à l'actualisation en lui des normes qu'il promeut par ailleurs. C'est une telle expérience qui permet d'articuler critique et crise d'une façon qui est caractéristique de la critique immanente : « au point de vue de la critique immanente, les contradictions diagnostiquées par elle ne sont pas qu'un problème de consistance, et pas davantage un problème uniquement normatif, elles sont au contraire une question de *distorsions pratiques* et de *crises* »[1]. Et ces distorsions, déséquilibres et dysfonctionnements pratiques, comme les crises elles-mêmes, requièrent, au-delà de l'expérience qu'on en fait, des éléments d'explication qui permettent d'abord d'en comprendre les ressorts, puis de déterminer quels pourraient être les remèdes permettant de sortir du déséquilibre et de mettre un terme à la crise.

Par où nous sommes conduits à désigner un caractère qui singularise nettement la critique immanente relativement aux formes de critiques internes, à savoir qu'il s'agit d'une critique inséparable de la mise en œuvre d'un processus d'apprentissage, d'un *Lernprozess*. Cette dimension est en réalité d'emblée impliquée par le rôle majeur que joue l'expérience dans l'adoption du point de vue de la critique immanente : l'expérience vive qui est faite par le sujet non pas seulement d'une contradiction entre les normes et les pratiques, mais d'une contradiction au sein même des pratiques et des normes, au sens où des pratiques sont structurellement empêchées de mettre en œuvre les normes qu'elles promeuvent par ailleurs, mais au sens aussi où des normes s'avèrent non seulement compatibles avec, mais indispensables à la mise en œuvre de pratiques qui les contredisent directement, comme par exemple quand

1. R. Jaeggi, *Kritik von Lebensformen, op. cit.*, p. 292.

la liberté entre contractants devient condition de possibilité du rapport de domination exercé par l'un des contractants sur l'autre – cette expérience donc ne peut être faite sans prendre en même temps la forme d'un processus d'apprentissage par lequel les sujets sont conduits à transformer les pratiques autant qu'à modifier les normes elles-mêmes.

Ils apprennent par exemple qu'il faut chercher dans la pratique elle-même les raisons de son échec à mettre en œuvre la norme : ainsi, pour reprendre l'exemple de Horkheimer, c'est la pratique du travail social comme travail privé et divisé entre des acteurs concurrents qui rend cette pratique structurellement impuissante à mettre en œuvre réellement la raison qui est impliquée dans le travail social, de sorte que c'est cette pratique elle-même qui doit être transformée en une pratique coopérative pour que la raison puisse s'y réaliser. Ils apprennent par exemple aussi que la norme de liberté telle qu'elle rend possible la relation contractuelle entre des personnes est la même norme qui permet structurellement que les rapports entre les personnes prennent la forme de rapports de domination, de sorte que c'est la norme elle-même qui doit être transformée ou enrichie en une norme de « liberté sociale » (A. Honneth) incluant en elle la dimension de la solidarité entre les personnes.

C'est donc bien l'expérience de l'échec d'une pratique ou du déficit d'une norme, comme expérience d'un échec *structurel* et d'un déficit *immanent*[1], qui fait de la critique immanente un *Lernprozess* : l'expérience du déficit de la norme comme celle de l'échec de la pratique ne peuvent être faites sans déboucher sur la compréhension de ce que

---

1. *Cf.* R. Jaeggi, *Kritik von Lebensformen, op. cit.*, p. 296.

la pratique doit être développée et la pratique enrichie.
« Le développement d'une pratique déficitaire en une
nouvelle pratique ne devient un procès d'expérience
cumulatif que dans la stricte mesure, écrit Rahel Jaeggi,
où ce développement ne consiste pas unilatéralement en
la destruction et le surmontement d'une position fausse,
mais conquiert une nouvelle position à partir de l'expérience
de l'échec de la précédente »[1]. Ce qui conduit la même
auteure à conclure que « le développement déclenché par
la critique immanente se laisse par suite comprendre
comme une forme de procès de résolution de problème
(*Problemlösungsprozess*) dont la "vérité" consiste en ce
qu'il "contient en soi" l'élaboration du caractère insuffisant
de la position antérieure »[2].

Au moment où des formulations typiquement
hégéliennes commencent à apparaître, et avant de nous
laisser guider par elles jusqu'à Hegel lui-même, il me paraît
nécessaire d'appuyer une dimension de ce *Problemlösungsprozess* sur laquelle pour sa part Rahel Jaeggi
n'insiste pas. C'est qu'il n'y a pas de résolution de
problèmes sans une production effective de connaissances :
résoudre le problème posé par une pratique mise en échec,
ou résoudre le problème d'une norme déficiente supposent
de comprendre et d'expliquer les raisons pour lesquelles
une pratique échoue et une norme est déficiente. On ne
résout pas un problème sans comprendre en même temps
les raisons pour lesquelles les résolutions antérieures ont
été des échecs, ni sans expliquer les causes en vertu
desquelles le problème a jusque-là résisté à sa résolution,
la pratique à sa transformation et la norme à son
développement ou enrichissement. Et c'est une dimension

1. *Ibid.*
2. *Ibid.*

essentielle de la critique immanente non seulement de conduire au surmontement des échecs et à la résolution des problèmes, mais de produire aussi une explication des échecs par leurs causes et des déficits par leurs raisons.

Or c'est justement l'un des apports majeurs du texte de Hegel auquel on se réfère inévitablement quand on cherche les ressources de fonder la pratique de la critique immanente, à savoir l'Introduction à la *Phénoménologie de l'esprit*. On ne peut lire ce passage fameux consacré à l'expérience que la conscience fait avec son objet et avec elle-même sans relever qu'il n'y est question que de savoir, d'objet, de vérité et de concept, ni sans devoir se rappeler que l'Introduction elle-même commence avec une critique de la conception kantienne de la critique de la connaissance comme devant précéder la connaissance elle-même : bref, nous sommes dans un texte essentiellement consacré à l'examen de la question de savoir ce que c'est pour une conscience que de connaître un objet ou de former le savoir d'un objet. Ce qui fait tout l'intérêt de ce texte, c'est la manière dont Hegel y renouvelle profondément la conception de la relation entre le sujet connaissant et l'objet connu, et donc la conception novatrice qu'il propose de la connaissance elle-même non seulement comme d'un processus dynamique, mais aussi comme d'un processus impliquant un rapport à une norme, et finalement comme d'une expérience non seulement du sujet avec l'objet, mais du sujet avec la norme de son propre savoir, et donc finalement comme d'une expérience du sujet avec lui-même. Le problème, tel que Hegel le pose initialement, est le suivant : étant donnée une conscience produisant une connaissance de ce qui vaut pour elle comme objet, la question posée par le philosophe est, comme le rappelle Hegel, de procéder à « l'exploration et [à] l'examen de la réalité de [cette] connaissance (*Untersuchung und Prüfung der Realität [dieses] Erkennens*) »[1]. Le problème étant posé en ces termes, il s'agit d'éviter que le philosophe n'apporte de l'extérieur le critère à l'aune duquel sera examinée et mesurée la réalité de la connaissance propre à la conscience, ou d'éviter que ce critère ne soit le critère que du philosophe, car dans ce cas, comme le dit Hegel, « ce que nous affirmerions comme l'essence [du savoir de la conscience] serait, bien plutôt, non pas sa vérité, mais seulement notre savoir de lui » : dans ces conditions, « l'essence ou la mesure de référence tomberait en nous, et ce qui devait être comparé avec elle [c'est-à-dire le savoir propre à la conscience] (…) n'aurait pas nécessairement à la reconnaître »[2]. Le problème est donc celui de la non reconnaissance possible, par la conscience dont le savoir est examiné, du critère de cet examen dès lors que ce critère est amené par « nous », c'est-à-dire par le philosophe et imposé de l'extérieur à la conscience.

Il faut donc que ce soit la conscience qui élabore elle-même le critère à l'aune duquel elle mesure la réalité de sa connaissance et la vérité de son savoir. Et cela est possible dans la mesure où « la conscience donne à même elle-même sa mesure de référence », de sorte que « l'examen va être, de ce fait, une comparaison d'elle-même avec elle-même »[3]. Car c'est la conscience elle-même qui pose en elle à la fois l'objet tel qu'il est pour elle, tel qu'elle le sait, et ce même objet tel qu'il est en soi et en vérité, faisant de cet en soi de l'objet la norme de vérité à

1. Hegel, *Préface et Introduction de la Phénoménologie de l'esprit*, édition bilingue, traduction et commentaire par B. Bourgeois, Paris, Vrin, 1997, p. 197.
2. *Ibid.*, p. 199.
3. *Ibid.*

laquelle elle mesure son savoir de l'objet. Le savoir dont la vérité est à examiner et le critère de vérité permettant cet examen sont tous les deux « présents dans la conscience elle-même », de sorte qu'un « ajout de notre part est superflu »[1]. Nous avons là une première caractéristique qui est commune à la critique interne et à la critique immanente, à savoir que l'objet de la critique et la norme de la critique ne sont pas extérieurs l'un à l'autre, que la norme n'est pas extérieure à l'objet de l'évaluation et de la critique. Mais le sujet de la critique pourrait encore être extérieur : ce pourrait être le philosophe qui applique au savoir de la conscience ses propres normes d'examen. Mais tel n'est pas le cas en l'occurrence et, comme dit Hegel, « nous sommes dispensés aussi de la peine de comparer les deux termes et de l'examen proprement dit » : c'est la conscience qui procède *par elle-même* à cet examen, et c'est là que se franchit le pas qui mène de la critique interne à la critique immanente. Le sujet du savoir examiné, le sujet porteur de la norme de vérité et le sujet qui procède à l'examen ou à la comparaison du savoir et de la norme, sont un seul et même sujet.

À partir de là et sur cette base, les autres caractéristiques de la critique immanente se déduisent pour ainsi dire les unes des autres, *du moins si* la conscience fait l'expérience d'un déficit de son savoir, c'est-à-dire si elle constate que son savoir de l'objet ne correspond pas à ce qui est pour elle l'en soi de l'objet, c'est-à-dire à ce qu'elle a elle-même posé comme norme de vérité. Dans ce cas, « la conscience semble devoir nécessairement changer son savoir pour le

---

1. Hegel, *Préface et Introduction de la Phénoménologie de l'esprit*, *op. cit.*, p. 201.

rendre conforme à l'objet »[1]. Mais la conscience ne peut pas modifier son savoir de l'objet ou ce que l'objet est pour elle sans que cela ne change aussi ce qui est pour elle l'en soi de l'objet : en changeant son savoir, elle change aussi le critère et la norme de vérité de son savoir. Où nous trouvons une autre caractéristique majeure de la critique de type immanent : à savoir que la critique ne peut pas s'exercer sur une réalité sans produire aussi des effets sur la norme à l'aune de laquelle cette réalité est critiquée, ces effets consistant en l'occurrence en un approfondissement ou un enrichissement de la norme elle-même. Dans les termes de Hegel, cela donne : « la mesure de référence de l'examen change lorsque ce dont elle devait être la mesure ne résiste pas à l'examen »[2]. La mesure ou la norme est l'en soi de l'objet à l'aune de quoi la conscience compare son savoir de l'objet, mais le mouvement par lequel elle modifie son savoir pour le rendre conforme à l'en soi est aussi le mouvement par lequel elle découvre que cet en soi est *pour elle*, et que c'est en tant que tel qu'il est à la fois le vrai et le critère de l'examen de son savoir. « *L'être-pour-elle de cet en-soi* est le vrai, ce qui signifie bien : ceci est l'essence ou, [pour la conscience,] son *objet* ; ce nouvel objet contient le caractère de néant du premier, il est l'expérience faite sur celui-ci »[3].

Ce qui nous conduit à une ultime caractéristique de la critique de type immanent : le sujet de la critique fait une expérience *négative* qui ne consiste pas en la simple inadéquation de la chose jugée à la norme du jugement, mais qui est bien plutôt l'expérience d'une inconsistance

1. *Ibid.*, p. 203.
2. *Ibid.*, p. 203.
3. *Ibid.*, p. 205.

et donc d'une dissolution aussi bien de la chose évaluée que du critère de l'évaluation. La déception de la conscience ne porte en effet pas seulement sur son savoir quand elle découvre qu'il n'est pas conforme à l'en soi, sa déception porte tout autant sur l'en soi lui-même, quand elle découvre qu'elle a eu tort de le considérer comme l'en soi tout court, alors qu'il *n*'était l'en soi *que* pour elle. Mais surtout, l'expérience de cette dissolution tant de l'objet critiqué que de la norme de la critique est porteuse pour la conscience d'un effet de compréhension : elle comprend que son savoir initial ne pouvait être que déficitaire et inadéquat dans la mesure où la norme à laquelle il était mesuré était elle-même déficitaire et incomplète. Cet élément n'est certes que relativement brièvement mentionné par Hegel, quand il note que l'être pour la conscience du premier en soi « paraît tout d'abord n'être que la réflexion de la conscience dans elle-même, une représentation, non pas d'un objet, mais seulement de son savoir du premier objet ».[1] La formulation est négative parce que l'être pour la conscience du premier en soi est plus que cela et qu'on ne peut le réduire à cela : il est en effet *le nouvel objet* de la conscience, c'est-à-dire son nouveau critère de vérité. Mais cela n'empêche pas que ce nouveau critère ou ce critère enrichi provienne de la *réflexion* de la conscience sur ce qui était son premier critère de vérité, et de la *compréhension* que cette réflexion lui permet d'obtenir de l'insuffisance de ce premier critère. Sans cette compréhension, qui donne aussi à la conscience *l'explication* de l'échec de son premier savoir, on ne verrait pas pourquoi la conscience en vient à changer et à transformer non pas

---

1. Hegel, *Préface et Introduction de la Phénoménologie de l'esprit*, *op. cit.*, p. 201.

seulement son savoir, mais aussi la norme d'évaluation de son savoir. Elle ne fait cela que parce qu'elle a compris les raisons de l'échec de son premier savoir et parce qu'elle possède l'explication de cet échec dans l'insuffisance de la norme de vérité de ce savoir. C'est seulement la compréhension par la conscience de la raison de l'échec de son savoir, et l'explication de cet échec par l'inconsistance de la norme d'évaluation de ce savoir, qui peuvent rendre compte de la *transformation* par la conscience à la fois de cette norme elle-même et de son savoir pour le conformer à cette nouvelle norme. Sans la compréhension réflexive et l'explication, il n'y aurait pas la transformation simultanée de la chose critiquée et de la norme de la critique.

Sur la base de ce détour par Hegel, nous pouvons en venir à la question de savoir ce qui arrive à la critique immanente quand on passe de Hegel à Marx. Sur ce point, j'avancerai la proposition suivante, que la suite tentera de justifier : c'est Hegel qui a élaboré le *modèle* théorique de la critique immanente en posant qu'elle consiste en une critique qui produit de la connaissance ou en une connaissance engendrée par la critique, et dont l'effet est la transformation ou, plus exactement, l'enrichissement de la norme de la connaissance vraie – mais c'est Marx qui donne son *objet* à la critique immanente, à savoir le présent social-historique.

Commençons par reprendre les éléments auxquels nous avait conduit notre examen initial de la note 324 du chapitre XIII dans le Livre I du *Capital*. Élaborer une critique qui sache « juger et condamner » est une chose, et c'est assurément une fonction essentielle de la critique que de faire cela, mais c'est très loin d'être suffisant : la critique, on l'a vu, doit aussi permettre de « comprendre le présent », elle doit produire une compréhension et une connaissance du présent, et cela tout en évaluant ce même présent et en y condamnant ce que cette évaluation permet de poser comme négatif. La critique immanente est en effet celle qui ne peut conduire à l'évaluation négative d'une situation ou d'un contexte social-historique qu'à la condition expresse qu'elle produise en même temps une intelligence et une compréhension de ce même contexte social-historique : c'est une critique qui ne justifie son jugement ou son appréciation normative d'un présent social-historique que de la compréhension et de la connaissance qu'elle en produit en même temps. Et inversement : c'est une critique qui ne produit une intelligence et une compréhension d'un contexte ou d'une réalité historico-sociale que pour autant qu'elle fait de cette réalité historico-sociale l'objet d'une approche normative qui, en tant que telle, l'évalue, la juge, voire la condamne sous tel ou tel de ses aspects.

Et, de fait, on trouve très tôt chez Marx, dès les textes de l'époque de la rédaction de sa thèse de doctorat, plusieurs prises de positions significatives au sujet de la critique, fixant les principaux caractères de la critique immanente telle qu'il l'a très tôt conçue et telle qu'il n'a plus cessé ensuite de la mettre en pratique.

Première thèse : la critique est une modalité de la connaissance alternative à la contemplation, c'est-à-dire à la *theoria*. Dans le cinquième des *Cahiers d'études* constitués des notes prises par Marx au moment de la rédaction de sa thèse, dans un ensemble de notes placées (par les éditeurs de la MEGA) sous l'intitulé d'« Aphorismes philosophiques », Marx explique que, « dans l'histoire de la philosophie, (…) il y a des moments où la philosophie tourne ses regards vers le monde extérieur »[1] et où il se produit « une transformation de la philosophie en un rapport pratique avec la réalité ».[2] On se méprendrait complètement sur le sens de ce que Marx expose ici – dans une période où il est bauerien[3] – si l'on comprenait qu'il s'agit de moments où la philosophie « se nierait » comme philosophie pour « se réaliser » dans un rapport pratique au monde. Il suffit pour s'en convaincre, et pour comprendre ce que Marx veut dire en parlant de la philosophie qui, « telle une personne pratique, noue des intrigues avec le monde et, quittant le royaume transparent de l'Amenti, se jette dans les bras de la sirène du monde »[4], il suffit donc de prendre en considération les exemples que Marx donne de ceux qui illustrent selon lui un tel passage à « un rapport pratique avec la réalité » : il s'agit du cynique, de l'alexandrin, de l'épicurien et du jeune-hégélien, bref il ne s'agit pas de philosophes qui auraient cessés d'en être et qui auraient abandonné la philosophie pour faire autre chose. Ces penseurs et philosophes ont une pratique de la philosophie certes différente de celle d'Aristote ou de Hegel, mais ils pratiquent bien encore la philosophie.

On peut dire de ces penseurs qu'ils mettent en œuvre un rapport pratique au monde qui reste cognitif, ou – ce qui revient au même – un rapport cognitif au monde qui

---

1. K. Marx, *Œuvres*, tome III : *Philosophie*, édition établie par M. Rubel, « Bibliothèque de la Pléiade », Paris, Gallimard, 1982 (désormais cité OC3), p. 843.

2. *Ibid.*

3. Sur la proximité de Marx à l'égard de Bruno Bauer entre 1838 et 1841, voir P. Clochec, *Marx jeune hégélien, 1841-1844*, Thèse de Doctorat de philosophie de l'Université de Lyon dirigée par Emmanuel Renault et soutenue le 7 mai 2018, I. 2.A. : « Bruno Bauer, ami et mentor de Marx », et I. 2.B. : « La collaboration de Marx avec Bauer ».

4. OC3, p. 843.

n'est plus strictement théorique, au sens précis où il n'est plus d'ordre seulement contemplatif. C'est très exactement ce rapport-là que Marx appelle « critique ». Et c'est ce qu'il précise dans une autre note également prise à l'époque de la rédaction de sa thèse : « mais la *praxis* de la philosophie est elle-même *théorique* », écrit Marx, ajoutant ou précisant que cette *praxis* de la philosophie qui est théorique, « c'est la *critique*, qui mesure l'existence individuelle à l'aune de l'essence, la réalité particulière à l'aune de l'idée ».[1] La critique apparaît ici comme un rapport pratique au monde, donc comme une intervention dans le monde, mais comme une intervention qui ne se réalise cependant pas au moyen de l'action et de la volonté, comme une intervention qui reste donc de nature cognitive et dont les produits ne sont pas autre chose que des connaissances ou des formes de compréhension. La critique instaure un rapport au mode qui est théoriquement productif et qui n'est donc plus théorique au sens passif d'un rapport seulement contemplatif : c'est en ce sens que ce rapport peut être dit pratique, tout en n'étant pas pour autant de l'ordre de l'action ou de la volonté.

Nous sommes bien ici dans une perspective marquée de l'empreinte de Bruno Bauer, selon qui la critique est elle-même la mise en œuvre de la philosophie, c'est-à-dire la *praxis* de la philosophie : cette pratique n'implique une rupture avec la théorie qu'aussi longtemps qu'on réduit celle-ci à un rapport passif et contemplatif au monde, mais, dès lors que la critique est comprise comme une autre forme de la théorie, la pratique peut elle-même être comprise comme la mise en œuvre de la théorie sous la forme de la critique, en l'occurrence sous la forme d'une

---

1. OC3, p. 85.

critique immanente. Aussi ne faut-il pas se méprendre quand on lit, dans un texte de Ruge daté de 1843, « Une autocritique du libéralisme »[1], que « la preuve de la théorie est la pratique »[2] ou que « la but de la théorie est la praxis de la théorie »[3]. Lorsque le même Ruge écrit qu'il s'agit « d'échapper à l'esprit théorique » et qu'on ne peut le faire qu'en « se lançant dans le mouvement politique des grands problèmes pratiques »[4], on peut avoir l'impression à première vue que la pratique est ici comprise comme un au-delà de la théorie qu'on ne pourrait rejoindre qu'en rompant avec la théorie en tant que telle et sous toutes ses formes. Mais lorsque Ruge illustre « l'esprit théorique » – dont il dit qu'il s'agit de « l'ennemi » – à l'aide de la figure de « l'homme repus et oisif », on comprend que par « théorie » ou « esprit théorique », Ruge désigne lui aussi l'attitude contemplative : c'est avec elle qu'il veut rompre en se proposant de « dissoudre la philosophie en tant qu'elle est un être de l'au-delà et un mouvement de la pensée sans volonté ni passion »[5]. Mais cela n'exclut pas, au contraire, cela exige un mouvement de la pensée qui soit porté par la passion et la volonté, sans pour autant cesser d'être un mouvement de la pensée. Ce qui apparaît quand Ruge pose que, « pour dissoudre l'esprit théorique abstrait et notamment sous sa forme philosophique, il faut l'impliquer

1. On en trouve une traduction par C. Mercier et B. Schulze dans S. Mercier-Josa, *Théorie allemande et pratique française de la liberté. De la philosophie à la politique ou au socialisme ?*, Paris, L'Harmattan, 1993, p. 245-268.
2. A. Ruge, *Avant-propos. Une autocritique du libéralisme. Bilan de l'année précédente des Annales*, dans S. Mercier-Josa, *Théorie allemande et pratique française de la liberté, op. cit.*, p. 260.
3. *Ibid.*, p. 264.
4. *Ibid.*
5. *Ibid.*

dans la vie politique et lui assigner la tâche de réformer radicalement la conscience »[1]. C'est donc bien que la tâche est de dissoudre non pas l'esprit théorique en général mais seulement l'esprit théorique « abstrait », c'est-à-dire passif et contemplatif : l'accomplissement de cette tâche est identique à la mise en œuvre de la théorie sous une nouvelle forme, à savoir sous la forme de ce que Ruge appelle une « réforme radicale de la conscience ».

Et c'est Marx qui, dans une lettre fameuse à Ruge datée de septembre 1843, établit le lien entre cette pratique de la théorie comme « réforme de la conscience » et la critique : « la réforme de la conscience consiste *seulement* en ceci, écrit Marx, que l'on rende intérieure au monde sa propre conscience, qu'on le réveille des rêves qu'il fait sur lui-même et qu'on lui *clarifie* (*erklärt*)[2] ses propres actions (…); notre devise doit donc être : réforme de la conscience, non par des dogmes, mais par l'analyse de la conscience mystique, non claire (*unklaren*) à elle-même »[3]. L'œuvre pratique propre à la théorie en tant que critique est ici clairement définie : comme critique, elle entend produire une « analyse de la conscience », en l'occurrence de la conscience propre à l'époque, dans le but de lui « rendre claires » à elle-même ses propres actions, à en mettre au jour le sens et la portée. Produire ainsi ce que Marx nomme « l'auto-compréhension de l'époque quant à ses luttes et à ses souhaits », telle est la tâche de ce qu'il

1. A. Ruge, *Avant-propos. Une autocritique du libéralisme, op. cit.*, p. 264.

2. Sur la justification de la traduction de *erklären* par « rendre clair » plutôt que par « expliquer », voir ici-même le chapitre « Les mésaventures de la critique. Réflexions à partir de Jacques Rancière ».

3. K. Marx, « Lettres à Ruge », OC3, p. 345 ; nous citons la traduction donnée par E. Renault, *Marx et l'idée de critique*, Paris, Puf, 1995, p. 45.

appelle ici lui-même la « philosophie critique », c'est-à-dire la philosophie identifiée à la critique qui, de façon immanente, permet à l'époque présente et à ses acteurs de comprendre clairement le sens, la portée et les implications des normes pratiques, sociales et politiques qu'ils reconnaissent et admettent comme des normes valides.

Ce qui nous conduit à la *deuxième thèse* : à savoir que la critique est la modalité de la connaissance adaptée au présent social-historique. Dans sa lettre à Ruge de septembre 1843 déjà citée, Marx soutient deux thèses qui sont en réalité indissociables l'une de l'autre. D'un côté, il explique « ne pas vouloir anticiper le monde dogmatiquement, mais trouver le nouveau monde seulement par la critique de l'ancien monde » ; d'un autre côté, il explique que « la philosophie s'est sécularisée et [que] la preuve la plus frappante en est que la conscience philosophique est entraînée dans le tourment de la lutte non seulement de façon extérieure, mais aussi de façon intérieure ».[1] Ces deux aspects sont intimement liés : si la philosophie ne doit pas anticiper le monde à venir, c'est qu'en réalité elle ne le peut plus, et si elle ne le peut plus, c'est justement parce qu'elle s'est sécularisée, et donc parce qu'elle est elle-même devenue une composante et une partie prenante du monde présent. La philosophie est désormais impliquée dans le présent, engagée en lui aux côtés d'autres forces, et notamment de forces sociales. Cet état de fait est aussi bien un état de *crise*, tant pour la philosophie que pour le monde. Mais cette crise est ce qui ouvre à la philosophie de nouvelles tâches à accomplir : ce qui fait dire à Marx que, « la construction de l'avenir » n'étant plus « notre

---

1. OC3, p. 343 ; j'emprunte à E. Renault la traduction qu'il a proposée de ce texte, p. 44.

affaire », « ce que nous avons à accomplir dans le présent n'en est que plus certain, à savoir la *critique sans réserve de la totalité de l'existant* »[1]. C'est donc la crise même dans laquelle sont entrés en même temps la philosophie et le présent historique qui rend la tâche de la philosophie d'autant plus certaine : « analyser la conscience » que ce présent a de lui-même, produire « l'auto-compréhension de l'époque quant à ses luttes et à ses souhaits »[2]. On l'a vu, comme synonyme de cette auto-compréhension du présent, Marx donne l'expression de « philosophie critique » : c'est donc la crise même de la philosophie qui fait d'elle une philosophie critique dont la tâche est de produire l'auto-compréhension du présent historico-social.

Il faut donc que ce soit produite la crise qui empêche de continuer à penser le monde comme identique à la pensée, et l'être comme identique au concept pour que soient possibles à la fois la critique et la connaissance du présent historico-social. Aussi longtemps qu'elle le comprend comme identique à elle, la pensée pense son présent, mais c'est en réalité elle-même qu'elle pense en pensant son présent : autrement dit, elle ne *connaît* pas à proprement parler son présent. Il faut donc la crise qui *sépare* la pensée du présent pour que la pensée se fasse critique et que, par la critique, elle produise une connaissance du présent dont l'objet est à la fois de comprendre les raisons de la crise, et d'élaborer les conditions de sa résolution tout en s'opposant aux forces qui entravent cette résolution.

---

1. OC3, p. 343 ; trad. Renault, p. 45.
2. OC3, p. 346 ; *Ibid.*

Dans ses *Leçons sur la dialectique négative*, Adorno présente celle-ci, la dialectique négative, comme la forme de dialectique dont la tâche n'est pas de trouver l'affirmatif en toutes négations, mais, à l'inverse, de mettre au jour le négatif de toute affirmation – ce qui le conduit à poser que « la dialectique négative est essentiellement la même chose que la théorie critique »[1], ou, comme il le dit aussi, que « les deux termes, théorie critique et dialectique négative, désignent la même chose »[2]. Quand Adorno précise cette identité, il ajoute que l'objet propre de la critique est la thèse de l'identité du concept et de la chose, de la pensée et de l'être : « la dialectique négative, en tant que critique, signifie avant toute chose la critique portant précisément sur cette prétendue identité ».[3] Là donc où est posée et affirmée l'identité du concept et de la chose, la critique trouve la négation qui habite cette identité, elle trouve la contradiction du concept et de la chose. Dans la suite du passage, Adorno oppose cette conception-là de la dialectique à ses formes dogmatiques qui sont devenues des « visions du monde », et auxquelles il reproche d'avoir renoncé à faire de la dialectique ce qu'elle a voulu être, à savoir « science en un sens supérieur et réellement le stade le plus avancé de la connaissance »[4]. Où l'on voit que l'identification de la dialectique négative à la critique sert un objectif clairement défini comme un objectif scientifique de production de connaissances : la dialectique n'est « la science en un sens supérieur » que quand elle est dialectique

1. Theodor W. Adorno, *Vorlesung über negative Dialektik. Fragmente zur Vorlesung 1965/66*, hrsg. von R. Tiedermann, Frankfurt a. M., Suhrkamp, 2014, p. 36.

2. *Ibid.*, p. 37.

3. *Ibid.*

4. *Ibid.*, p. 38.

négative, et donc à condition d'être identifiée à la critique. On trouve chez Adorno une illustration de cela dans le domaine particulier de la critique de la culture où il défend aussi l'idée d'une « démarche immanente, plus essentiellement dialectique »[1] : cette démarche est celle de la « critique immanente » dont Adorno précise qu'elle « ne se contente pas d'un savoir général quant à la servitude de l'esprit objectif, mais cherche à traduire ce savoir en une force d'appréhension de la chose même »[2]. Encore faut-il préciser que la critique immanente n'est pas « assez naïve pour croire que l'immersion obstinée dans l'objet aurait accès à la vérité en vertu de la logique de la chose »[3]. En ce sens, c'est justement le fait que, comme le dit Adorno, « la méthode dialectique [ne] puisse [plus] aujourd'hui partir de l'identité hégélienne du sujet et de l'objet comme d'une chose établie », qui a pour conséquence que la critique immanente est contrainte de faire droit à « l'exigence de l'objet d'être compris en tant que tel, selon son contenu spécifique » : où l'on retrouve l'idée que c'est précisément ce qu'Adorno nomme son « constat de la négativité » qui permet à la critique immanente de prendre « valeur de connaissance en faisant ses preuves dans la démonstration pertinente (…) [par exemple] de la cohérence ou de la fragilité d'une œuvre, de la substantialité ou de l'inanité d'une figure de langage »[4].

---

1. Theodor W. Adorno, « Critique de la culture et société », dans *Prismes. Critique de la culture et société*, trad. G. et R. Rochlitz, Paris, Petite bibliothèque Payot, 2018, p. 27.

2. *Ibid.*

3. *Ibid.*, p. 28.

4. *Ibid.*, p. 27.

Ce qu'Adorno précisait encore davantage, cette fois dans son *Introduction à la dialectique*, en disant que, « lorsqu'on confie un rôle aussi central à la contradiction, cela signifie proprement que l'on ne reconnaît pas la logicité du monde comme si elle allait de soi, que l'on ne reconnaît pas sans autre forme de procès que le monde et notre pensée sont identiques l'un à l'autre, que le monde et la pensée passent l'un dans l'autre, mais que [l'on reconnaît], au contraire, que les deux se disjoignent [l'un de l'autre] »[1]. Ce qui conduit au paradoxe que c'est à la pensée qu'il revient encore de médiatiser cette disjonction du monde et de la pensée, étant entendu cependant qu'il échoit alors une tout autre fonction à la pensée, en l'occurrence celle de « chercher à concevoir ce qu'elle n'est pas elle-même »[2]. Ainsi donc la non-identité de la pensée et du monde est la condition à la fois de la critique et de la connaissance : autrement dit, la critique immanente, qui reconnaît la non adéquation du monde à son propre concept, est ce qui permet à la fois un savoir des normes *et* une connaissance de la réalité, dont la disjonction induit une transformation *et* de ces normes *et* de cette réalité.

1. Theodor W. Adorno, *Einführung in die Dialektik (1958)*, hrsg. von C. Ziermann, Frankfurt a. M., Suhrkamp, 2015, p. 103.
    2. *Ibid.*, p. 104.

SIMMEL À FRANCFORT
LA RÉCEPTION DE SIMMEL
PAR LA THÉORIE CRITIQUE[1]

Quand on se propose d'examiner les manières dont les représentants de la Théorie critique, c'est-à-dire de l'école de Francfort, ont hérité de l'œuvre sociologique fondatrice de Georg Simmel, on ne peut qu'être frappé par la discrétion des références à celui-ci dans les œuvres de ceux-là, toutes générations confondues, de même qu'on ne peut qu'être frappé par la différence dans la manière dont ils se rapportent aux deux fondateurs de la sociologie allemande, Max Weber et Georg Simmel : autant les références au premier sont nombreuses et constantes – et le plus souvent décisives, comme pour Horkheimer et Adorno lorsque, *via* la théorie de la réification de Lukacs, ils donnent une

---

1. Une version de ce texte a été publiée dans S. Monchatre, L. Muller, P. Watier (dir.), *Georg Simmel : Le social en mouvement. Individualisme et modernité*, Strasbourg, Presse Universitaires de Strasbourg, 2022. On complètera utilement les analyses que nous proposons ici à l'aide des études suivantes : O. Rammstedt, P. Watier, *Georg Simmel et les sciences humaines*, Paris, Klincksieck, 1992 ; G. Raulet, « Simmel et ses héritiers », *Social Science Information*, 4, 1986 ; D. Thouard, « Die Vergegenständlichung des Geistes. Simmels Hermeneutik der Objektivität », *Internationals Jahrbuch für Hermeneutik*, 9, Tübingen, 2010 ; D. Thouard, B. Zimmermann (éd.), *Simmel, le parti-pris du tiers*, Paris, CNRS Éditions, 2017 ; P. Watier *Introduction à la sociologie compréhensive*, Belval, Circé, 2002 ; P. Watier, *Georg Simmel sociologue*, Belval, Circé, 2003.

ampleur inédite au concept wébérien de rationalité instrumentale[1], mais aussi pour Habermas qui, accordant une place centrale à Weber dans sa *Théorie de l'agir communicationnel*, élabore sa propre conception de la modernité sur la base de la théorie wébérienne de la modernisation comme rationalisation[2] – autant sont parsemées et discrètes les références au second, c'est-à-dire à Simmel. Ce dernier n'a ainsi fait, de la part d'Adorno, l'objet d'une étude précise qu'en une seule occasion (à notre connaissance du moins) : il s'agit de la conférence qu'Adorno a prononcée le 19 avril 1940 au séminaire de sociologie McIver de l'université Columbia de New York. Le texte de cette conférence intitulée « Sur le problème de la causalité individuelle » n'a été publié que de façon posthume dans les *Frankfurter Adorno Blätter VIII* en 2003, sans avoir été repris dans aucun des deux volumes de *Soziologische Schriften* (écrits sociologiques) dans les *Gesammelte Schriften*[3] (œuvres complètes) d'Adorno. Les traducteurs français ont heureusement décidé de compléter le volume 8 des *Œuvres* en y ajoutant le texte de cette

---

1. Theodor W. Adorno, M. Horkheimer, *La dialectique de la raison*, trad. É. Kaufholz, Paris, Gallimard, 1974 ; M. Horkheimer, *éclipse de la raison, suivi de : Raison et conservation de soi*, trad. J. Laizé, Paris, Payot, 1974.

2. J. Habermas, *Théorie de l'agir communicationnel* (1981), tome 1 : *Rationalité de l'agir et rationalisation de la société*, chap. 2 : « La théorie de la rationalisation chez Max Weber », trad. J.-M. Ferry, Paris, Fayard, 1987, p. 159-281 ; tome 2 : *Pour une critique de la raison fonctionnaliste*, chap. 8, § 1 : « Retour à la théorie de la modernité selon Max Weber », trad. J.-L. Schlegel, Paris, Fayard, 1987, p. 333-364.

3. Theodor W. Adorno, *Gesammelte Schriften*, hrg. von R. Tiedemann unter Mitwirkung von G. Adorno, S. Buck-Morss und K. Schultz, Band 8 : *Soziologische Schriften 1*, Frankfurt a. M., Suhrkamp, 1972 ; Band 9 : *Soziologische Schriften 2*, Frankfurt a. M., Suhrkamp, 1975.

conférence dont nous disposons donc d'une traduction française récente[1].

LA CAUSALITÉ INDIVIDUELLE OU COMMENT ADORNO « VIENT EN AIDE À SIMMEL »

La manière dont Adorno approche Simmel dans cette conférence constitue un remarquable témoignage de mise en œuvre d'une démarche « critique » sous la modalité particulière et précise de celle-ci qu'on appelle « immanente » : ni critique externe appliquant à son objet des critères d'évaluation qui lui sont extérieurs, ni critique interne évaluant son objet à partir de ses propres critères, la critique immanente s'appuie sur les contradictions internes à son objet afin de développer plus avant l'objet même de la critique et de le porter à une figure plus développée de lui-même[2]. C'est, nous semble-t-il, très exactement le style de la critique que Adorno applique à Simmel dans ce texte, et qu'on peut voir apparaître comme tel dès l'annonce qu'il fait de la démarche qui sera la sienne :

> Bien que je ne partage moi-même en aucune manière le point de vue philosophique de Simmel, j'aimerais toutefois vous prier de bien vouloir soumettre la

1. Theodor W. Adorno, « Sur le problème de la causalité individuelle chez Simmel », dans Theodor W. Adorno, *Le conflit des sociologies. Théorie critique et sciences sociales*, trad. P. Arnoux, J.-O. Bégot, J. Christ, G. Felten, F. Nicomède, Paris, Payot, 2016, p. 83-106.

2. Sur le concept de « critique immanente », voir R. Jaeggi, *Kritik von Lebensformen, op. cit.*, chap. 6, p. 277-308 ; R. Jaeggi, R. Celikates, *Sozialphilosophie. Eine Einführung*, München, Verlag C. H. Beck, 2017, chap. 9, p. 111-117 ; T. Stahl, *Immanente Kritik. Elemente einer Theorie sozialer Praktiken*, Frankfurt a. M.-New York, Campus Verlag, 2013 ; A. Särkelä, *Immanente Kritik und soziales Leben. Selbsttransformative Praxis nach Hegel und Dewey*, Frankfurt a. M., Klostermann Verlag, 2018.

possibilité que Simmel indique à un examen un peu plus poussé[1].

De quelle possibilité s'agit-il ? Il s'agit de la possibilité de « fusionner le concept de loi avec lequel nous ont familiarisés les sciences théoriques de la nature, et la catégorie de l'individuel qui lui [*i.e.* à Simmel] semblait – tout comme à Rickert et à Windelband – déterminante pour les sciences de la société »[2]. Comme le rappelle Adorno, Simmel n'a absolument pas sous-estimé les difficultés d'une telle entreprise consistant à « proposer une théorie de la connaissance propre aux sciences de la société, qui soit en mesure de prendre en compte leur caractère concret et non formalisable, sans pour autant les abandonner à la contingence aveugle du particulier »[3]. Il ne pouvait notamment pas être question pour Simmel de réduire les sciences de la société (qu'on appelait encore à l'époque les sciences de l'esprit ou de la culture) à la description de réalités purement individuelles et singulières et de renoncer ainsi à toute recherche de causalité dans les phénomènes sociaux et historiques, au risque de laisser par-là « échapper les intérêts les plus essentiels que l'humanité poursuit dans les sciences de l'esprit, à savoir ceux qui consistent à arracher à l'histoire sa contingence aveugle et à la piloter de manière consciente »[4].

Si une connaissance nécessaire et objective doit être possible aussi dans les sciences historiques et sociales, et pas seulement dans les sciences de la nature, il est requis

1. Theodor W. Adorno, « Sur le problème de la causalité individuelle chez Simmel », dans *Le conflit des sociologies. Théorie critique et sciences sociales*, *op. cit.*, p. 94.

2. *Ibid.*, p. 89.

3. *Ibid.*

4. *Ibid.*, p. 88.

que les phénomènes sociaux, historiques et culturels puissent être compris comme étant causalement déterminés, et non pas comme contingents. Ce qui suppose que les phénomènes de la culture et de l'histoire puissent être compris comme des processus soumis à des loi, la loi étant elle-même définie comme « un énoncé suivant lequel la survenance de certains faits a, de manière inconditionnée – c'est-à-dire en tout temps et en tout lieu – pour conséquence la survenance de certains autres faits »[1]. Or Simmel donne lui-même la démonstration qu'un tel concept de la loi et de la légalité causale n'est pas utilisable dans le domaine des phénomènes historiques et sociaux : ce modèle de la légalité causale ne pourrait être pertinent ici que s'il était possible de montrer qu'un élément qui a produit certains effets dans un contexte déterminé se retrouve tel quel et à l'identique dans un autre contexte. Mais il est impossible de dire de deux éléments produisant des effets qu'ils sont identiques l'un à l'autre dans des contextes historiques différents : il n'y a jamais aucune garantie qu'un élément causal dans un contexte historique déterminé puisse être considérée comme absolument ou rigoureusement identique à un autre élément causal dans un autre contexte. On dira alors peut-être qu'une loi tirée de l'observation de certains faits dans un contexte déterminé vaudra pour des faits *similaires* dans un autre contexte :

1. Selon la définition de la loi donnée par G. Simmel dans *Les problèmes de la philosophie de l'histoire* (trad. R. Boudon, Paris, Puf, 1984, p. 133) et rappelée ici par Adorno, « Sur le problème de la causalité individuelle chez Simmel », *op. cit.*, p. 90. Les passages de cette œuvre de Simmel sollicités par Adorno se trouvent dans le chapitre 2 (p. 133-181), en particulier dans sa section 2 : « Remarques sur la causalité individuelle », p. 136-141. Nous citons le texte de Simmel dans la traduction modifiée et améliorée qu'en donnent les traducteurs du texte d'Adorno.

mais repérer ce qui est similaire entre deux situations suppose d'évacuer ce qui les différencie – de sorte que la question se pose alors de savoir comment être assuré que, parmi les différences qu'on néglige, on ne néglige pas justement l'élément qui empêche l'application de la même loi ?[1] Autrement dit, la conclusion est imparable : la légalité causale n'a pas sa place dans le domaine des sciences de la culture.

Telle est la conclusion que Simmel ne peut pas ne pas tirer mais dont, en même temps, il est exclu qu'il se satisfasse dans la mesure où cela impliquerait d'abandonner à la contingence les phénomènes culturels, sociaux et historiques. Et c'est la raison pour laquelle, selon Adorno, Simmel « tente, sous une forme extrêmement prudente et hypothétique, de sauver le principe de causalité même là où il n'est pas possible d'appréhender la causalité au sens d'une légalité universelle valide en tout temps »[2]. Ce sauvetage du principe de causalité prend chez Simmel la forme de ce à quoi Adorno donne le nom de « causalité individuelle » et qui, dans les termes de Simmel, consiste en ce « qu'une cause A produise, en un point déterminé de l'espace et du temps, un effet B, et que, en un autre point, elle produise un effet C »[3]. En d'autres termes, Simmel propose de supprimer l'universalité tout en conservant la causalité, étant supposé que l'abolition de l'universalité ne condamne pas à la contingence, et qu'il est possible de « maintenir tout ce qui distingue la causalité

1. Voir G. Simmel, *Les problèmes de la philosophie de l'histoire*, *op. cit.*, p. 136.

2. Theodor W. Adorno, « Sur le problème de la causalité individuelle chez Simmel », *op. cit.*, p. 91.

3. G. Simmel, *Les problèmes de la philosophie de l'histoire*, *op. cit.*, p. 137 (cité par Adorno« Sur le problème de la causalité individuelle chez Simmel », *op. cit.*, p. 91).

de la succession contingente – toute l'intériorité, la productivité et la nécessité qui sont celle de la liaison – à ceci près qu'elle se réalise au travers d'un contenu chosal variable au lieu de le faire à travers un contenu chosal toujours identique »[1]. Afin de sauver la possibilité d'une science de l'histoire et de la culture, et donc aussi de sauver ce qui va avec, à savoir la possibilité que l'histoire ne relève ni de la pure contingence ni d'un impénétrable destin, la possibilité donc qu'on puisse faire quelque chose de l'histoire, d'abord dans la théorie en la connaissant, mais aussi dans la pratique en en orientant le cours – dans ce but donc, Simmel entend parvenir à conserver à la causalité son objectivité et sa nécessité, tout en abandonnant son universalité.

Pourtant, à peine a-t-il fait cette proposition que Simmel se rétracte : la causalité individuelle est bien une possibilité au plan logique, mais, dans la pratique des sciences sociales et de la connaissance de la réalité historique, c'est une hypothèse inutilisable : face, par exemple, à une séquence d'événements historiques, nous ne disposons d'aucun critère qui nous permette de trancher objectivement la question de savoir si les moments de cette séquence sont dans un rapport de simple succession contingente ou s'ils sont dans un rapport de causalité. Simmel a donc fait une proposition théorique, celle de la causalité individuelle, qu'il contredit ou dénonce lui-même aussitôt. Adorno pourrait se contenter de prendre acte de l'argument que Simmel oppose lui-même à sa propre proposition et en rester là. Ce n'est pas ce qu'il fait : il choisit de faire le plus possible et le plus longtemps possible crédit à Simmel,

---

1. G. Simmel, *Les problèmes de la philosophie de l'histoire*, *op. cit.*, p. 137 ; Theodor W. Adorno, « Sur le problème de la causalité individuelle chez Simmel », *op. cit.*, p. 92.

et de mener son hypothèse plus loin qu'il ne l'a lui-même fait.

Adorno repart ainsi de l'idée d'une liaison causale caractérisée par « l'intériorité, la productivité et la nécessité ». Les termes entre lesquels on pose qu'il existe un rapport de causalité auraient donc entre eux un lien d'intériorité, de productivité et de nécessité : c'est l'idée que, certes, nous n'avons pas de loi universelle qui nous permette de dire que A est cause de B, mais que nous sommes néanmoins capables de reconnaître entre A et B un rapport d'intériorité, au sens où B appartient à A parce qu'il en est le produit. La « nécessité » ne pouvant pas ici se comprendre en référence à une loi universelle, elle doit être réinterprétée comme signifiant l'immanence même de B à A, c'est-à-dire l'immanence du produit à son producteur. Aussi n'est-il absolument pas indifférent que, dans la version dictée de son texte, Adorno ait dit ceci, qui a finalement disparu de la version imprimée :

> La productivité est un concept emprunté immédiatement à la sphère humaine, et même – au sein des sciences de la société – à celle du travail humain ; la relation de productivité qu'il y aurait entre les deux moments entre lesquels la causalité individuelle vient assurer la médiation serait analogue à celle qu'il y a entre le travail humain et son produit[1].

Bien qu'il soit à chaque fois singulier ou, mieux : *parce qu*'il est à chaque fois singulier, on peut dire d'un produit qu'il est l'effet d'un travail humain au sens où un travail humain s'est exprimé dans ce qu'il a produit, de sorte que le rapport entre le produit et le travail est un rapport d'appartenance ; le travail est dans son produit, il lui est

---

1. Theodor W. Adorno, « Sur le problème de la causalité individuelle chez Simmel », *op. cit.*, note 22 p. 106.

intérieur, il lui demeure immanent, même après l'achèvement du produit. Ce rapport d'appartenance, d'immanence et d'intériorité du produit du travail au travail lui-même conduit à concevoir un sens de la nécessité qui n'est pas l'opposé de la liberté mais qui lui est au contraire identique, au sens où l'homme vraiment libre n'est pas celui dont les actes s'enchaînent de façon contingente, mais au contraire celui dont les actes découlent et procèdent directement de sa personnalité : ce qui fait la liberté véritable d'un individu, c'est « l'intériorité, la productivité et la nécessité de l'ensemble des modes de comportement individuels »[1]. Adorno retrouve ici une conception aussi bien spinoziste qu'hégélienne de la liberté (tout en recourant parfois aussi à une conceptualité davantage husserlienne, notamment quand il parle de « nécessité d'essence »[2]) : c'est l'idée d'une causalité immanente en vertu de laquelle un « effet » B procède de la spontanéité d'une « cause » A et ne résulte de rien d'autre que de la loi, de l'essence, de la nature ou du concept de cette « cause ». Le nécessaire ainsi compris, non seulement ne s'oppose pas à la liberté, mais il se comprend indépendamment de tout rapport à l'universalité, et il se conçoit d'autant mieux qu'il est au contraire rapporté à la singularité et à l'individualité d'un être.

Adorno parvient ainsi, selon ses propres termes, à « donner à cette théorie [de la causalité individuelle] un contenu plus déterminé que la forme sous laquelle elle apparaît chez Simmel »[3]. Il y a donc bien, aux yeux d'Adorno, quelque chose de vrai dans la conception que Simmel a forgée de la causalité individuelle, au-delà de

---

1. *Ibid.*, p. 100.
2. *Ibid.*, p. 98.
3. *Ibid.*, p. 99.

ce que Simmel a lui-même cru et pensé. La thèse d'Adorno est ici que Simmel n'a eu raison de considérer comme non viable sa propre théorie de la causalité individuelle qu'à la condition de préciser (ce que Simmel n'a pas fait) qu'elle n'est pas viable dans et pour la société telle que nous la connaissons. Autrement dit, la théorie simmelienne de la causalité individuelle possède à la fois une portée critique eu égard aux rapports sociaux actuellement existants et une capacité d'anticipation de ce que serait ou pourrait être une société émancipée. C'est là la manière dont Adorno, comme il le dit, « vient en aide » à Simmel : il le fait en montrant que sa proposition d'une causalité individuelle qui serait requise pour la compréhension des phénomènes historiques et sociaux possède une pertinence plus grande que Simmel lui-même ne l'a cru. Cette théorie est pertinente non pas bien qu'elle soit mise en échec par la pratique des sciences sociales, mais justement *parce qu'*elle l'est. Et elle l'est précisément parce que la réalité sociale actuellement existante est ainsi faite qu'en son sein l'existence des individus y est soumise soit à la contingence, soit à des mécanismes causaux contraignants, nécessaires et universels. Ce sont ces mécanismes universels implacables dans l'exercice de leur causalité contraignante qui empêchent toute expression d'une causalité individuelle qui serait synonyme d'une liberté effective des individus.

> On ne pourrait expliquer l'histoire et la société à l'aide de ce principe [de la causalité individuelle] que si les individus étaient effectivement déjà libres en son sein. Mais cela, précisément, n'est pas le cas, et Simmel le savait bien. C'est pourquoi il s'est gardé de faire du principe de la causalité individuelle un principe effectif d'explication de l'histoire et qu'il l'a introduit comme une simple possibilité de pensée.

Tout se passe donc comme si Simmel avait anticipé l'image d'une société émancipée autant de la contrainte que de la contingence, et constituée d'individus eux-mêmes libres. Avec son idée d'une causalité individuelle, il a forgé une théorie qui est certes non-vraie, mais qui n'est non-vraie qu'au sein d'une société elle-même non-vraie dans laquelle règnent à la fois la contingence et la nécessité contraignante d'une causalité du type de celle conçue par les sciences de la nature. L'hypothèse simmelienne d'une causalité individuelle permet de comprendre que la causalité universelle soit mise en échec dans les sciences sociales et historiques : elle l'est « parce que, dans les faits, il y a dans le monde exactement autant de contingence qu'il y a de causalité ». Mais elle permet aussi de comprendre que « ce n'est que si la liberté était rendue effective que seraient surmontées la contingence autant que la loi universelle ». Avec la causalité individuelle, Simmel a forgé un concept qui, comme le dit Adorno, « se dresse » tout autant contre la contingence que contre l'universalité, et permet la critique autant de l'une que de l'autre : c'est là la vérité de l'hypothèse simmelienne que seule sa critique immanente permet de mettre au jour.

LE SIMMEL DE J. HABERMAS :
À LA FOIS « PROCHE » ET « LOINTAIN »

S'il est évident qu'Adorno, dans ce texte, a su réserver à Simmel un traitement qu'on peut qualifier de généreux, il demeure néanmoins qu'il s'agit plutôt d'un *hapax*, et cela non seulement dans l'œuvre d'Adorno, mais aussi dans l'ensemble de la Théorie critique. De la part du principal représentant de la seconde génération de l'école de Francfort, Jürgen Habermas, les références à Simmel sont extrêmement rares : on note en tout et pour tout seulement deux mentions de Simmel dans les deux tomes de la *Théorie de l'agir communicationnel*. La première intervient au terme du premier Tome dans l'analyse de la rationalisation comme réification : l'auteur de la *Philosophie de l'argent* apparaît ici comme celui qui a su diagnostiquer « le changement qui s'opère dès lors que les relations communicationnelles spontanées sont remplacées par "le langage universel de l'argent" »[1]. Simmel est vu ici comme un précurseur dont les thèses ont néanmoins dû attendre, pour être pleinement développées dans le cadre d'une théorie de la modernisation comme rationalisation, d'être plus systématiquement reprises par des penseurs comme Weber et Lukács. Une seconde mention de Simmel par Habermas se trouve dans le second tome de la *Théorie de l'agir communicationnel* : dans ce chapitre qui discute Talcott Parsons, Habermas parvient à l'idée que la conception proposée par Parsons du « système d'action » repose sur un concept d'action de type monologique et donc aussi, en définitive, sur « le modèle épistémologique du sujet connaissant », c'est-à-dire, précise Habermas, sur un modèle qui, « adossé à Kant », a fait « depuis Simmel et Max Weber son entrée dans la théorie de la société »[2] : en d'autres termes, les théories de Parsons, de Weber et de Simmel relèvent d'un modèle du « sujet connaissant » (ou « modèle épistémologique ») auquel Habermas tente, dans son œuvre, de substituer celui du « sujet capable de parler et d'agir » (« modèle

---

1. J. Habermas, *Théorie de l'agir communicationnel*, t. 1, *op. cit.*, p. 365.
    2. *Ibid.*, p. 279.

communicationnel »)[1]. *Le discours philosophique de la
modernité* ne contient quant à lui que quelques mentions
de Simmel qui ont ceci de significatif que le nom de Simmel
est toujours associé aux noms de Dilthey et Bergson[2].
« Dilthey, Bergson et Simmel avaient remplacé les actes
générateurs de la synthèse transcendantale par la
productivité de la vie ou de la conscience, peu claire et
teintée de vitalisme »[3] : tout est dit ici en peu de mots du
rapport de Habermas à Simmel. En l'associant à Bergson
et Dilthey, il fait de Simmel un penseur vitaliste, ce qui,
pour Habermas, ne revient pas forcément à le soupçonner
aussitôt d'irrationalisme, mais implique assurément que
sa pensée relève d'un modèle philosophique de type
expressiviste qui, comme tel, appartient au paradigme de

1. Habermas arrive à une conclusion semblable dans d'autres pages
qu'il consacre à Simmel (je remercie vivement Patrick Watier d'avoir
attiré mon attention sur elles) : il s'agit du chapitre 1 (« Approches
objectivistes et subjectivistes en science sociales ») de *Sociologie et
théorie du langage (Christian Gauss Lectures, 1970/1971)*, trad.
R. Rochlitz, Paris, Armand Colin, 1995, p. 24-28. Commentant le premier
« excursus » (« Comment la société est-elle possible ? ») de la *Sociologie*
de Simmel, Habermas parvient à l'idée que « Simmel rencontre la
difficulté que toutes les théories de la société fondée sur l'idée de
constitution s'efforcent en vain de résoudre », à savoir : « comment
concevoir l'édification d'une intersubjectivité avec les moyens d'une
théorie de la connaissance dont l'approche est monologique ? ».
2. Ce qui n'était pas le cas dans les textes antérieurs de Habermas
(notamment celui cité dans la note précédente) : Simmel y était situé
dans une descendance kantienne et non dans une proximité avec la
Lebensphilosophie parce que son entreprise n'était pas de fonder les
sciences de l'esprit (dans leur différence d'avec les sciences de la nature),
mais de proposer « une théorie de la constitution de la société au sens
strict » (J. Habermas, *Sociologie et théorie du langage, op. cit.*, note 17,
p. 28).
3. J. Habermas, *Le discours philosophique de la modernité. Douze
conférences*, trad. C. Bouchindhomme et R. Rochlitz, Paris, Gallimard,
1988, p. 169.

la philosophie de la conscience, auquel Habermas tente de substituer un paradigme intersubjectiviste et communicationnel.

L'intérêt de Simmel aux yeux de Habermas se ramène finalement et essentiellement au fait que, en tant philosophe social de la modernité, il a produit un diagnostic de son temps qui présente pour nous assurément un intérêt au moins historique : c'est cela qui a conduit Habermas à donner une Préface au recueil d'un certain nombre d'essais de Simmel[1]. Ce que Habermas dit de Simmel dans cette Préface paraît assez bien résumer l'attitude à l'égard de Simmel non pas du seul Habermas, mais de l'ensemble des représentants de la Théorie critique : « c'est d'une façon singulière que Simmel est pour nous aujourd'hui à la fois lointain et proche ». Proche, il l'est par les phénomènes qu'il décrit et qui sont le contenu de son diagnostic d'époque : la mode, la vie dans les grandes métropoles, les modifications de la personnalité et de la psychologie individuelle induites par l'économie monétaire, etc. Mais il est rendu lointain par les coordonnées philosophiques dans lesquelles il exprime le contenu de son diagnostic d'époque : ces coordonnées apparaissent non pas seulement à Habermas mais aux francfortois en général comme étant – à tort ou à raison – celles d'une « philosophie de la vie » (*Lebensphilosophie*) de laquelle chaque génération de la Théorie critique s'est distanciée pour des raisons certes à chaque fois différentes (soit en y voyant un reliquat de métaphysique idéaliste, soit en la considérant comme une forme de philosophie de la conscience encore

---

1. G. Simmel, *Philosophische Kultur. Über das Abenteuer, die Geschlechter und die Krise der Moderne. Gesammelte Essais*, mit einem Vorwort von Jürgen Habermas, Berlin, Verlag Klaus Wagenbach, 1983, p. 7-17. J. Habermas a placé sa préface sous le titre : « Simmel als Zeitdiagnostiker ».

prise dans le dualisme du sujet et de l'objet sous la forme de l'opposition entre ce qui est vivant, actif et productif, et ce qui est réifié, objectivé et mort).

LE RECOURS DE A. HONNETH À SIMMEL POUR PENSER LA LUTTE POUR LA RECONNAISSANCE

Le représentant de la troisième génération de l'école de Francfort, Axel Honneth, ne déroge pas à la tradition de la référence discrète à Simmel : c'est donc tout aussi discrètement que Habermas dans la *Théorie de l'agir communicationnel* que Honneth mentionne Simmel à deux reprises dans *La lutte pour la reconnaissance* : la première de ces deux références[1] se trouve dans une note où Honneth se réfère à l'article « Zur Psychologie der Scham » (« Sur la psychologie de la honte ») que Simmel a publié en 1901[2]. Le contexte de cette référence à Simmel est le suivant : Honneth est en train d'examiner une question particulièrement cruciale pour sa théorie de la lutte pour la reconnaissance, à savoir la question portant sur « la manière dont l'expérience du mépris social peut pousser un sujet dans une lutte ou un conflit d'ordre pratique »[3]. L'expérience sociale du mépris pourrait en effet conduire le sujet d'une telle expérience à la passivité et à l'impuissance : il ne va pas de soi qu'une telle expérience se traduise au contraire par l'entrée du sujet dans la lutte et par le déclanchement d'un conflit. Il faut introduire un maillon ou un intermédiaire psychique si l'on veut comprendre comment l'expérience

---

1. A. Honneth, *La lutte pour la reconnaissance*, trad. P. Rusch, Paris, Le Cerf, 2000, note 1 p. 168.
2. On trouve ce texte dans G. Simmel, *Schriften zur Soziologie : eine Auswahl*, hrg. von H.-J. Dahme, O. Rammstedt, Frankfurt a. M., Suhrkamp, 1983, p. 140 *sq.*
3. A. Honneth, *La lutte pour la reconnaissance*, *op. cit.*, p. 166.

sociale du mépris peut se traduire du côté du sujet par son
passage de la passivité à l'action. Honneth fait l'hypothèse
que certaines émotions peuvent jouer ce rôle d'intermédiaires psychiques, en l'occurrence des émotions négatives
ressenties à l'occasion de l'expérience du mépris ou de
l'injure : l'indignation, la colère, la tristesse et la honte
sont des émotions de ce genre. Elles permettent au sujet
de prendre conscience du fait que le mépris social qu'on
lui témoigne a le sens d'une privation de reconnaissance,
plus exactement d'une privation injuste et injustifiée de
reconnaissance – une prise de conscience qui peut ensuite
le conduire à entrer en action afin d'obtenir la reconnaissance
à laquelle il estime avoir droit. La particularité de ces
émotions ou sentiments négatifs, comme la colère ou la
honte, est qu'il s'agit d'émotions directement liées à
l'action : lorsqu'une action entreprise par un sujet échoue
ou qu'elle ne produit pas les résultats escomptés, le sujet
éprouve les émotions négatives en question et ce sont elles
qui, en retour, lui permettent de prendre conscience des
attentes qui étaient les siennes et dont il pouvait espérer
que l'action entreprise en permettrait la satisfaction.
L'échec de l'action consiste ici dans le fait même que les
attentes normatives qui étaient celles du sujet (et dont il
ne prend clairement conscience qu'à la suite de leur
déception) n'ont pas pu être honorées, soit par le fait du
sujet lui-même, soit par le fait des autres, c'est-à-dire de
ses partenaires d'interaction. Et c'est alors qu'intervient
la honte, dont Honneth fait « le sentiment moral le plus
général »[1], et qu'il définit comme « une sorte d'affaiblissement du sentiment que l'individu a de sa propre valeur » :
la honte intervient comme le contrecoup d'un acte lorsque
ce contrecoup consiste, pour le sujet, en la découverte du

1. A. Honneth, *La lutte pour la reconnaissance*, *op. cit.*, note 1 p. 168.

fait qu'il ne possède pas, aux yeux des autres (que ces autres soient réels ou imaginaires), « la valeur morale qu'il s'attribuait jusque-là »[1]. Ce sentiment de honte produit d'abord un effet paralysant sur le sujet qui se trouve empêché de poursuivre son activité : l'affaiblissement du sentiment de sa propre valeur est tel que lui est dérobée ou soustraite la confiance en lui-même qui lui permettrait de poursuivre son activité et son interaction avec ses partenaires. « Voyant ses exigences personnelles méprisées », le sujet éprouve la honte pour ce qu'il est ou croyait être et qui lui est désigné comme méprisable, négligeable et sans valeur par les autres : par-là, il découvre aussi que « sa propre personne dépend constitutivement de la reconnaissance d'autrui »[2].

On a vu que la honte et les sentiments moraux négatifs de la même sorte s'accompagnent chez le sujet qui les éprouve d'un affaiblissement du sentiment de sa propre valeur qui peut conduire à l'interruption de l'activité et de l'interaction avec ses partenaires ; dans ces conditions, on voit mal comment ce même sujet pourrait « parvenir à se libérer de la tension affective provoquée en lui par [ces] expériences humiliantes », et encore moins comment il pourrait non seulement « retrouver une possibilité d'activité », mais voir dans l'expérience qu'il a faite du mépris « le motif déterminant d'une lutte pour la reconnaissance », et entrer dans « une nouvelle praxis » qui prenne « la forme d'une résistance politique »[3]. On sait que la réponse de la théorie de la reconnaissance à cette question consiste à faire l'hypothèse que les sentiments négatifs comme la honte possèdent un « potentiel de

1. *Ibid.*
2. *Ibid.*, p. 169.
3. *Ibid.*

discernement moral qui constitue le contenu cognitif de ces sentiments négatifs »[1]. Concrètement, cela veut dire que les expériences du mépris social sont susceptibles d'être interprétées et comprises par les sujets qui les font comme des expériences de l'injustice, et que cette traduction en terme politique d'une expérience morale négative est ce qui permet au sujet d'identifier, dans cette expérience même, « un motif de résistance politique »[2].

Les références d'Axel Honneth à Simmel ne sont certes pas plus nombreuses qu'elles ne l'étaient chez Adorno ou Habermas, mais elles interviennent à des moments importants et (comme chez Adorno, mais à la différence de ce qui se passe chez Habermas) elles sont des références à des textes précis de Simmel. On vient de le voir avec une première référence qui intervient au moment clé de l'argumentation de Honneth où il s'agit pour lui de comprendre comment il est possible que des sujets passent de l'expérience d'un sentiment négatif comme celui de la honte à une mobilisation active dans le cadre d'une lutte en vue d'obtenir les conditions qui peuvent permettre un rapport positif à soi grâce à l'obtention de la reconnaissance de la valeur de la contribution apportée à la vie sociale. La seconde référence de Honneth à Simmel n'est pas moins située à un moment important de son argumentation. Il s'agit de comprendre les ressorts du conflit dans lequel s'engagent des acteurs en quête de reconnaissance.

---

1. A. Honneth, *La lutte pour la reconnaissance*, *op. cit.*, p. 169.
2. *Ibid*. Pour une étude précise de ce point délicat théoriquement qu'est la traduction d'une expérience morale négative en une expérience de l'injustice et de la transformation de celle-ci en un mobile de résistance sociale et de lutte politique, on se reportera à Emmanuel Renault, *L'expérience de l'injustice. Reconnaissance et clinique de l'injustice*, Paris, La Découverte, 2004.

Honneth tente de parvenir à prendre le contre-pied de la tendance dominante selon lui dans l'histoire de la sociologie qui consiste à réduire les luttes et les conflits sociaux à une « simple concurrence pour les moyens d'existence »[1], et en conséquence à minorer voire à ignorer l'importance des mobiles moraux qui sont ceux des acteurs quand ils entrent en lutte. C'est le moment où Honneth rencontre Simmel précisément comme une exception à cette tendance dominante. Se référant au chapitre « Der Streit » (le conflit) de la *Soziologie*[2] de Simmel, Honneth rappelle que le sociologue distingue deux sources principales des conflits sociaux : d'une part « l'instinct d'hostilité » et d'autre part « la sensibilité aux différences sociales ». C'est évidemment ce second aspect qui retient l'attention de Honneth, dans la mesure où cette dimension de l'identité individuelle et/ou collective ouvre la voie à l'idée d'une lutte pour la reconnaissance, nonobstant ce qui constitue le défaut de la position de Simmel aux yeux de Honneth, et qui est de ne pas avoir mis au jour les présupposés intersubjectifs des identités en lutte pour leur préservation et leur reconnaissance[3]. La critique est ici la même que celle qu'on trouvait déjà sous la plume de Habermas : le paradigme de Simmel reste celui, monologique, d'une philosophie du sujet et de la conscience.

---

1. A. Honneth, *La lutte pour la reconnaissance*, op. cit., p. 191.
2. G. Simmel, *Soziologie. Untersuchungen über die Formen der Vergesellschaftungen*, München, Duncker & Humblot, 1923 (2. Auflage), p. 186-256. Ce chapitre IV, « Der Streit », a fait l'objet d'une traduction partielle en français dans G. Simmel, *Philosophie de la modernité*, trad. J.-L. Veillard-Baron, Paris, Payot, 1990, t. 2, p. 189-227.
3. A. Honneth, *La lutte pour la reconnaissance*, op. cit., p. 192.

HARTMUT ROSA ET SIMMEL : URBANISATION ET ACCÉLÉRATION

Cette modalité comme en sourdine ou en filigrane de la présence de Simmel dans la Théorie critique se poursuit jusque dans les textes de la quatrième génération. En réinterprétant le processus de modernisation comme consistant essentiellement en un processus d'accélération sociale, Hartmut Rosa reconnaît à Simmel le mérite d'avoir établi le lien entre urbanisation et accélération. Rosa se réfère à *La grande ville et la vie de l'esprit*, à « De l'influence de l'argent dans le rythme de la vie » ou encore au dernier chapitre de la *Philosophie de l'argent*, et il reconnaît la spécificité de l'apport de Simmel à la compréhension du processus de modernisation sociale : là où les autres classiques de la sociologie, Weber et Durkheim pour ne pas les nommer, ont interprété la modernisation comme rationalisation, différenciation fonctionnelle et individualisation, Simmel quant à lui met davantage l'accent sur le fait que la modernisation est un processus de transformation de la structure de la personnalité des sujets. « La modernisation, écrit H. Rosa, signifie pour [Simmel] avant tout une métamorphose de la structure de la personnalité des individus, qui réagissent aux exigences excessives que leur impose l'accélération de la modernité par une transformation de leur économie affective, de leur structure mentale, de leur "vie nerveuse" et de la relation entre émotions et intellect »[1]. Rosa, fidèle en cela à Simmel, met l'accent sur l'échange monétaire comme sur ce qui, en dernière instance, expliquerait à la fois l'accélération des rapports sociaux et leur intellectualisation.

---

1. H. Rosa, *Accélération. Une critique sociale du temps*, trad. D. Renault, Paris, La Découverte, 2010, p. 75.

Simmel avait déjà insisté sur l'inséparabilité de la monétarisation des échanges et de l'urbanisation de la vie sociale : ainsi, à propos de « la corrélation » entre « l'économie monétaire » et « l'objectivité rationnelle » qui préside au comportement des acteurs, Simmel notait clairement que « la forme de vie des grandes villes est le sol le plus fécond pour cette corrélation »[1]. Hartmut Rosa tient compte de cette corrélation et de son lieu – la ville – dans son ouvrage plus récent, *Résonance. Une sociologie de la relation au monde*. S'appuyant à nouveau sur le même texte de Simmel, *Les grandes villes et la vie de l'esprit*, Rosa note que « dans l'espace de la grande ville, la densité élevée des interactions et la fréquence des rencontres physiques sont telles qu'elles contraignent les sujets à se défaire d'un certain mode de résonance dispositionnelle afin d'adopter dans leurs relations une attitude mi indifférente, mi répulsive ».[2] On a là une reprise par Rosa du thème simmelien du « caractère blasé » propre à l'habitant de la grande ville, reformulé dans les termes propres à la théorie de la résonance qui est la sienne. Cela signifie que « les sujets de la modernité tardive perdent le monde comme vis-à-vis parlant et répondant à mesure qu'ils étendent leur accès instrumental à celui-ci »[3]. Cette perte du monde tient elle-même au fait que « les sujets de la modernité (tardive) sont structurellement contraints d'envisager le monde comme un capital à investir dans la lutte concurrentielle – autrement dit, d'adopter une

1. G. Simmel, *Les grandes villes et la vie de l'esprit*, trad. J.-L. Vieillard-Baron, F. Joly, Paris, Petite Bibliothèque Payot, 2013, p. 45-46.
2. R. Hartmut, *Résonance. Une sociologie de la relation au monde*, trad. S. Zilberfarb et S. Raquillet, Paris, La Découverte, 2018, p. 383.
3. *Ibid.*, p. 493.

perspective réifiante »[1]. La relation de concurrence entre les individus, en tant qu'elle est une relation qui les contraint à réifier le monde et à se réifier eux-mêmes, est conçue par Rosa comme un type de relation qui est directement opposé et contraire à la relation qualitative qu'il appelle « de résonance » : les relations et les luttes concurrentielles, écrit Rosa, « nous forcent à nous rendre, non pas poreux, mais *imperméables au monde* ».

La manière dont Rosa se réfère à Simmel conforte l'image de ce dernier telle qu'elle ressort de ce rapide parcours à travers la Théorie critique : Simmel y apparaît comme l'auteur d'un diagnostic de la modernité dont l'intérêt (et l'actualité) est qu'il a porté davantage sur les modifications que le processus de modernisation engendre sur la personnalité et les conduites des individus que sur les aspects structurels et objectifs de ce même processus (pour l'analyse et la compréhension de ces aspects-là, Marx et Weber restent les références privilégiées des francfortois). Il demeure que, si les références des théoriciens critiques à Simmel sont rares, elles sont la plupart du temps (à l'exception peut-être de Jürgen Habermas) productives : ainsi c'est une lecture de Simmel qui a permis à Adorno de mettre en œuvre de façon paradigmatique une démarche de critique immanente, c'est un détour par Simmel qui conduit Axel Honneth à clarifier la manière dont un sentiment moral négatif comme la honte peut devenir le mobile d'une entrée dans la lutte sociale, et c'est encore une référence à Simmel qui permet à Hartmut Rosa de développer certains aspects de son concept de perte de résonnance. La parcimonie qui caractérise les références des représentants de la Théorie critique à la pensée de

---

1. R. Hartmut, *Résonance*, *op. cit.*, p. 480.

Simmel s'explique par le fait que cette pensée relève selon eux de paradigmes philosophiques avec lesquels ils ont voulu rompre, qu'il s'agisse du paradigme – jugé idéaliste – de la philosophie de la vie pour la première génération ou de celui – vu comme monologique et épistémologique – de la philosophie de la conscience pour les générations suivantes.

CRITIQUE ET RÉFLEXION [1]

Dès les textes fondateurs des années 1930, la théorie critique se présente et se comprend elle-même comme la mise en œuvre d'une démarche de type essentiellement réflexif. Il n'y a de théorie critique possible ou de théorie possible comme critique que grâce à la réflexion. Le propre de cette réflexion est de produire ce que Horkheimer appelait une « clarification » (*Klärung*). Encore cet effet de clarification provoqué par la réflexion n'a-t-il rien de spécifique à la théorie de type critique : une réflexion provoquant une clarification existe bien sûr aussi dans la théorie de type traditionnel. Horkheimer le mentionne d'ailleurs lui-même :

> la pensée bourgeoise est ainsi faite que, dans la réflexion [2] sur son propre sujet (*Subjekt*), elle reconnaît de façon

1. Ce texte a été publié une première fois sous le titre : « Critique et réflexion. La réflexion dans la Théorie critique de l'école de Francfort », *Philosophiques*, vol. 43, n°2, 2016.

2. Notons que dans la version du texte initialement parue en 1937 dans la *Zeitschrift für Sozialforschung*, le terme utilisé était « *die Rückwendung* » (qui signifie une direction ou une orientation en retour, ce que l'on pourrait rendre par « retour sur soi ») ; c'est dans la réédition de 1968 que Horkheimer a remplacé « *die Rückwendung* » par « *die Reflexion* ». On peut voir là, de la part de Horkheimer, une volonté de rendre plus explicite et plus immédiatement identifiable le concept philosophique de réflexion que le terme de *Rückwendung* n'exprimait pas clairement.

logiquement nécessaire l'*ego* qui s'imagine être
autonome ; cette pensée est par essence abstraite et son
principe est l'individualité coupée de tout devenir,
l'individualité qui se prend pour la cause première du
monde, voire carrément pour le monde même[1].

On a là le produit de la clarification engendré par la
théorie traditionnelle quand elle réfléchit au sujet qui est
le sien et tente de le saisir réflexivement : le produit de
cette clarification réflexive est dans ce cas l'*ego* comme
sujet à la fois individuel et universel (universel dans son
individualité, c'est-à-dire dans son isolement) de la pensée
ou de la connaissance, c'est-à-dire l'*ego* comme sujet
abstrait de la pensée. Abstrait, ce sujet tel que mis au jour
par la réflexion de la théorie traditionnelle l'est parce qu'il
est considéré abstraction faite de « ses rapports réels avec
d'autres individus et avec des groupes, de sa confrontation
avec une classe déterminée », et indépendamment de « son
insertion médiatisée dans l'ensemble de la société et dans
la nature »[2]. La clarification réflexive n'est donc pas propre
en elle-même à la seule théorie critique, de sorte que la
clarification qui est propre à la réflexion engagée par le
théoricien ou la théoricienne critique doit posséder quelque
chose de particulier et de spécifique qui la distingue de la
réflexion telle qu'elle est pratiquée dans le cadre d'une
théorie de type traditionnel.

Cette spécificité est ainsi décrite par Horkheimer :

dans une pensée critique véritable, la clarification ne
possède pas seulement le sens d'un processus logique,
mais tout autant celui d'un processus historique concret ;
dans le cours de ce processus, ce qui change, c'est aussi

1. TTTC, (trad. modifiée).
2. TTTC, p. 43 (trad. modifiée).

bien la structure sociale dans son ensemble que la relation du théoricien à la société en général, autrement dit : ce qui change, c'est le sujet autant que le rôle de la pensée[1].

De cette proposition, on peut déjà déduire que la réflexion, dans le cadre d'une théorie de type critique, produit une clarification qui a ceci de spécifique qu'elle possède une dimension *expérientielle*. Cela signifie que la clarification réflexive propre à la théorie critique n'a pas lieu pour la pensée seulement, dans le seul élément de la pensée ou, comme le dit Horkheimer, qu'elle n'est pas seulement un « processus logique ». La clarification réflexive de type critique produit des effets, en l'occurrence des effets de transformation, à la fois sur le sujet même de la réflexion, et sur les rapports que le sujet de la réflexion entretient avec le monde qui est le sien. Le sujet expérimente donc une transformation, un changement de ses rapports au monde et une modification de lui-même comme accompagnant ou résultant de la mise en œuvre de la réflexion quand celle-ci est menée d'un point de vue critique.

Pour le dire autrement, la réflexion clarifiante ou la clarification réflexive, quand elle est critique, a pour effet de modifier ou transformer à la fois le rapport sujet/objet et le sujet lui-même. Un exemple intéressant et utile est donné par Horkheimer quand il entreprend de distinguer entre la théorie critique et une autre démarche intellectuelle qui peut paraître en être relativement proche et avec laquelle il serait aisé de la confondre : la théorie critique reposant sur « une attitude [*ein Verhalten*] qui consiste à prendre pour objet la société elle-même »[2] et à considérer

1. TTTC, p. 43 (trad. modifiée).
2. TTTC, p. 38.

« le travail productif sur le plan de la théorie »[1] comme une activité sociale parmi les autres qui résulte comme les autres de la division du travail social et qui fait l'objet, comme toute activité utile, d'une demande sociale[2] – la théorie critique donc, parce qu'elle approche le travail théorique de cette façon, peut être aisément confondue avec une démarche de type sociologique qui prendrait pour objet d'analyse « le caractère socialement conditionné des théories »[3]. Horkheimer explique que ce serait là une erreur dans la mesure où une enquête portant sur les déterminismes et les conditionnements sociaux qui pèsent sur les théories scientifiques et philosophiques relève elle-même encore complètement de la théorie traditionnelle : « l'étude de l'idéologie ou la sociologie du savoir, que l'on a extraites en dehors de la théorie critique de la société et que l'on a établies comme des disciplines particulières, ne se trouvent en contradiction ni selon leur essence ni d'après leur ambition avec la manière courante de procéder propre à la science qui ordonne des faits »[4]. On a en réalité affaire ici à une démarche typique de la théorie traditionnelle qui, d'une part, connecte des faits ou des ordres de faits les uns aux autres (en vue de mettre au jour des connections régulières) et qui, d'autre part, considère les faits en question comme extérieurs au théoricien et indépendants du scientifique.

Il ne s'agit certes pas de nier que, dans ces tentatives de connecter l'ordre des idées et des représentations avec celui des processus sociaux, et de mettre au jour les conditionnements sociaux qui pèsent sur la formation des

1. TTTC, p. 37.
2. *Ibid.*
3. TTTC, p. 40 (trad. modifiée).
4. TTTC, p. 40-41 (trad. modifiée).

idées et des représentations, il y ait la mise en œuvre d'une forme de réflexion : simplement, « la connaissance de soi de la pensée est ici réduite au fait de dévoiler les relations entre les positions intellectuelles qu'on adopte et le lieu social qu'on occupe »[1]. Or, ajoute Horkheimer, « la structure de l'attitude critique – dont les intentions s'étendent au-delà de la praxis sociale régnante – n'est certainement pas plus apparentée à de telles disciplines sociales qu'à la science de la nature »[2]. Et si elle ne l'est pas, c'est pour la raison suivante :

> l'opposition [de l'attitude critique] au concept traditionnel de la théorie ne provient de façon générale pas tant d'une différence des objets que d'une différence des sujets[3].

En d'autres termes, il ne suffit pas, pour qu'une réflexion soit critique et relève de la théorie critique, qu'elle porte sur des objets sociaux, et ce n'est pas parce qu'une réflexion portera sur le contexte social de formation des idées et des représentations qu'elle sera pour autant une réflexion critique : ce n'est pas *l'objet* de la réflexion qui compte, c'est son *sujet*. Et le propre de la réflexion critique est de reposer sur une transformation de l'attitude du sujet réfléchissant, sur une modification de son attitude qui ne peut elle-même s'expliquer que par une certaine *expérience* qui est effectivement faite par le sujet. La question est de savoir quelle est la nature de cette expérience.

Lorsque Horkheimer écrit que « la confiance dans le fil conducteur que la vie sociale, telle qu'elle se déroule maintenant, met dans la main de chacun fait complètement

---

1. TTTC, p. 41 (trad. modifiée).
2. *Ibid*. (trad. modifiée).
3. *Ibid*. (trad. modifiée).

défaut à l'attitude critique »[1], il faut comprendre que ce manque complet de confiance repose sur une expérience faite par le sujet qui adopte cette attitude critique : le résultat de cette expérience faite par l'individu qui adopte l'attitude critique est qu'il ne se comporte plus de la même manière et, notamment,

> [qu'il n']accepte [plus] comme données les déterminations fondamentales de son existence et [n']aspire [plus] à les satisfaire, [ne] trouve [plus] sa satisfaction et son honneur dans le fait d'accomplir autant qu'il le peut les devoirs liés à la place qu'il occupe dans la société, et [n'] accomplit [plus] consciencieusement son devoir avec toute l'énergie critique qui peut être mise dans le détail[2].

Mais en quoi consiste véritablement l'expérience qui produit subjectivement un tel résultat, et pourquoi conduit-elle à une telle défiance envers la société telle qu'elle est ? Cette expérience est fondamentalement celle du « caractère scindé de la totalité sociale dans sa forme actuelle »[3], ou plutôt : l'expérience consiste en ce que ce « caractère scindé de la totalité sociale dans sa forme actuelle se développe en une contradiction consciente chez les sujets de l'attitude critique »[4].

Les sujets de l'attitude critique (ou de la « conduite » critique, *Verhalten*) font donc l'épreuve ou l'expérience d'une scission de la société qui accède chez eux au niveau de la conscience d'une contradiction. Les termes de cette contradiction peuvent être décrits de la façon suivante. D'un côté les sujets en passe d'adopter l'attitude critique

---

1. TTTC, p. 38 (trad. modifiée).
2. TTTC, p. 38 (trad. modifiée).
3. *Ibid.*, (trad. modifiée).
4. TTTC, p. 39 (trad. modifiée).

« reconnaissent l'organisation présente de l'économie et l'ensemble de la culture qui est fondée sur elle comme les produits du travail humain, comme l'organisation dont l'humanité s'est dotée et dont elle était capable à cette époque ».[1] De ce point de vue-là, parce qu'ils comprennent l'organisation sociale existante comme celle que le travail humain a engendrée et produite, les sujets peuvent s'identifier à cette organisation dès lors qu'ils la reconnaissent comme étant aussi leur propre produit. Les sujets reconnaissent alors l'organisation sociale existante comme le résultat et le produit « de la volonté et de la raison » et donc comme étant « leur propre monde »[2] dans la mesure où, comme le précise Horkheimer, « l'œuvrer-ensemble (*das Zusammenwirken*[3]) des hommes dans la société est le mode d'existence de leur raison »[4]. Mais, d'un autre côté, les mêmes sujets font en même temps

> l'expérience de ce que la société est comparable aux processus naturels extrahumains et à de purs et simples mécanismes parce que les formes de culture reposant sur la lutte et l'oppression ne portent pas témoignage d'une volonté unifiée et consciente d'elle-même[5].

C'est bien toujours du même monde social que précédemment qu'il s'agit, mais compris cette fois par les sujets comme « un monde qui n'est pas le leur mais qui est celui du capital » : cette seconde compréhension du même monde est directement contradictoire avec la

---

1. *Ibid.* (trad. modifiée).
2. *Ibid.* (trad. modifiée).
3. *Das Zusammenwirken* : un terme que l'on peut aussi traduire quasi littéralement par « la co-opération ».
4. TTTC, p. 34 (trad. modifiée).
5. TTTC, p. 39 (trad. modifiée).

précédente. L'expérience qui engendre l'adoption de l'attitude critique est l'expérience même de cette contradiction entre un monde social compris comme devant être rationnel puisqu'il résulte du travail et de l'activité collective des hommes, et un monde social effectivement existant compris cette fois comme un monde échappant à l'emprise de la raison et de la volonté des hommes et s'imposant à eux avec la contrainte et la nécessité d'un monde objectif et naturel. C'est l'expérience vive qu'il fait de cette contradiction qui modifie à la fois le sujet et son rapport au monde : la modification du sujet consiste en l'adoption de la posture de réflexion critique, tandis que la modification de son rapport au monde consiste en ce qu'il considère désormais le monde social comme un monde devant être transformé.

On a affaire là à une transformation qui possède à la fois, du côté du sujet, une dimension théorique ou épistémo-logique et, du côté cette fois de l'objet (ou du monde), une dimension pratique – ces deux dimensions devenant absolument indissociables l'une de l'autre. Du point de vue pratique, « l'attitude critique a pour but la trans-formation du tout [social] »[1] : il s'agit de faire en sorte que les acteurs sociaux fassent du monde social *leur* monde, qu'ils le soumettent à leur volonté rationnelle et cessent de se le laisser imposer *de facto* comme une réalité donnée et naturelle ou quasi-naturelle échappant à leur maîtrise. Il s'agit que les acteurs sociaux aient la maîtrise de leur propre vie collective et sociale comme ils ont, dans la modernité, la maîtrise de leur vie individuelle – la contradiction dont le sujet critique fait l'expérience étant précisément celle entre le niveau individuel de l'existence,

1. TTTC, p. 40 (trad. modifiée).

où la maîtrise rationnelle et volontaire est possible, et le niveau social ou collectif où une maîtrise comparable apparaît au contraire comme impossible et hors de portée. C'est là à proprement parler d'un projet d'émancipation qu'il s'agit, un projet dont Horkheimer précise la nature en disant qu'il est celui d'une « nouvelle organisation du travail »[1].

Il s'agit en effet de mettre fin à une organisation du travail qui n'a d'organisation que le nom puisqu'elle relève en réalité d'une division spontanée et naturelle (donc, précisément, non organisée) du travail que les acteurs ne maîtrisent pas et qui s'impose à eux. Aussi Horkheimer peut-il écrire que « la pensée critique est motivée aujourd'hui par la tentative de réellement dépasser la scission, de supprimer la contradiction entre la conscience des buts, la spontanéité et la rationalité telles qu'elles existent au niveau de l'individu, et les rapports liés au procès de travail et qui fondent la société »[2]. Les caractéristiques qui prévalent au niveau de l'individu (la conscience des buts, la spontanéité de la volonté, le caractère raisonnable de cette volonté et de ses buts) ne doivent pas disparaître et s'effacer pour laisser place à leurs contraires (buts inconscients, contrainte et irrationalité) dès qu'on passe au niveau collectif et social, dès qu'il ne s'agit plus de l'agir individuel, mais des interactions sociales entre les individus en tant qu'ils travaillent, produisent et échangent.

Mais la transformation du sujet et de son rapport au monde impliquée par l'adoption de l'attitude de réflexion critique possède également une dimension

1. TTTC, p. 41.
2. *Ibid.* (trad. modifiée).

théorique ou épistémologique. Cette transformation consiste essentiellement en ce que les objets de la pensée, de la connaissance et de l'enquête ne peuvent plus être considérés par le sujet comme de purs et simples faits. La théorie de type critique est conçue par Horkheimer comme « une démarche théorique qui ne consiste pas en dernière analyse à déterminer des faits à partir de systèmes de concepts aussi simples et différenciés que possible »[1]. C'est que, au regard de celui qui a fait l'expérience de la contradiction précédemment décrite, et que sa réflexion sur cette expérience a conduit à l'adoption de l'attitude critique, au regard de celui-là donc, il n'y a plus à proprement parler de *faits*, si l'on entend par là des données simplement trouvées et considérées comme existant objectivement en dehors et indépendamment du sujet.

> Dans la mesure où, écrit Horkheimer, les contenus de choses (*die Sachverhalte*), qui sont donnés dans la perception, sont conçus comme des produits qui relèvent fondamentalement du contrôle humain et qui doivent de toute façon en relever à l'avenir, ils perdent leur caractère de simple facticité (*Tatsächlichkeit*)[2].

Les produits se substituent aux faits, il n'y a plus de donnés, il n'y a plus que des résultats toujours susceptibles d'être repris et réélaborés par la même activité humaine qui les a initialement engendrés. Ou, autrement dit, il n'y a pas d'objet qui soit de toute éternité et définitivement ce qu'il est : en tant qu'objet, il est à chaque fois l'objet d'un sujet qui peut le modifier, le transformer pour en faire un autre et nouvel objet. A quoi il faut encore ajouter que les objets ne sont pas les produits de l'activité d'un sujet

---

1. TTTC, p. 40 (trad. modifiée).
2. TTTC, p. 226 (trad. modifiée).

individuel et isolé, mais toujours ceux d'une activité sociale faite de la combinaison des activités individuelles. Et c'est pourquoi le théoricien critique est directement opposé au « spécialiste qui, en tant que scientifique, considère la réalité sociale et l'ensemble de ses produits comme extérieurs [à lui] »[1]. Les « objets » du théoricien critique sont des réalités socialement et historiquement engendrées qui ne sont rien d'extérieur pour lui puisqu'ils sont les produits d'une activité sociale dont il sait que sa propre réflexion théorique est elle-même une composante et une expression.

On objectera certainement qu'il existe au moins les objets et réalités qu'on appelle naturels en ce que précisément ils ne sont pas les produits de l'activité humaine et qu'ils précèdent au contraire celle-ci. Horkheimer admet volontiers qu'il « subsistera toujours quelque chose d'extérieur à l'activité intellectuelle et matérielle des hommes »[2], et que c'est précisément ce « quelque chose » qu'on appelle « la nature ». Mais il ne faut pas entendre par là quoi que ce soit qui serait radicalement et encore moins définitivement extérieur aux hommes et à leurs activités : au contraire, ce qui est extérieur à l'activité humaine varie considérablement selon les sociétés et selon les époques de l'histoire. Cette réalité extérieure à l'activité humaine qu'on appelle « la nature » est donc toute relative et elle ne consiste finalement en rien d'autre qu'en « l'ensemble des facteurs qui, à chaque fois, ne sont pas encore maîtrisés et auxquels la société a affaire »[3]. La nature n'est en ce sens rien de véritablement

---

1. *Ibid.* (trad. modifiée).
2. TTTC, p. 42 (trad. modifiée).
3. *Ibid.* (trad. modifiée).

ni de définitivement extérieur à l'activité humaine, elle est l'ensemble variable, changeant et modifiable de ce qui, à un stade donné du développement de la connaissance et de la technique, reste *à ce stade* encore à devoir être maîtrisé par l'activité matérielle et intellectuelle que les hommes déploient dans leurs sociétés.

Ce qui nous conduit à un autre trait caractéristique de la théorie critique et de l'attitude de réflexion critique qui la sous-tend et dont on a vu qu'elle provenait de l'expérience faite d'une contradiction : de même que le lieu de l'épreuve ou de l'expérience de cette contradiction est historiquement situé (il s'agit des sociétés modernes comme lieux de la contradiction entre le caractère raisonnable et maîtrisé de l'existence individuelle et le caractère déraisonnable et non maîtrisé des interactions collectives et de la vie sociale en général), de même la réflexion critique engage-t-elle un rapport à l'histoire. On vient déjà de le voir dans la conception que Horkheimer se fait de la nature : dire que la nature n'est que l'ensemble des facteurs non encore maîtrisés par l'activité humaine, c'est dire que l'histoire est fondamentalement celle du développement des capacités humaines pratiques et théoriques de maîtrise de la nature. Or de telles capacités ne pouvant se développer que socialement, cela revient donc à dire que l'histoire est fondamentalement le processus progressif de maîtrise théorique et pratique des forces naturelles par les sociétés humaines[1].

---

1. Cette conception sera par la suite abandonnée par Horkheimer (voir ici-même notre Avant-propos, « Critique sociale et crise écologique »). Après la rédaction avec Adorno de *La dialectique de la raison* (1944-1947), Horkheimer en est venu, dans *Éclipse de la raison* (1946), à penser que « l'histoire des efforts de l'homme pour asservir la nature est également l'histoire de l'asservissement de l'homme par

Mais la chose est plus apparente encore dans les vues que Horkheimer propose au sujet du développement des sociétés humaines considérées cette fois en elles-mêmes et indépendamment de leur rapport à la nature. C'est là un point très clairement souligné par Axel Honneth : « dans son article programmatique de 1937 sur la distinction entre théorie traditionnelle et théorie critique, Horkheimer dégageait déjà clairement le principe méthodologique qui allait désormais guider le travail de l'Institut [;] puisque la Théorie critique, à la différence des approches traditionnelles, devait avoir conscience à la fois de son enracinement social et du contexte de sa mise en œuvre politique, *puisqu'elle constituait une sorte d'autoréflexion du processus historique,* les normes et les principes mobilisés devaient tous être ancrés en quelque manière dans la réalité historique »[1]. Or nous avons déjà rencontré ces « normes et principes » : il s'agit en particulier de l'idée normative d'un ordre social conforme à la raison qui soit susceptible d'être à la fois voulu et maîtrisé par les acteurs sociaux. Et cette idée est considérée par Horkheimer comme possédant un ancrage dans la réalité sociale elle-même : la raison, selon lui, existe déjà et elle est à l'œuvre dans la réalité sociale. Ce qui est le sens même de la proposition fondamentale déjà citée : « la coopération (*das*

l'homme » (M. Horkheimer, *Éclipse de la raison, op. cit.,* p. 114). Mais la rupture de Horkheimer avec une conception de l'histoire comme progrès dans la maîtrise de la nature grâce au développement des forces productives est acquise, Katia Genel l'a montré, dès « L'État autoritaire » (1942) qui est le lieu d'une première révision de la conception de l'histoire (K. Genel, *Autorité et émancipation. Horkheimer et la Théorie critique,* Paris, Payot, 2013, p. 249-255).

1. A. Honneth, « Une critique reconstructive de la société sous réserve généalogique », dans A. Honneth, *Ce que social veut dire,* tome 2 : *Les pathologies de la raison, op. cit.,* p. 89 (c'est nous qui soulignons).

Zusammenwirken) des hommes dans la société est le mode d'existence de leur raison »[1]. De cette proposition fondamentale, il découle une idée de ce que doit être la fin ou le but visé par le processus historique de développement des sociétés humaines : à savoir des sociétés de plus en plus conformes à la raison grâce à la maximisation en elle de l'agir coopératif. Horkheimer le dit clairement : « les points de vue que la théorie critique tire de l'analyse historique comme étant les buts de l'activité humaine – avant tout l'idée d'une organisation sociale conforme à la raison et à l'intérêt commun à tous – sont immanents au travail humain, sans que les individus ou l'esprit public en ait conscience sous une forme exacte ; il faut un intérêt déterminé pour faire l'expérience de ces tendances et les percevoir »[2]. Cet intérêt est directement lié à l'expérience de la contradiction dont on a vu qu'elle provoque l'adoption du point de vue réflexif et critique : cette expérience engendre un intérêt à sortir de ladite contradiction, un intérêt à s'en extraire en y mettant un terme, c'est-à-dire en lui trouvant une solution. Cet intérêt pour la sortie de la contradiction et pour sa résolution est en même temps un intérêt qui porte à mettre un terme à une expérience qui est essentiellement négative et qui consiste en l'épreuve faite d'une souffrance tant individuelle que collective. Le lien entre l'épreuve de cette souffrance et l'expérience de la contradiction est au demeurant clairement établi par Horkheimer : « la manière bourgeoise dont fonctionne l'économie n'est maîtrisée par aucun plan que puissent apercevoir les individus en concurrence, quelle que soit la perspicacité dont ils fassent preuve, elle n'est pas orientée

---

1. TTTC, p. 34 (trad. modifiée).
2. TTTC, p. 45 (trad. modifiée).

de façon consciente vers un but ; la vie du tout qui provient
d'elle ne se réalise, au prix d'énormes frictions, que sous
une forme atrophiée et, en même temps, soumise au
hasard »[1]. C'est bien de cela qu'il s'agit de s'extraire :
d'une forme sociale de vie atrophiée qui n'offre aux
individus aucune perspective de réalisation d'eux-mêmes
et qui soumet leur existence au règne du hasard et de la
contingence. Il s'agit donc de l'intérêt qui porte ceux qui
font l'expérience négative d'une souffrance à sortir de cet
état de souffrance et à se libérer de ce qui, dans l'état social
existant, provoque et engendre cette souffrance : en un
mot, il s'agit d'un intérêt à l'émancipation.

C'est là très exactement le point où Jürgen Habermas
a repris et relancé l'analyse de la réflexion dans son lien
à la fois à la tâche de clarification (*Klärung*) ou d'éclaircissement (*Aufklärung*), et à l'intérêt pour l'émancipation.
Notons que Habermas fait cela alors que, dans l'histoire
de la théorie critique telle qu'elle s'est poursuivie après
les textes fondateurs publiés dans les années 1930 par
Horkheimer, dans l'exil américain puis en République
fédérale après 1945, le motif de la réflexion avait eu
tendance à s'effacer, tandis qu'en même temps le lien entre
la réflexion, la critique et l'intérêt à l'émancipation devenait
de plus en plus ténu. Chez Adorno par exemple, la réflexion
critique n'aboutit guère plus qu'à la prise de conscience
de « la discordance entre la puissance de l'organisation et
celle de l'individu singulier (…), entre la violence de ce
qui est et l'impuissance de la pensée qui essaie de le
pénétrer »[2]. Cette prise de conscience s'accompagne du

1. TTTC, p. 34 (trad. modifiée).
2. Theodor W. Adorno, « Individu et organisation » (1953), dans
Société : Intégration, Désintégration. Écrits sociologiques, trad. P. Arnoux
et alii, Paris, Payot, 2011, p. 175.

renoncement à toute hypothèse relative à « l'existence d'un sujet commun pour ce qui concerne la configuration active et consciente de la société », hypothèse qui reviendrait à « ignorer que l'essence [de cette société] consiste justement en l'absence de pareil sujet univoque de la raison »[1]. On voit clairement ici toute la distance prise à l'égard de ce qui était encore une conviction fondamentale chez Horkheimer, du moins dans les années 1930, à savoir la conviction d'origine hégélienne selon laquelle les échanges réciproques et les interactions sociales sont les lieux d'effectuation de la raison, une effectuation certes largement contrariée dans les conditions actuelles, mais qui constitue néanmoins le point d'appui pour l'exigence d'une effectuation plus complète, plus accomplie de cette même rationalité. On est très loin, chez Adorno, de perspectives de ce genre et, si l'autoréflexion critique n'est pas complètement abandonnée, elle n'aboutit plus qu'à produire une conscience lucide et désabusée de la situation réelle de l'individu et de sa complète impuissance : la réflexion critique ne peut guère plus qu'aboutir à ce que « l'individu singulier impuissant demeure malgré tout maître de lui-même à travers la conscience de sa propre impuissance »[2].

Contre cette version pessimiste de la critique, l'assistant d'Adorno, Habermas, tente de renouer, dans *Connaissance et intérêt* (1968), le fil rompu qui reliait entre elles la réflexion, la critique et l'émancipation. Et il le fait en cherchant à articuler la théorie critique de la société avec la psychanalyse, ou plutôt à les réarticuler l'une à l'autre d'une nouvelle manière, tant les tentatives de le faire

---

1. Theodor W. Adorno, « Individu et organisation », *op. cit.*, p. 175.
2. *Ibid.*

avaient déjà été nombreuses dès la première génération des théoriciens de Francfort (chez Horkheimer lui-même, mais aussi chez Fromm, Adorno et Marcuse). Les caractéristiques principales de l'expérience qui a pour effet de conduire le sujet à la réflexion et à l'adoption de l'attitude critique, ces caractéristiques que Horkheimer avait su mettre au jour, se retrouvent dans la description que donne Habermas de l'expérience qui pousse un sujet à entreprendre une cure analytique. Habermas commence par insister sur le fait que le sujet qui s'engage dans une analyse est d'abord un sujet *souffrant* : « au commencement, il y a l'expérience de la souffrance et de la détresse, et l'intérêt qu'on a à faire cesser cette condition accablante »[1]. C'est l'expérience de cette souffrance et le besoin, éprouvé par le sujet, de sortir de cette situation de détresse, de cette « condition accablante » qui, à eux deux, donnent naissance, dans le sujet, à la fois à l'attitude critique et à un « intérêt pour la connaissance de soi »[2]. Mais comment comprendre que l'expérience que le sujet fait d'une souffrance puisse en même temps le conduire à adopter, vis-à-vis de lui-même, une attitude critique et réflexive ?

C'est que l'expérience qu'il fait est celle d'une auto-aliénation ou d'une aliénation de lui-même, au sens précis où le sujet éprouve que quelque chose ou une part de lui-même lui est étrangère et ne lui est pas accessible. Comme le dit Axel Honneth, l'attitude réflexive permet au sujet de « se retourner sur les fragments détachés de l'histoire de sa vie, [et de] s'engager ainsi sur la voie du souvenir et [pour] finalement s'approprier après coup ce

---

1. J. Habermas, *Connaissance et intérêt*, trad. G. Clémençon et J.-M. Brohm, Paris, Gallimard, 1976, p. 266 (désormais cité CI).
2. CI, p. 267.

qui s'était détaché »[1]. La situation du sujet est telle que sa propre identité ne lui est pas transparente, ou que quelque chose d'elle s'est séparé et prend la forme d'une réalité objective et impénétrable : il y a « critique » parce qu'il s'agit de dissoudre cet élément d'opacité objective au cœur du sujet. La critique au sens de la dissolution de ce point à la fois d'opacité, de résistance et d'étrangèreté dans le sujet est inséparable de la réflexion : « on peut appeler réflexion, écrit Habermas, le fait de rendre conscient ce qui est inconscient »[2]. Or ce qui est inconscient est précisément cette part de sa propre biographie à laquelle le sujet souffre de ne plus avoir accès, et c'est pourquoi la dissolution à la fois critique et analytique des obstacles qui empêchent le sujet d'accéder à cette part de sa biographie est en même temps la restitution synthétique de l'unité de cette même biographie : « la réalisation spécifique de l'autoréflexion » est telle qu'en elle « la dissolution analytique [et critique,] comme telle, est la synthèse, le rétablissement d'une unité corrompue »[3].

On peut exprimer la même chose un peu différemment et dire que ce dont souffre le sujet est une forme d'incompréhension de lui-même au sens où une partie de sa propre vie est écrite dans un texte qu'il ne peut plus déchiffrer et encore moins comprendre. Le sujet souffre d'une rupture de la communication avec lui-même pour la raison que les symboles qui pourraient lui permettre d'interpréter ses propres désirs réprimés sont, d'une part, les symboles propres à un langage privé dont le sujet lui-même ne

1. A. Honneth, « S'approprier sa liberté. La conception freudienne de la relation individuelle à soi », dans A. Honneth, *Ce que social veut dire*, tome 2 : *Les pathologies de la raison, op. cit.*, p. 265.
2. CI, p. 274.
3. CI, p. 266.

maîtrise plus les termes et, d'autre part, des symboles qui sont exclus de la communication publique : en conséquence, « la communication avec lui-même du sujet parlant et agissant est interrompue »[1]. D'où le rôle et la fonction qui sont ceux de l'analyste : il joue le rôle d'un interprète dont la fonction est d'apprendre au sujet à comprendre sa propre langue de sorte que, « instruit par l'analyste, le patient apprenne à lire ses propres textes, qu'il a lui-même mutilés et déformés, et à traduire dans le discours de la communication publique les symboles d'un discours déformé en langage privé »[2]. Ce processus de traduction est en lui-même la mise en œuvre d'une réflexion et « l'acte de compréhension auquel mène [cette dernière] est une autoréflexion »[3]. Le fait, comme disait Freud, de « rendre l'inconscient accessible au conscient » est en effet un processus de réflexion en ce qu'il « n'est pas seulement un processus sur un plan cognitif, mais est en même temps la dissolution des résistances sur un plan affectif »[4] : en d'autres termes, la cure est un processus de réflexion au sens fort du terme précisément parce que c'est en même temps un processus critique, c'est-à-dire un processus qui agit par la dissolution d'obstacles et de résistances dont le résultat est une modification réelle et qualitative du sujet. Ce n'est pas seulement que le sujet apprend des choses sur lui-même (ce qui serait un processus seulement cognitif), c'est que, les apprenant, il change et se transforme. Cette transformation consiste essentiellement en ce que le sujet trouve au terme de la cure un accès à soi comme sujet complet auquel n'échappe plus des pans entiers de

1. CI, p. 260.
2. CI, p. 261.
3. *Ibid.*
4. CI, p. 262.

lui-même. C'est là ce qui permet à Habermas d'écrire que
« la critique *s'achève* dans une transformation de la base
affective motivationnelle, de même qu'elle *commence* par
le besoin d'une transformation pratique »[1]. C'est bien en
vertu de ce lien avec la critique que la réflexion n'est pas
un processus seulement ou purement cognitif : elle ne
serait que cela s'il n'y avait pas d'abord et dès le commencement, du côté du sujet, l'expérience d'un besoin de
changement (qui est, on l'a vu, le besoin de s'extraire d'un
état ressenti comme un état de souffrance) et, à l'arrivée,
l'expérience par le sujet d'un état qualitativement nouveau
par rapport à l'état de départ. La critique est liée au besoin
de dissoudre des obstacles et des résistances et au besoin
de parvenir, grâce à cette dissolution, à un état qualitativement autre et nouveau. En d'autres termes, la critique
est liée au besoin de se délivrer, de se libérer d'un état de
souffrance et de l'influence des causes qui le provoquent.

Si l'expérience d'une souffrance et le besoin de guérir
sont ce qui conduit un patient aussi bien chez un médecin
que chez un analyste, il y a cependant dans le second cas
une spécificité qui est directement liée au rôle que joue la
critique dans le cas de l'analyse : « à la différence du
traitement médical habituel, la pression de la souffrance
et l'intérêt qu'on a à guérir ne sont pas seulement [dans le
cas de l'analyse] *l'occasion* qui détermine le commencement
de la thérapeutique, mais la *condition préalable* de son
succès »[2]. Cela signifie que, dans le cas de l'analyse,
l'expérience de la souffrance et l'intérêt à la guérison
jouent un rôle non pas seulement au départ dans la décision
d'aller consulter, mais continuent à jouer un rôle décisif

1. CI, p. 266.
2. *Ibid.*

dans la poursuite de la cure, au point que Freud allait jusqu'à dire du psychanalyste qu'il devait « veiller à ce que les souffrances du malade ne s'atténuent pas prématurément de façon marquée »[1]. Cela ne témoigne évidemment pas, de la part de l'analyste, d'une volonté perverse de maintenir par plaisir l'aiguillon de la souffrance : c'est lié au fait que l'analyse est un processus qui suppose que la volonté d'auto-transformation soit constamment maintenue vivante chez le sujet parce que cette volonté de changer et de se libérer est elle-même la condition pour que l'effort de réflexion et de critique puisse être soutenu. Or la cure étant tout entière une démarche à la fois réflexive et critique dont l'analysant est à la fois le sujet et l'objet, elle n'a de chance de succès qu'à la condition que l'analysant puisse maintenir actif et vivant son effort à la fois réflexif et critique, c'est-à-dire son intérêt pour la transformation de lui-même et sa propre libération. Il faut que cet intérêt pour la transformation émancipatrice soit entretenu si l'on veut que la critique puisse accomplir son œuvre de dissolution des résistances et des obstacles, et que la réflexion permette au sujet l'accès aux pans de sa biographie, de son histoire et de son identité avec lesquels il a perdu le contact.

On comprend dès lors que Habermas puisse interpréter la psychanalyse comme l'exemple paradigmatique d'une démarche à la fois réflexive, critique et pratique : « c'est le mouvement de la réflexion qui transforme un état en un autre – c'est l'effort émancipatoire de la critique qui transforme l'état pathologique de la compulsion et de

1. S. Freud, « Les voies nouvelles de la thérapeutique psychanalytique », dans *La technique psychanalytique*, trad. A. Berman, Paris, Puf, 1953, p. 136.

l'illusion sur soi-même en celui du conflit dépassé et de la réconciliation avec le langage excommunié (*exkommuniziert*) »[1].

Mais si la psychanalyse est considérée par Habermas comme paradigmatique dans la manière dont elle articule la réflexion, la critique et l'intérêt émancipatoire, c'est relativement à la théorie critique de la société au sens où ce que la psychanalyse réussit à accomplir au niveau individuel, la théorie critique devrait être capable de l'accomplir au niveau de la société dans son ensemble[2]. Ainsi lorsque Habermas, au sujet de la psychanalyse, écrit ceci : « l'expérience de la réflexion induite par l'éclaircissement (*durch Aufklärung*) est l'acte par lequel le sujet se libère précisément d'une situation où il était devenu un objet pour lui-même »[3], on imagine sans trop de peine ce qui pourrait en être l'équivalent à l'échelle d'un fonctionnement social. Une société qui a perdu le contrôle conscient de processus aussi déterminants que, par exemple, la division du travail social en son sein, est manifestement une société dont on peut dire qu'elle se trouve dans une situation où elle est devenue un objet pour elle-même : c'est une société parcourue et traversée de processus qui apparaissent comme objectifs précisément parce qu'ils ne sont pas maîtrisés et échappent à tout projet d'organisation rationnelle. On comprend dès lors que le projet puisse être

---

1. CI, p. 277. « *Exkommuniziert* » est à entendre au sens de « soustrait à la communication ».

2. Sur les enjeux, les problèmes et les difficultés propres à la façon dont Habermas se réfère à la psychanalyse dans *Connaissance et intérêt*, on lira l'article éclairant de Robin Celikates, « La psychanalyse, modèle pour la Théorie critique ? Retour sur *Connaissance et intérêt* de Habermas », *Illusio*, n°14/15, *Théorie critique de la crise*, vol. 3, Dossier « Théorie critique et psychanalyse : altération », février 2016.

3. CI, p. 280 (trad. modifiée).

celui de « développer l'idée de base de la psychanalyse dans le sens d'une théorie de la société »[1], d'autant qu'un tel projet n'a précisément pas été mené à bien par Freud lui-même selon Habermas.

L'exemple que nous venons de prendre d'une division du travail social apparaissant comme une objectivité non maîtrisée au sein même de la vie sociale n'est précisément pas le genre d'exemple que pourrait prendre Freud parce que son point de vue s'enracine dans des forces naturelles, libidinales et pulsionnelles qui déterminent la société, l'espèce humaine et leur développement historique pour ainsi dire de l'extérieur et à un niveau de profondeur qui n'est pas celui où la société et l'espèce humaine elles-mêmes se constituent en tant que sujets. C'est là, selon Habermas, toute la différence entre Freud et Marx : Marx, quant à lui, « n'a jamais été tenté de dissocier la dynamique de l'évolution et l'activité de l'espèce comme sujet »[2], une dissociation à laquelle procède en revanche Freud dès lors que, pour lui, « les forces pulsionnelles libidinales et agressives – puissances préhistoriques de l'évolution, s'emparent en quelque sorte de l'espèce en tant que sujet et déterminent son histoire »[3]. Tout se passe comme si Freud se donnait d'emblée, au niveau social et collectif, un sujet tout fait, l'espèce humaine avec ses pulsions fondamentales : mais c'est oublier qu'un tel sujet social et collectif – l'espèce humaine comme sujet de sa propre histoire – n'est pas quelque chose de donné d'emblée et que, au contraire, ce qu'on appelle l'histoire est justement le processus même de son autoconstitution et de son

1. CI, p. 316.
2. *Ibid.*
3. *Ibid.*

autoconservation *comme* sujet. Comme le rappelle
Habermas, c'est depuis ce sujet (l'espèce humaine)
constitué comme sujet historique que nous pouvons
rétrospectivement tenter de reconstituer, comme le fait
Freud, quelles ont été les conditions de « la conservation
de l'espèce pour la préhistoire animale de l'espèce
humaine ». Le point de départ doit donc être pris, selon
Habermas, dans l'activité de l'espèce, c'est-à-dire dans
l'activité que l'espèce déploie historiquement pour se
constituer elle-même comme sujet : c'est bien ce que Marx
a fait, contrairement à Freud qui situe le principe dynamique
de l'évolution hors de l'activité humaine et le place dans
un fond pulsionnel naturel. Mais si Marx a bien su, quant
à lui, inscrire le principe dynamique d'évolution au sein
même de l'activité humaine et non en dehors d'elle, la
limite de son paradigme est en revanche, selon Habermas,
d'avoir réduit l'activité de l'espèce au seul travail, et donc
à l'activité instrumentale visant la maîtrise de la nature et
de ses forces, et d'avoir en conséquence passé par pertes
et profits un autre type d'activité qui joue au contraire un
rôle clé chez Freud, à savoir l'activité communicationnelle
visant à l'intercompréhension sans contrainte. Et on a pu
voir en effet le rôle clé que joue cette activité dans l'analyse
puisqu'il s'agit pour un sujet, au moyen de la réflexion
critique engagée dans et par la cure, de rétablir la communication avec lui-même ou, du moins, avec les parties de
lui-même et de son histoire que leur retrait de la
communication lui a rendu incompréhensibles.

Dès lors, la proposition de Habermas est, d'une part,
de conserver de Marx l'idée d'autoconstitution et
d'autoconservation de l'espèce comme sujet dans et par
le déploiement historique de son activité propre (mais sans
réduire celle-ci au seul travail et en l'étendant à l'activité

communicationnelle), et, d'autre part, de retenir de Freud l'idée d'une clarification (au moyen de la réflexion) et d'une dissolution (au moyen de la critique) des résistances et des obstacles qui s'opposent à l'intercompréhension mutuelle et la communication sans contrainte (mais sans réduire ces résistances et ces obstacles à la seule vie psychique du sujet individuel et en les étendant à la vie sociale). C'est alors seulement qu'il devient possible pour Habermas d'affirmer que « l'on retrouve dans la société ce qu'on trouve dans la situation clinique : en même temps que la compulsion pathologique elle-même, est posé l'intérêt pour sa suppression ; la pathologie des institutions sociales, comme celle de la conscience individuelle, réside dans le milieu du langage et de l'activité communicationnelle, et prend la forme d'une déformation (*Verzerrung*) structurelle de la communication »[1].

Dans la vie sociale comme dans la vie psychique, c'est l'expérience de la pathologie qui pousse à l'autoréflexion et qui fait naître l'intérêt à se libérer de cette pathologie et à accéder à une forme de vie – en l'occurrence une forme *sociale* de vie – qui soit libérée des expériences de la mutilation, de la contrainte et de la domination : simplement, dans ce cas, la théorie sociale critique prend le relai de l'analyse et c'est elle qui devient l'instance porteuse de l'autoréflexion et de la clarification critique, aussi bien en ce que ses représentants (les théoriciens sociaux critiques) pratiquent eux-mêmes cette autoréflexion qu'en ce qu'ils cherchent à la diffuser auprès des autres acteurs sociaux. Comme praticiens et praticiennes de l'activité d'autoréflexion, les théoriciens et théoriciennes critiques ont pour tâche de produire une connaissance du social et,

1. CI, p. 319.

plus particulièrement, une connaissance de ce qui, dans le social, prend la forme « d'une objectivation dont le pouvoir (*Gewalt*) repose uniquement sur le fait que [les acteurs] ne se reconnaisse[nt] pas en elle »[1]. Et cette connaissance produite par les théoriciens et théoriciennes critiques a sinon directement pour effet, du moins pour intention de faire naître chez ces mêmes acteurs un « intérêt pour la connaissance, c'est-à-dire l'intérêt qu'ils ont à s'émanciper de ce même pouvoir »[2] exercé sur eux par des objectivités sociales dont le contrôle leur échappe parce qu'ils ne s'y reconnaissent pas eux-mêmes.

---

1. CI, p. 318.
2. *Ibid.*

JUSQU'À QUEL POINT PEUT-ON METTRE
EN ŒUVRE UNE CRITIQUE TRANSCENDANTE ?
CRITIQUE SOCIALE ET *KULTURKRITIK*
SELON ADORNO[1]

La question de savoir s'il faut choisir entre la critique
sociale et la *Kulturkritik*, s'il faut préférer l'une à l'autre,
et si oui, pourquoi, présuppose évidemment de savoir de
quoi l'on parle et donc d'avoir tenté au préalable de les
définir l'une et l'autre. Pour cela, il peut être de bonne
méthode de tenter de déterminer s'il y aurait au moins un
aspect que seule l'une des deux formes de la critique
posséderait, et qui ferait donc défaut à l'autre. On verra
alors si cet aspect, non seulement permet de définir l'une
des formes de la critique par différence d'avec l'autre, mais
si cet aspect peut être en outre considéré, d'une façon qui
serait cette fois évaluative, comme un *avantage* que
posséderait l'une des critiques sur l'autre, conduisant
comme tel à devoir préférer celle-ci par rapport à l'autre.

Il sera utile ici de prendre comme point de départ un
texte de 1951, intitulé « Critique de la culture et société »[2],

1. Ce texte est celui d'une conférence donnée le 18 novembre 2021
au colloque « La philosophie comme critique de la culture ? », organisé
par B. Bégout et É. Bimbenet, Université de Bordeaux Montaigne, Centre
SPH, Librairie Mollat.
2. Theodor W. Adorno, « Critique de la culture et société », *Prismes.
Critique de la culture et société, op. cit.*, p. 7-8.

dans lequel Adorno tente précisément de distinguer entre critique sociale et critique de la culture[1]. Il est indéniable que ce texte commence par une attaque en règle, et donc par une critique de la *Kulturkritik*. La mise en cause se fait à deux points de vue : celui du sujet de la critique, et celui de l'objet de la critique, c'est-à-dire la « culture » elle-même. À celui ou celle qui est le sujet de la critique, qui donc mène une démarche de *Kulturkritik*, Adorno reproche son attitude : « le critique de la culture, écrit-il, est mécontent d'une culture sans laquelle son malaise serait sans objet ; il parle comme s'il représentait soit une nature intacte, soit un stade historique plus évolué, et pourtant il ne peut être différent de ce qu'il traite de si haut ». Le critique de la culture dissimulerait donc son appartenance à cela-même qu'il critique : non pas qu'il appartienne lui-même à la culture qu'il disqualifie par exemple comme décadente, mais il faut bien qu'il appartienne à une culture plus haute pour pouvoir qualifier de décadente la culture régnante, ou bien il faut qu'il soit lui-même le représentant de la culture ou le dernier vestige de la culture quand il se plaint qu'il n'y a plus de culture ou que la culture tend à disparaître. En ce sens, poursuit Adorno, « le critique de la culture ne peut éviter qu'on le crédite de la culture dont il déclare l'inexistence ». Tout se passe donc comme si le critique de la culture ne déplorait la disparition ou la fin de la culture que pour mieux s'en arroger le monopole : « jusque dans son geste accusateur, il maintient l'idée de la culture en l'isolant de façon dogmatique, sans jamais la remettre en question ».

---

1. Sur la critique de la culture ou la critique culturelle (selon la manière dont on traduit *Kulturkritik*), on lira A. Berlan, *La fabrique des derniers hommes. Retour sur le présent avec Tönnies, Simmel et Weber*, Paris, La Découverte, 2012.

Adorno reproche au critique de la culture une démarche qui relève de ce que Bourdieu appelle la « *distinction* », en tant que celle-ci repose sur un déplacement. Le *déplacement* est celui qui consiste à « ne voir que l'indice d'une situation de l'esprit, de la conscience humaine, un déclin de la norme », là où « il y a désespoir et souffrance démesurée ». Autrement dit, il n'y aurait de critique de la culture possible que parce qu'un déplacement est effectué qui conduit du terrain matériel des conditions d'existence vers celui de la conscience, de l'esprit, des normes. Et c'est ce déplacement qui permet au critique de la culture de « se distinguer » : « l'attitude du critique de la culture lui permet, note Adorno, par sa différence, de s'élever théoriquement au-dessus du désastre régnant », de sorte que « la prétendue distinction de la critique de la culture, au nom de laquelle elle se dispense de subir l'épreuve des conditions matérielles de la vie, est caractérisée par le fait de ne jamais être assez distinguée ». Prendre la culture comme objet de la critique, c'est inévitablement s'élever au-dessus des conditions matérielles d'existence, c'est parfois même prétendre pouvoir en faire abstraction. Ce qui conduit Adorno à parler ici d'une « démesure de l'exigence culturelle » qui s'accompagne de ce qu'il appelle une « *sublimation* » au sens, défini par Freud, d'une déviation ou d'un déplacement de la libido vers des objets et des réalités socialement valorisés, au premier rang desquels se trouvent précisément les objets culturels.

En se situant toujours ici au point de vue du sujet de la critique de la culture, Adorno objecte donc que la distinction que ce sujet revendique, le déplacement et la sublimation auxquels il procède sont des processus en réalité illusoires. La réalité est que le critique de la culture ne dispose pas de l'extériorité qu'il revendique pour juger la culture : « qui se targue de sa supériorité, écrit Adorno, est toujours de la partie ». La différence par exemple, dont il se revendique afin de pouvoir évaluer et juger la culture, fait en réalité partie de la culture elle-même : la culture, en effet, rappelle Adorno, « a elle-même besoin de la différence pour s'affirmer comme culture »[1]. Il y a donc une complicité entre le critique de la culture et son propre objet, une complicité telle qu'il est en réalité lui-même partie prenante de cela-même qu'il critique, mais une complicité qu'il récuse, qu'il nie, ou qu'il refoule.

Mais, pour pouvoir fonder cette critique du caractère illusoire de la supériorité et de la différence revendiquées par le critique de la culture, il faut passer du côté de l'objet de la critique, c'est-à-dire du côté de la culture elle-même. De ce point de vue-là, Adorno déclare, à propos du critique de la culture, que « son fétiche suprême est le concept de la culture en tant que tel ». « En effet, précise-t-il, il est contraire au sens d'une œuvre d'art authentique, d'une philosophie vraie, de se suffire à elles-mêmes dans leur être-en-soi ; elles ont toujours été en relation avec le processus réel de la vie sociale dont elles se séparaient »[2]. On voit ici à quelle sorte de tension on a affaire : d'un côté, il n'y a pas de culture ni de composants de la culture, tel l'art ou la philosophie, qui ne prétendent se séparer et être différents du « processus réel de la vie sociale », mais, d'un autre côté, cette prétention à la différence et à la séparation est la modalité même du rapport particulier que la culture entretient au processus de la vie sociale. Et c'est cela que le critique de la culture occulte en « fétichisant »

---

1. Theodor W. Adorno, « Critique de la culture et société », *Prismes. Critique de la culture et société, op. cit.*, p. 8.
2. *Ibid.*, p. 13.

la culture : il veut ignorer le fait que la prétention à une différence, à une extériorité, voire à une supériorité par rapport au processus de la vie sociale, et notamment par rapport à ce que ce processus a de matériel, est encore une manière d'être en rapport avec ce processus, mais sous la forme de la dénégation.

Adorno emprunte ici à Horkheimer son concept de « transfiguration » (*Verklärung*) pour qualifier l'opération propre à la fois à la culture et à la critique de la culture. Ainsi, c'est « en affirmant la validité du principe d'harmonie dans la société antagoniste » que la culture opère la transfiguration de la société contradictoire en une société réconciliée. De même, cette fois pour la critique de la culture : « chaque fois, écrit Adorno, que la critique dénonce le matérialisme, elle conforte la croyance selon laquelle le vice réside dans le désir des hommes pour les biens de consommation, et non dans l'ordre qui les en prive, dans la satiété et non dans la faim »[1]. En dénonçant comme vice ou comme dégénérescence l'aspiration sinon à l'abondance, du moins à la satisfaction matérielle, la critique de la culture transfigure et justifie une société où règne pour beaucoup la privation. La société du manque et de la privation est ici transfigurée et par là justifiée par la critique puisque celle-ci porte sur la recherche du bien-être matériel, dénoncée comme une aspiration vulgaire et indigne à la consommation. Ou encore : en rejetant la société présente au motif qu'elle résulterait de la propagation des Lumières et du règne de l'*Aufklärung*, la *Kulturkritik* « ne peut comprendre que la réification de la vie n'est pas due à trop, mais à trop peu d'*Aufklärung*, ni que les mutilations que l'actuelle rationalité particulière

---

1. *Ibid.*, p. 15.

fait subir à l'humanité sont les stigmates de l'irrationalité totale »[1]. Par-là, la critique de la culture non seulement dissimule l'irrationalité de la société existante, mais elle la transfigure puisqu'elle fait passer cette société pour effectivement rationnelle, justifiant par-là au passage le règne en elle de cette forme mutilée et fausse de rationalité réduite à un instrument de pouvoir, à savoir la rationalité instrumentale.

Est-ce à dire qu'il y aurait, de la part d'Adorno, un rejet pur et simple de la *Kulturkritik*, voire de la culture elle-même – chose qui, après tout, serait envisageable, compte tenu de la manière dont Adorno revendique clairement ici l'enracinement matérialiste de son propos : d'un point de vue matérialiste relevant d'un marxisme orthodoxe, on peut en effet considérer la culture comme un simple épiphénomène relevant de la superstructure, et la critique de la culture comme une fausse critique ou comme une critique illusoire qui, en définitive, conforte la culture dans sa prétention à une existence séparée. Mais un tel point de vue matérialiste ou « marxiste-orthodoxe » n'est évidemment pas celui d'Adorno, et il est même explicitement récusé par lui sous le nom d'« économisme ». Adorno écrit ainsi :

> sous peine de tomber dans l'économisme, [c'est-à-dire] dans une tendance qui croit que la transformation du monde se limite à la croissance de la production, la théorie dialectique est obligée d'accueillir en elle la critique de la culture, qui est vraie dans la mesure où elle porte la non-vérité à la conscience de soi. (p. 21)

On voit donc à quel point l'attitude à l'égard de la critique de la culture de ce qu'Adorno appelle ici « la

1. Theodor W. Adorno, « Critique de la culture et société », *Prismes. Critique de la culture et société*, *op. cit.*, p. 15.

théorie sociale » ou « la théorie dialectique », désignant par-là la théorie critique, est – selon son propre terme – « ambiguë »[1]. Mais cette ambiguïté de la théorie critique à l'égard de la critique de la culture est en réalité due à l'ambiguïté même ou à l'ambivalence fondamentale de la culture elle-même, et de sa critique.

Donnons deux exemples de cette ambivalence. On a vu que la culture est elle-même « le fruit de la séparation entre travail manuel et travail intellectuel » et qu'elle « tire ses forces de cette séparation qui est en quelque sorte son péché originel »[2]. La prétention à la pureté propre à la culture et la prétention à la distinction propre au critique de la culture viennent de là : de la division sociale entre travail matériel et travail spirituel. Or, nous dit Adorno, il y a plus de vérité dans l'attitude du *Kulturkritiker* qui assume cette séparation, revendique cette division, et qui manifeste son arrogance par le mépris qu'il réserve aux activités matérielles et manuelles de production, que dans l'attitude qui consiste à nier la réalité de cette séparation « en donnant l'illusion d'une solidarité directe » – ce qu'ont pu faire aussi bien les représentants du fascisme que ceux du stalinisme. Pourquoi en est-il ainsi selon Adorno ? Parce que « la morgue effrontée de ceux qui ne se salissent pas les mains à l'égard de ceux dont le travail les fait vivre » a au moins le mérite de « préserver l'image d'une existence qui renvoie au-delà de la contrainte liée à tout travail »[3]. En d'autres termes, cela signifie que la prétention du critique de la culture à juger de haut et de l'extérieur, et donc avec mépris et condescendance, une culture soumise à la production matérielle possède au moins le mérite de

1. *Ibid.*, p. 21.
2. *Ibid.*, p. 18.
3. *Ibid.*, p. 18.

faire signe vers une société qui serait libérée de l'emprise et de la contrainte de cette production. Ou bien, comme le dit Adorno, « le mépris pour le vulgaire dénonce en même temps le destin qu'ils subissent : l'assujettissement des hommes à la forme à chaque fois dominante de la reproduction de leur vie »[1].

Le second exemple de l'ambivalence de la critique de la culture nous ramène à la transfiguration : « c'est parce que la culture affirme la validité du principe d'harmonie dans la société antagoniste afin de la transfigurer, qu'elle ne peut éviter que la société soit confrontée à son propre concept d'harmonie, découvrant ainsi la discordance »[2]. Autrement dit, c'est en mobilisant l'image d'une société harmonieuse et en utilisant cette image comme une norme de sa critique que le critique de la culture révèle et rend pleinement manifeste les contradictions, la dysharmonie et la « discordance » comme des caractéristiques essentielles de la société existante.

On voit comment, dans ces deux exemples, le critique de la culture fait à chaque fois usage d'une « image qui renvoie au-delà » de l'existant : dans le premier cas, c'est l'image d'une existence libérée de la contrainte du travail productif, dans le second cas, c'est l'image d'une société libérée de la discordance et de la contradiction – et, dans les deux cas, ces images servent de normes pour la critique de l'existant. Évidemment, dans les deux cas, on voit aussi très bien ce qu'il peut y avoir d'insatisfaisant dans ce type de critique : à aucun moment le critique de la culture ne se demande *pourquoi* la société actuelle est soumise à la

---

1. Theodor W. Adorno, « Critique de la culture et société », *Prismes. Critique de la culture et société*, *op. cit.*, p. 19.
2. *Ibid.*, p. 20.

contrainte productive, pas plus qu'il ne se demande à quoi tiennent et *en quoi* consistent les contradictions qui minent cette même société. Il fait même l'inverse, puisqu'il culpabilise ceux qui sont soumis à la contrainte du travail matériel, et puisqu'il partage l'aveuglement de la société quant à ses propres contradictions pour autant qu'il croit possibles une harmonisation et une réconciliation.

Mais, comme le dit Adorno, « l'esprit exprime l'aveuglement, [et] en même temps (…) la tentative de s'en arracher »[1]. Et c'est précisément pourquoi la critique sociale ou la théorie critique ne peut elle-même qu'être ambivalente relativement à « l'esprit », c'est-à-dire à la culture et à sa critique. D'où cette proposition fondamentale d'Adorno, déjà citée mais sur laquelle il nous faut maintenant revenir :

> *la théorie dialectique est obligée d'accueillir en elle la critique de la culture*, qui est vraie dans la mesure où elle porte la non-vérité à la conscience de soi.

En réalité, Adorno définit ici le type de critique auquel il entend lui-même soumettre la critique de la culture, et qu'il pratique en réalité déjà depuis le début de son texte : il ne s'agit pas d'un rejet de la culture et de sa critique car, « lorsque la théorie dialectique se désintéresse de la culture considérée comme un simple épiphénomène, elle contribue à perpétuer la prolifération incessante du gâchis culturel et à reproduire la médiocrité »[2]. Mais, pour autant, par « accueil », il ne s'agit pas non plus d'entendre une acceptation pure et simple de la culture et de la *Kulturkritik*, car, « lorsque la culture est acceptée dans son ensemble,

1. *Ibid.*, p. 20.
2. *Ibid.*, p. 21.

elle a perdu le ferment de sa vérité, la négation »[1]. Ce
double refus, à la fois du rejet de la culture et de son
acceptation, définit le type de rapport que la théorie critique
entend instaurer avec la culture comme avec la *Kulturkritik* :
en l'occurrence un rapport relevant de ce qu'Adorno
désigne comme « critique immanente »[2], ou de ce qu'il
nomme aussi « critique dialectique »[3], allant jusqu'à dire
qu'il ne s'agit pas de substituer la critique immanente ou
dialectique à la critique de la culture, mais de donner « la
version dialectique de la critique de la culture », c'est-à-
dire quelque chose qu'on pourrait sans doute aussi désigner
de l'expression de « critique sociale de la culture ».

Certainement faut-il entendre par là deux choses à la
fois : à savoir, d'une part une forme de critique de la culture
qui ne soit pas extérieure à son objet, qui donc ne juge pas
la culture en fonction de critères qui lui seraient extérieurs
et transcendants, et d'autre part, mais tout à la fois, une
forme de critique de la culture qui n'hypostasie pas son
objet, qui donc ne sépare ni n'isole la culture du reste de
la société et de l'ensemble des phénomènes sociaux. Ce
second aspect est exprimé par Adorno quand il écrit que
« le seuil entre la critique dialectique et la critique de la
culture, c'est que la première pousse la seconde jusqu'au
dépassement du concept même de culture »[4] : ce dépassement n'est pas un abandon, c'est un pas franchi au-delà
de la seule culture, et cela afin de rejoindre le contexte
social général dans lequel elle est inscrite.

1. Theodor W. Adorno, « Critique de la culture et société », *Prismes.
Critique de la culture et société*, *op. cit.*, p. 21.
   2. *Ibid.*, p. 25.
   3. *Ibid.*, p. 21.
   4. *Ibid.*, p. 22.

Or ce contexte historique et social étant interprété par Adorno comme celui du capitalisme tardif et de la « société totalement administrée », il est devenu impossible de ne pas franchir le pas en question, celui qui pousse la critique de la culture au-delà d'elle-même : vis-à-vis de la culture, la critique sociale ou « dialectique » est donc une forme transcendante de critique, c'est une critique qui dépasse la culture, qui va plus loin qu'elle pour tenter de rejoindre la totalité sociale dont la culture n'est qu'un élément, qu'une composante. C'est ce qui fait dire à Adorno qu'à l'heure de la société totalement administrée et totalement réifiée, « la critique de la culture se transforme en physiognomonie sociale »[1], c'est-à-dire en une analyse des phénomènes culturels qui soit telle qu'à travers eux, la critique « déchiffre la tendance de toute la société qui s'y manifeste »[2]. Cette dimension de transcendance de la critique sociale ou « dialectique » est pleinement assumée par Adorno : la « version dialectique de la critique de la culture », dit-il, est celle qui n'hypostasie pas son objet, la culture, c'est une critique qui « prend conscience de la position [de son objet, de la culture] à l'intérieur du tout »[3] et qui, par-là, conserve une liberté par rapport à cet objet. En effet, sans cette liberté ou « sans que la conscience dépasse l'immanence de la culture, la critique immanente elle-même serait impossible »[4] : on ne peut en effet « suivre le mouvement autonome de l'objet » de la critique – ce qui est, depuis Hegel, l'idéal d'une critique immanente – « qu'à condition de ne pas lui être totalement assujetti »[5].

1. *Ibid.*, p. 24.
2. *Ibid.*
3. *Ibid.*, p. 22.
4. *Ibid.*
5. *Ibid.*

C'est pourquoi, aussi surprenant que cela puisse paraître à première vue, on trouve ici sous la plume d'Adorno une critique de la critique immanente et une forme de défense de la critique transcendante, au moins dans son rapport à la culture. « La critique immanente, dit-il clairement, ne peut se satisfaire de son concept »[1], et si elle ne le peut, c'est en raison du fait que

> la critique immanente n'est pas assez naïve pour croire que l'immersion obstinée dans l'objet aurait accès à la vérité en vertu de la logique de la chose, *sans qu'à chaque instant le savoir subjectif quant à la totalité corrompue intervienne, pour ainsi dire de l'extérieur, dans la détermination de l'objet.* (p. 28, nous soulignons)

Un élément décisif vient ici s'ajouter. L'obligation de dépasser ou de transcender la culture quand on en fait la critique n'est pas seulement due au fait que la culture s'inscrive désormais dans une totalité sociale ou dans une société totalisée, dont elle n'est plus isolable en tant que telle. Cette obligation est encore plus contraignante, et il est encore moins possible de s'y soustraire, à partir du moment où l'on saisit que le propre de cette totalité sociale est d'être une *fausse* totalité pour autant qu'en elle et avec elle, l'illusion et l'apparence idéologique sont devenues identiques à la réalité[2]. Dans ces conditions, le sujet qui a formé un savoir à la fois du caractère total de son objet *et* de sa fausseté, le sujet qui pose désormais, à l'inverse de

1. Theodor W. Adorno, « Critique de la culture et société », *Prismes. Critique de la culture et société, op. cit.*, p. 28.
2. Voir Theodor W. Adorno, « Critique de la culture et société », *op. cit.*, p. 25 : « l'idéologie aujourd'hui, c'est la société telle qu'elle apparaît dans son immédiateté ».

Hegel, que « le faux est le tout »[1], ce sujet ne peut plus être immanent à son objet, il en est irrémédiablement séparé, il lui est définitivement extérieur et l'identité hégélienne du sujet et de l'objet n'a proprement plus de sens pour lui. D'où *la vérité du moment de la transcendance dans la critique*, ou le fait que la critique sociale doive assumer d'être, en ce sens, une critique transcendante.

Mais si la critique sociale est dite « dialectique » par Adorno, ou si elle est qualifiée de « forme dialectique de la critique de la culture », c'est parce qu'elle ne peut pas non plus se satisfaire de ce caractère transcendant et qu'elle doit aussi, et tout autant, faire droit à l'immanence. Et ce qui justifie que la critique doive être immanente, c'est encore le caractère totalisant des sociétés du capitalisme tardif : « l'idéologie, l'apparence socialement nécessaire, s'identifiant aujourd'hui à la société réelle », et la société s'imposant par « son pouvoir total, son caractère inéluctable, son existence écrasante », il est désormais clair que « le choix d'un point de vue extérieur à son emprise est aussi fictif que l'est la construction d'utopies abstraites »[2]. On comprend alors mieux que la critique pratiquée par Adorno puisse être qualifiée de « dialectique »,

---

1. En référence et en opposition à la formule hégélienne fameuse selon laquelle « le vrai est le tout » (Hegel, *Phénoménologie de l'esprit*, trad. B. Bourgeois, Paris, Vrin, 2006, p. 70), Adorno, considérant que « le principe selon lequel le tout doit être affirmé comme sensé » lui semble désormais « intenable », est conduit à affirmer pour sa part que le tout n'est pas (ou plus) autre chose que « la totalité du négatif » (Theodor W. Adorno, *Vorlesungen über Negative Dialektik. Fragmente zur Vorlesung 1965/66*, hrg. von Rolf Tiedemann, Frankfurt a. M., Suhrkamp Verlag, 3. Aufgabe, 2014, p. 34-35) et que, en ce sens, « le tout est le non-vrai » (*Trois études sur Hegel, op. cit.*, 1979, p. 88).

2. Theodor W. Adorno, « Critique de la culture et société », *Prismes. Critique de la culture et société, op. cit.*, p. 26.

du moins si on entend par là la tentative de faire surgir le vrai de la position simultanée de deux propositions contradictoires. Adorno nous a en effet d'abord dit que, *la totalité étant fausse*, il n'est plus possible d'espérer en dire quoi que ce soit de vrai à partir d'une critique qui lui resterait immanente ; et il nous dit maintenant que *la fausseté étant totale*, il n'est plus possible non plus d'espérer pouvoir occuper par rapport à elle une position extérieure depuis laquelle la critique pourrait être menée. Et pourtant, il subsiste quelque chose de vrai dans les deux types de critiques : la critique externe ou transcendante est vraie en ce qu'elle est seule à permettre de révéler la totalité sociale comme étant fausse et, en ce sens, la critique transcendante est bien le lieu de formation ou d'acquisition d'un « savoir » dont Adorno concède qu'il est parfaitement « subjectif » en ce qu'il « intervient pour ainsi dire de l'extérieur dans la détermination de l'objet »[1]. Mais la critique immanente est vraie aussi en ce sens que « critiquer de façon immanente les œuvres de l'esprit, cela veut dire comprendre (…) et désigner ce que les œuvres elles-mêmes disent de l'état du monde à travers leur consistance et leur inconsistance »[2]. La vérité de la critique immanente consiste en ce qu'elle « ne se contente pas d'un savoir général », ou en ce qu'elle « cherche à traduire ce savoir en une force d'appréhension de la chose-même »[3]. Il est donc possible de reconnaître à la critique immanente « une valeur de connaissance » que ne possède pas la critique transcendante : c'est que la critique immanente s'enfonce dans l'œuvre culturelle ou l'œuvre de pensée qui est son

1. Theodor W. Adorno, « Critique de la culture et société », *Prismes. Critique de la culture et société, op. cit.*, p. 28.
2. *Ibid.*, p. 27.
3. *Ibid.*, p. 27.

objet, elle en mesure les tensions internes, elle en parcourt les contradictions et les apories, « elle retrace la logique de ces apories » et « c'est dans de telles antinomies qu'elle découvre celles de la société » – autant d'éléments qui font dire à Adorno que « la démarche immanente est plus essentiellement dialectique » que la démarche transcendante.

Mais il demeure que la critique immanente court en permanence le risque d'être « tenue sous le charme de son propre objet », qu'elle se heurte à « la limite » consistant à « se réduire à n'être que réflexion et à ne rien changer à l'existence »[1], de même qu'elle est exposée au risque « de retomber dans l'illusion de l'esprit autosuffisant »[2]. Bref, là où la critique transcendante ou externe risque de « perdre le rapport spontané avec l'objet », la critique immanente risque quant à elle « de rester prisonnière de l'objet culturel ».

C'est donc qu'il faut récuser non l'une des deux formes de la critique au profit de l'autre, mais l'opposition même entre les deux et la nécessité d'avoir à choisir entre elles. D'où l'affirmation par Adorno de la thèse selon laquelle

> la théorie critique ne peut accepter l'alternative de mettre la culture en question d'une façon globale et extérieure (…), ou de la confronter avec les normes qu'elle a elle-même engendrées. (p. 25)

C'est ainsi l'alternative même entre critique immanente et critique transcendante qui est simplement récusée – ce qui ne signifie rien d'autre sinon qu'il faut pratiquer les deux, et aussi bien ou autant l'une que l'autre, au motif que, comme dit Adorno, « en fin de compte, l'opposition

1. *Ibid.*, p. 28.
2. *Ibid.*, p. 29.

entre la connaissance extérieure et intérieure devient elle-même suspecte pour la méthode dialectique, en tant que symptôme de la réification qu'il lui incombe de dénoncer »[1]. Isoler l'une des deux formes de critique et l'opposer à l'autre, c'est succomber soi-même à la réification : c'est transformer la critique transcendante en une « classification abstraite », en une « pensée pour ainsi dire administrative »[2], et c'est, d'autre part, transformer la critique immanente en un « fétichisme de l'objet coupé de sa genèse »[3], c'est verser dans « l'illusion de l'esprit autosuffisant ».

Il convient donc de corriger chaque forme de critique par l'autre : le point de vue immanent évite à la théorie sociale de « se changer en délire dès lors qu'elle a perdu le rapport spontané avec l'objet », tandis que le point de vue transcendant préserve la théorie sociale du « risque de rester prisonnier de l'objet culturel »[4]. Seule la combinaison des deux points de vue permet d'éviter « à la fois le culte de l'esprit et l'anti-intellectualisme », où l'on reconnaît sans mal l'alternative de laquelle nous sommes prisonniers aujourd'hui, plus encore peut-être qu'à l'époque d'Adorno. Ce qui conduisait ce dernier à poser que « le critique dialectique doit à la fois participer et ne pas participer à la culture »[5].

Soulignons encore ce qu'Adorno escomptait d'une critique sociale qui consisterait en une combinaison de la critique immanente et de la critique transcendante de la

1. Theodor W. Adorno, « Critique de la culture et société », *Prismes. Critique de la culture et société*, *op. cit.*, p. 28.

2. *Ibid.*, p. 28.

3. *Ibid.*, p. 28.

4. *Ibid.*, p. 29.

5. *Ibid.*, p. 29.

culture : il en attendait une forme de critique capable de produire une *connaissance* aussi bien de la culture, des objets culturels que de la société elle-même. « Le constat, disait-il, de la négativité de la culture » – constat qui peut fort bien et valablement être fait grâce à la critique transcendante – ce constat, donc, « *n'a valeur de connaissance* qu'en faisant ses preuves dans la démonstration pertinente (…) du caractère logique ou boiteux d'une pensée, de la cohérence ou de la fragilité d'une œuvre, de la substantialité ou de l'inanité d'une figure de pensée »[1]. Autrement dit, un simple *constat* effectué au point de vue de la critique transcendante ne devient une *connaissance* qu'en étant vérifié à même l'étude immanente de telle œuvre et de telle pensée. La connaissance se produit donc au point de rencontre entre la radicalité du geste de la critique transcendante et l'étude patiente, endurante de la chose-même par la critique immanente.

Au terme de ce parcours du texte d'Adorno, il semble qu'un certain nombre de préjugés doivent être abandonnés, la position d'Adorno s'avérant à la fois plus complexe et plus nuancée que ce à quoi on s'attendait peut-être. On aurait notamment pu penser qu'il rejetterait la *Kulturkritik* au profit de la *Sozialkritik* et qu'il présenterait l'opposition des deux en assignant la première à une forme transcendante et politiquement réactionnaire, et la seconde à une forme immanente et politiquement progressiste de critique. Or les choses sont loin, très loin d'être aussi simples. Non seulement la critique de la culture n'est pas rejetée par Adorno, mais elle est, selon son propre terme, « accueillie » par la critique sociale : une légitimité lui est reconnue qui va même jusqu'à une reconnaissance du caractère fondé

---

1. *Ibid.*, p. 27 ; nous soulignons.

de la critique externe ou transcendante. Parallèlement, un certain nombre de limites de la critique sociale de type interne sont également soulignées, à commencer par le risque de succomber au charme de son propre objet. Un autre préjugé aurait consisté à penser qu'Adorno estimerait la critique de la culture incapable de produire une forme positive de connaissance de son objet, cette capacité étant réservée à la critique sociale en tant que critique immanente. Cela également s'avère être faux : chez Adorno, le gain de connaissance est attendu, non pas d'une forme de la critique au détriment de l'autre, mais de la rencontre même des deux critiques.

LA THÉORIE CRITIQUE ET LA QUESTION
DE LA VILLE [1]

C'est un fait que la ville, la vie urbaine et le processus historique de l'urbanisation, pourtant centraux dans la modernité, ne sont pas des objets privilégiés de la tradition de la théorie sociale critique : c'est au point que la ville pourrait presque servir de critère de distinction entre la critique sociale et la critique de la culture, la *Kulturkritik*. Autant nombre de représentants de cette dernière ont proposé des analyses éclairantes de la grande ville moderne et de la vie urbaine, à commencer par Georg Simmel [2], autant les représentants de la critique sociale paraissent avoir chômé ces questions. Nous voudrions ici nous demander pourquoi et nous interroger sur les sources et les causes de cette relative indifférence et de cette attitude ambivalente qui ont souvent été celles des théoriciens critiques à l'endroit de la ville et de la question urbaine en général. Nous commencerons par donner quelques exemples de cette ambivalence et/ou de cette indifférence, avant d'en chercher ensuite les causes et l'origine du côté de Marx et Engels.

1. Une version différente de ce texte a été publiée sous le titre « Des difficultés de la Théorie critique avec la ville », *Cahiers philosophiques de Strasbourg*, n°46, second semestre 2019.
2. G. Simmel, « Les grandes villes et la vie de l'esprit », dans *Philosophie de la modernité, op. cit.*, p. 233-252.

Cette ambiguïté de la théorie sociale critique relativement à la ville, on peut par exemple la repérer chez Benjamin. Au sujet de Baudelaire, il souligne que « la formation des foules au sein des grandes villes » est vécue et expérimentée par le poète comme la condition de possibilité d'une poésie urbaine et moderne tout à fait nouvelle. Mais il y a aussi, ajoute Benjamin, « au cœur de la flânerie, une fantasmagorie angoissante »[1] dont témoigne par exemple le poème *Les sept vieillards*. Un vieillard aux guenilles jaunes apparaît soudain devant le flâneur, qui est aussitôt suivi de « son pareil » qui est lui-même à son tour suivi de son « jumeau », et ainsi de suite jusqu'à sept :

> Car je comptais sept fois, de minute en minute,
> Ce sinistre vieillard qui se multipliait.

Dans la foule, un même individu semble se démultiplier de sorte qu'il ne vaut plus comme individu, mais comme l'incarnation d'un type : c'est alors que « le citadin éprouve l'angoisse à ne plus pouvoir, malgré la mise en œuvre des singularités les plus excentriques, rompre le cercle magique du type »[2]. Cela va de pair avec le fait que ces mêmes individus, justement parce qu'ils sont les exemplaires d'un même type, « apparaissent comme assujettis à des automatismes »[3] : c'est un même genre de conduites qui est infiniment reproduit par ces individus qui ne sont que les exemplaires eux-mêmes indéfiniment reproduit d'un même type.

Et c'est alors que l'expérience positive du flâneur, « du promeneur solitaire dans la foule » de la grande ville se

---

1. W. Benjamin, « Notes sur les *Tableaux parisiens* de Baudelaire », dans *Écrits français*, présentés par J.-M. Monnoyer, Paris, Gallimard, 1991, p. 242.

2. *Ibid.*, p. 243.

3. *Ibid.*

renverse en son contraire : elle devient celle de « l'irrémédiable détresse du solitaire au sein des foules »[1]. Les foules de la grande ville deviennent alors un milieu hostile dans lequel le promeneur fait une expérience à laquelle Benjamin accorde une importance considérable : l'expérience du *choc*. Le choc apparaît à Benjamin comme « la forme prépondérante de la sensation », encore « accentué par le processus objectivisé et capitaliste du travail »[2]. Benjamin peut ainsi écrire que « le processus qui détermine, sur la chaine d'usine, le rythme de la production, est à la base même du mode de réception propre aux spectateurs de cinéma »[3] : et cet « ensemble de réflexes mécaniques que la machine met en jeu chez le travailleur » par enchainement de chocs successifs est très exactement celui qui est également mis en jeu chez le spectateur de films, chez le joueur[4] et chez le promeneur dans les rues des grandes villes. Le choc et la réaction mécanique de type réflexe qui le suit immédiatement, synthétisent chez Benjamin le sens de l'expérience de la grande ville industrielle en tant qu'elle est le lieu d'un « déroulement du temps vide »[5] qui n'a d'autre contenu que les chocs successifs qui le ponctuent continuellement. Ainsi se révèle ce que Benjamin appelle « le visage authentique de la grande ville »[6] : c'est une figure angoissante dans laquelle s'éteint tout à fait ce

1. *Ibid.*
2. *Ibid.*, p. 245.
3. W. Benjamin, « Sur quelques thèmes baudelairiens » (1939), dans *Charles Baudelaire. Un poète lyrique à l'apogée du capitalisme*, trad. J. Lacoste, « Petite Bibliothèque », Paris, Payot-Rivages, 2002, p. 180.
4. « L'idée régulatrice du jeu (comme celle du travail salarié) est l'éternel recommencement à partir de zéro » (*ibid.*, p. 186).
5. W. Benjamin, « à propos de quelques motifs baudelairiens », *Écrits français*, *op. cit.*, p. 245.
6. W. Benjamin, « Le Paris du Second Empire chez Baudelaire » (1938), dans *Charles Baudelaire*, *op. cit.*, p. 91.

que Baudelaire appelait encore « le plaisir d'être dans les foules »[1].

Les paradigmes de théorie critique qui ont été ceux de Horkheimer et Adorno ne leur ont manifestement pas permis de prendre réellement la ville comme un objet d'étude spécifique. Tout se passe comme si la défiance qui était celle des deux fondateurs de l'Institut de Francfort à l'égard du pragmatisme américain s'était étendue à la sociologie pragmatiste de l'école de Chicago qui avait fait de la ville et de la vie urbaine les objets de prédilection de ses études et enquêtes. Horkheimer et Adorno ont certes abordé des thèmes liés à la ville – les masses, les moyens de communication ou « mass-médias », la propagande et la publicité, etc. – mais jamais cela ne les a conduits à prendre la grande ville elle-même directement comme objet.

S'agissant de Adorno, on peut se pencher sur un bref texte autobiographique publié en 1966 et consacré à Amorbach, la petite ville où il a grandi en Franconie, à 80 km de Francfort, pour y trouver une des rares évocations de la grande ville dans son œuvre. Cette dernière, la grande ville, qu'Adorno n'a vraiment connue qu'à Paris puis, surtout, à New York, lui apparaît soumise au processus de « la standardisation », produit lui-même « de la technique et du monopole »[2]. La grande ville est le lieu, note Adorno, où « l'on en vient à penser que les différences qualitatives ont réellement disparu de la vie, tout comme les progrès de la rationalité les excluent de la méthode »[3]. L'expérience de la grande ville est ainsi celle – « angoissante », selon

1. Charles Baudelaire, « Mon cœur mis à nu », cité par W. Benjamin dans *Charles Baudelaire*, *op. cit.*, p. 89.
2. Theodor W. Adorno, *Amorbach et autres fragments autobiographiques*, trad. M. Maurin et A. Wiser, Paris, Allia, 2016, p. 14.
3. *Ibid.*

Adorno – de l'uniformisation qui rend « tous les lieux semblables » en les soumettant tous pareillement au processus de l'abstraction réelle qui est celui du monde des marchandises et du règne de la valeur. Par contraste, la petite ville est le lieu d'une « expérience du bonheur » qui est celle de ce qu'Adorno appelle « l'inéchangeable »[1], c'est-à-dire de l'exact opposé de l'échange universel qui règne dans la grande ville et la marque de son empreinte standardisatrice. Même si l'on doit plus tard découvrir que la petite ville de l'enfance n'est pas aussi unique qu'on le croyait, ou bien qu'elle a aussi été soumise à des processus uniformisateurs qui remontent plus loin que l'ère industrielle, il reste qu'elle aura été le lieu d'une expérience de l'unique et du non échangeable qui est exclue de la grande ville. Ces aperçus proposés par Adorno sont certes stimulants, mais il faut avouer qu'ils restent marginaux dans son œuvre et que l'impression demeure que la grande ville n'est guère plus pour lui que le lieu où se déroulent des processus qui l'intéressent bien davantage, telle la standardisation de la vie produite par l'industrie culturelle.

Quant à Habermas, bien que la question de la ville et de l'urbanisme n'occupe pas une place considérable dans son œuvre, il demeure qu'il est l'un des rares représentants de la théorie critique à avoir tenté une approche de la ville à partir du cadre théorique et du paradigme critique qui sont les siens. Les aperçus les plus significatifs se trouvent dans son article de 1981 intitulé « Architecture moderne et postmoderne »[2] : dans ce texte, Habermas est très critique à l'endroit des représentants du postmodernisme sans que

1. *Ibid.*
2. J. Habermas, « Architecture moderne et postmoderne », dans *Écrits politiques. Culture, droit, histoire*, trad. C. Bouchindhomme, R. Rochlitz, Paris, Champs-Flammarion, 1999.

cela ne l'empêche d'être également très conscient des difficultés et des apories du modernisme. Une telle prise de conscience est en réalité indispensable à la réalisation du projet de Habermas d'une « poursuite autocritique de la modernité »[1]. Cela suppose de tirer au clair les difficultés rencontrées jusqu'ici par le projet moderne dans le domaine de la ville et de l'architecture. Dans ces domaines, « le mouvement moderne » a certes su « prendre conscience des défis que représentent les besoins qualitativement nouveaux et les nouvelles possibilités techniques » et, de ce point de vue, il a su « apporter une réponse correcte »[2]. Mais ce même mouvement moderne s'est en revanche trouvé « plutôt désarmé lorsqu'il s'[est] agi d'affronter les contraintes systématiques exercées par les impératifs du marché et de la planification administrative »[3]. De ce point de vue, ce qui a fait défaut au mouvement moderne, c'est une claire conscience ou, du moins, une conscience suffisante des « contradictions qui caractérisent la modernisation capitaliste », et en particulier de la contradiction entre, d'un côté, « les besoins incitant à donner forme au monde vécu » et, de l'autre côté, « les impératifs communiqués à travers les médias de l'argent et du pouvoir »[4], c'est-à-dire à travers les deux systèmes qui, dans la modernité capitaliste, tendent selon Habermas à « coloniser le monde vécu ».

La limite du projet moderne tient ainsi à son diagnostic même sur ce qu'est devenue la ville au cours de la modernisation capitaliste des sociétés. La ville a cessé d'être ce

1. J. Habermas, « Architecture moderne et postmoderne », *op. cit.*, p. 29.
2. *Ibid.*, p. 24.
3. *Ibid.*
4. *Ibid.*, p. 25.

que Habermas appelle « un monde vécu transparent »[1] :
aussi longtemps que tel a été le cas, on pouvait encore
donner une forme architecturale à la ville, on pouvait mettre
architecturalement en forme les fonctions de la ville parce
que ces fonctions étaient elles-mêmes encore intégrées au
monde vécu. Ainsi les fonctions politiques et économiques,
les fonctions privées et publiques, culturelles et religieuses,
les fonctions liées « au travail, à l'habitat, aux loisirs ou
aux fêtes » pouvaient, comme le dit Habermas, « se traduire
en finalités, en fonctions régissant l'utilisation d'espaces
façonnés »[2]. Mais l'entrée dans le second âge du
capitalisme, au cours du XXᵉ siècle, a rendu impossible
une *traduction* de ce genre : « la ville, écrit Habermas, est
devenue le carrefour de liens fonctionnels d'un autre
type »[3] qui sont caractérisés par leur abstraction, leur
anonymat, leur invisibilité et leur indisponibilité aux
acteurs. La ville du XXᵉ siècle est une ville « impliquée
dans des systèmes abstraits qui échappent à toute tentative
visant à leur donner une présence sensible d'ordre
esthétique »[4]. La traduction de la langue des systèmes dans
celle du monde vécu s'avère impossible : ces langues sont
incommensurables, incompatibles entre elles. Et l'emprise
des systèmes sur la vie urbaine est désormais telle qu'elle
conduit Habermas à se demander « si le *concept* de ville
lui-même n'est pas dépassé »[5] : cela tient au fait que notre
concept de ville est resté associé à « une forme de vie
déterminée » et donc à une forme du monde vécu qui a été
à ce point transformée et bouleversée par l'emprise des

1. *Ibid.*, p. 27.
2. *Ibid.*
3. *Ibid.*
4. *Ibid.*
5. *Ibid.*

systèmes que ce concept n'a plus grand chose qui lui corresponde encore dans la réalité.

Ce diagnostic critique étant fait, reste à savoir si le théoricien critique est capable sinon d'offrir lui-même des ressources aux acteurs et d'ouvrir des perspectives à leur action, du moins de repérer, dans les actions effectivement menées et dans la réalité sociale, des ressources susceptibles de remédier aux dysfonctionnements engendrés par l'emprise des systèmes sur le monde vécu urbain. De ce point de vue, l'attention du théoricien critique est attirée par « les initiatives visant à promouvoir une architecture communale faisant participer les intéressés à la planification, sans se contenter de déclamation, et établissant les plans des quartiers en dialoguant avec les habitants »[1]. Dans le monde vécu lui-même sont donc mises en place des stratégies dont Habermas admet la nature « défensive », mais qui ont le mérite de reposer sur l'expérience vive que les intéressés eux-mêmes font des « dysfonctionnements » qui sont engendré dans leur monde vécu par « les mécanismes de régulations du marché et des admi-nistrations » et qui ont pour effet « d'invalider le "fonction-nalisme" visé à l'origine »[2]. L'issue entrevue par Habermas consisterait donc à « mettre en concurrence avec les médias de l'argent et du pouvoir la communication par laquelle les intéressés forment une volonté collective »[3]. Pour le dire en d'autres termes et, en l'occurrence, en empruntant à Murray Bookchin son opposition entre *Urbanisation* et *Citizenship*[4], on peut dire que la proposition de Habermas

1. J. Habermas, « Architecture moderne et postmoderne », *op. cit.*, p. 30.

2. *Ibid.*

3. *Ibid.*

4. M. Bookchin, *The Rise of Urbanisation and the Declin of Citizenship*, Sierra Club Book, 1987.

consiste à systématiquement favoriser, renforcer et consolider, dans la forme urbaine de vie, les pratiques communicationnelles qui relèvent d'une *citoyenneté* enracinée dans le monde vécu, contre une *urbanisation* engendrée par les systèmes de l'économie et de l'administration, de l'argent et du pouvoir.

Si elle peut paraître assez restreinte et sans doute un peu trop modeste, il y a donc quand même bien chez Habermas la tentative de rendre son paradigme critique – celui d'une critique des systèmes à partir des ressources communicationnelles du monde vécu – utile non seulement à une compréhension critique des évolutions de la ville, mais aussi à la formulation de moyens de contrecarrer les effets proprement pathologiques engendrés dans le monde vécu urbain du fait de sa colonisation par les impératifs fonctionnels des systèmes. C'est pourquoi on a des raisons d'être d'autant plus surpris du fait que les représentants plus récents de la théorie critique ont laissé quasi inexploré et inexploité le potentiel critique que leur paradigme théorique pouvait avoir pour une compréhension de la vie urbaine contemporaines et de ses pathologies propres.

C'est notamment le cas d'Axel Honneth, chez qui on est bien en peine de trouver des analyses consacrées à la ville. On peut d'autant plus le regretter que son paradigme critique – celui de la lutte pour la reconnaissance – possède certainement en lui-même des ressources permettant de penser de façon critique les formes urbaines de vie et les processus d'urbanisation. Il serait par exemple possible de mettre l'accent sur la façon dont l'espace urbain est un espace tissé de signes de reconnaissance, ou plutôt de signes de non-reconnaissance et de déni de reconnaissance qui sont adressés à des populations déterminées[1]. Certaines

---

1. Voir M. Labbé, *Reprendre place. Contre l'architecture du mépris*, Paris, Payot, 2019, p. 41 *sq.*

transformations contemporaines de l'espace urbain pourraient être ainsi interprétées comme autant de torts et d'injustices qui sont faits à des catégories de la population : c'est en particulier le cas de formes récentes de mobilier urbain qui sont conçues afin d'empêcher leur usage par les sans-abris. L'édification de murs autour des bouches d'extraction de l'air chaud des parkings ou des stations de métro sont aussi des manières de signifier aux sans-domiciles qu'ils ne sont pas les bienvenus dans l'espace urbain, de même que des picots métalliques sur les bordures de trottoirs ou sur des éléments de mobilier urbain sont des signes adressés cette fois aux jeunes qui seraient tentés d'en faire les éléments d'un skate-park improvisé.

Ces considérations peuvent sembler relever de la mico-sociologie, mais je reste persuadé que la possibilité existait de faire davantage, et de mettre par exemple en relation la description de ces signes concrets de déni de reconnaissance dans l'espace urbain contemporain avec le programme – que Honneth se fixait au début des années 2000 – d'une analyse des « paradoxes » du capitalisme engendrés par la fin de l'ère social-démocrate et l'entrée dans celle de la « révolution néolibérale »[1]. On pourrait notamment faire le lien entre ces signes ostensibles de *mépris social* adressés aux exclus et aux marginaux et l'idée que, « dans le capitalisme en réseau, les citoyens et les citoyennes tendent de plus en plus à percevoir leurs performances, leurs succès et leurs échecs de manière individuelle, si bien que toute référence à un ensemble plus large ne semble plus guère possible »[2]. En ce sens,

1. M. Hartmann, A. Honneth, « Les paradoxes du capitalisme : un programme de recherche », dans A. Honneth, *La société du mépris. Vers une nouvelle Théorie critique*, édition établie par O. Voirol, Paris, La Découverte, 2006, p. 275-303.
2. *Ibid.*, p. 296.

ce serait cette individualisation des échecs et, plus encore, la responsabilisation à outrance des individus en matière d'échecs ou de défaut de performance qui expliquerait qu'il soit désormais possible d'afficher et de diffuser clairement et ostensiblement, dans l'espace urbain, des signes manifestes de mépris social à l'égard de ceux qui, précisément, ont « échoués » et qui sont tenus d'en porter seuls la responsabilité.

Si l'on se penche sur le paradigme critique plus récemment proposé par Hartmut Rosa, celui de *l'accélération* dans le cadre d'une critique sociale du temps, on est là aussi frappé par la sous-utilisation de ce paradigme dans le cadre d'une approche de la ville, de la vie et de l'espace urbains. En réinterprétant le processus de modernisation comme consistant essentiellement en un processus d'accélération sociale, on aurait pu s'attendre à ce que le processus d'urbanisation non seulement soit thématisé, mais à ce qu'il joue même un rôle clé. Il faut bien constater que tel n'est pas le cas. Hartmut Rosa ne fait état de la ville et de la vie urbaine qu'au début de son enquête, essentiellement pour reconnaître à Simmel le mérite d'avoir établi le lien entre urbanisation et accélération, mais sans prendre davantage ce lien pour thème explicite et sans l'approfondir plus avant. H. Rosa se réfère à *La grande ville et la vie de l'esprit*, à « De l'influence de l'argent dans le rythme de la vie » ou encore au dernier chapitre de la *Philosophie de l'argent*, et il reconnaît la spécificité de l'apport de Simmel à la compréhension du processus de modernisation sociale : là où d'autres classiques de la sociologie, Weber et Durkheim pour ne pas les nommer, ont interprété la modernisation comme rationalisation, différenciation fonctionnelle et individualisation, Simmel, quant à lui, met davantage l'accent sur le fait que la modernisation est un processus de transformation de la structure de la personnalité. « La modernisation, écrit H. Rosa, signifie pour [Simmel] avant tout une métamorphose de la structure de la personnalité des individus, qui réagissent aux exigences excessives que leur impose l'accélération de la modernité par une transformation de leur économie affective, de leur structure mentale, de leur "vie nerveuse" et de la relation entre émotions et intellect »[1]. Mais le fait que cette transformation de la personnalité des individus n'ait pas lieu nulle part et qu'elle se déroule concrètement sur le sol de la grande ville n'est pas davantage exploré par H. Rosa, qui préfère mettre l'accent sur l'échange monétaire comme sur ce qui, en dernière instance, expliquerait à la fois l'accélération des rapports sociaux et leur intellectualisation.

L'échange monétaire n'est pourtant pas l'élément ultime d'explication ou, du moins, pas le seul dans la mesure où sa généralisation ne s'est pas faite hors sol : elle a nécessité un terrain favorable et propice qui a précisément consisté en la formation de la grande ville moderne. Il semble bien que Hartmut Rosa tienne davantage compte de cette corrélation, et surtout de son lieu – la ville – dans son ouvrage plus récent, *Résonance. Une sociologie de la relation au monde*. Sollicitant à nouveau le même texte de Simmel, *Les grandes villes et la vie de l'esprit*, Rosa note que

> dans l'espace de la grande ville, la densité élevée des interactions et la fréquence des rencontres physiques sont telles qu'elles contraignent les sujets à se défaire d'un certain mode de résonance dispositionnelle afin d'adopter

1. H. Rosa, *Accélération. Une critique sociale du temps, op. cit.*, p. 75.

dans leurs relations une attitude mi indifférente, mi répulsive.[1]

Il s'agit là de la traduction par Rosa du thème simmelien du « caractère blasé » propre à l'habitant de la grande ville dans les termes propres à la théorie de la résonance qui est la sienne. Cela signifie que « les relations "qualitatives" et parlantes aux personnes et aux choses ont été remplacées par des relations "quantitatives" anonymes, abstraites et formelles »[2]. En d'autres termes, « les sujets de la modernité tardive perdent le monde comme vis-à-vis parlant et répondant à mesure qu'ils étendent leur accès instrumental à celui-ci »[3]. Cette perte du monde tient elle-même au fait que « les sujets de la modernité (tardive) sont structurellement contraints d'envisager le monde comme un capital à investir dans la lutte concurrentielle – autrement dit, d'adopter une perspective réifiante »[4]. Soit, mais il reste qu'à partir du moment où, comme Hartmut Rosa, on reconnaît que la grande ville et la vie urbaine moderne sont les lieux de cette perte de la relation résonante au monde, de cette réification du monde et des individus eux-mêmes, on devrait alors aussi en conséquence se donner comme tâche de déterminer quelles sont les transformations à introduire dans la ville et la vie urbaine qui permettraient de rétablir un rapport au monde de type résonnant. Mais cette tâche précise et déterminée semble devoir se dissoudre dans un bien plus vaste programme qui est celui de l'interruption de la « logique d'accroissement » typique des sociétés du capitalisme tardif, du

1. H. Rosa, *Résonance. Une sociologie de la relation au monde*, op. cit., p. 383.
2. *Ibid.*, p. 382.
3. *Ibid.*, p. 493.
4. *Ibid.*, p. 480.

passage à une « société de post-croissance » et d'un « *remplacement* de la machine aveugle d'exploitation capitaliste par des institutions économiques démocratiques capables d'assujettir les décisions en matière d'objectifs, de formes et de moyens de production aux critères de vie réussie »[1]. Où l'on retrouve cette même tendance, déjà constatée chez Habermas, qui consiste à aborder le problème de la grande ville à partir d'un cadre bien plus large qui n'est autre que celui d'une analyse du mode de production capitaliste dans son ensemble et de la crise métabolique qu'il provoque dans le rapport à la nature et au monde. Cette tendance qui semble assez générale chez les théoriciens critique ne vient pas de nulle part : elle prend son origine chez Marx et Engels, auxquels il faut aussi faire remonter cette attitude ambivalente à l'égard du phénomène urbain qu'on a vue chez Benjamin notamment.

Cette ambiguïté du propos relatif à la grande ville est en effet manifeste dès *La situation de la classe laborieuse en Angleterre*. D'un côté, Engels ne peut pas dissimuler l'admiration qui est la sienne envers les exploits techniques et industriels rendus possibles dans et par la grande ville moderne. Il écrit notamment ceci :

> Une ville comme Londres, où l'on peut marcher des heures sans même parvenir au commencement de la fin, sans découvrir le moindre indice qui signale la proximité de la campagne, est vraiment quelque chose de très particulier. Cette centralisation énorme, cet entassement de 3,5 millions d'êtres humains en *un seul* endroit a centuplé la puissance de ces 3,5 millions d'hommes. Elle

---

1. H. Rosa, *Résonance. Une sociologie de la relation au monde*, *op. cit.*, p. 502.

a élevé Londres au rang de capitale commerciale du monde, créé les docks gigantesques et rassemblé les milliers de navires, qui couvrent continuellement la Tamise. Je ne connais rien qui soit plus imposant que le spectacle offert par la Tamise, lorsqu'on remonte le fleuve depuis la mer jusqu'au London Bridge (…) – tout cela est si grandiose, si énorme, qu'on en est abasourdi et qu'on reste stupéfait de la grandeur de l'Angleterre avant même de poser le pied sur son sol[1].

Mais Engels, dans la suite immédiate du même texte, ne peut pas taire le profond dégout que lui inspire la grande ville dont il vient pourtant d'admirer les exploits et les « miracles ». Voici ce qu'il écrit :

Quant aux sacrifices que tout cela a coûté, on ne les découvre que plus tard. Lorsqu'on a battu durant quelques jours le pavé des rues principales, qu'on s'est péniblement frayé un passage à travers la cohue, les files sans fin de voitures et de chariots, lorsqu'on a visité les "mauvais quartiers" de cette métropole, c'est alors seulement qu'on commence à remarquer que ces Londoniens ont dû sacrifier la meilleure part de leur qualité d'hommes, pour accomplir tous les miracles de la civilisation dont la ville regorge (…). La cohue des rues a déjà, à elle seule, quelque chose de répugnant, qui révolte la nature humaine. (…) Il ne vient à l'esprit de personne d'accorder à autrui, ne fût-ce qu'un regard. Cette indifférence brutale, cet isolement insensible de chaque individu au sein de ses intérêts particuliers, sont d'autant plus répugnants et blessants que le nombre de ces individus confinés dans cet espace réduit est plus grand. Et même si nous savons

---

1. F. Engels, *La situation de la classe laborieuse en Angleterre, d'après les observations de l'auteur et des sources authentiques*, trad. G. Badia et J. Frédéric, Paris, éditions sociales, 1973, p. 59.

> que cet isolement de l'individu, cet égoïsme borné sont partout le principe fondamental de la société actuelle, ils ne se manifestent nulle part avec une impudence, une assurance si totales qu'ici, précisément, dans la cohue de la grande ville.

Une ambiguïté pour ne pas dire une contradiction du même genre se trouve à nouveau dans le texte de Engels de 1887, *La question du logement* : là encore, il alterne entre la célébration des prouesses accomplies par la grande ville industrielle moderne, et le rejet de cette même grande ville, allant cette fois jusqu'à formuler le projet d'une « suppression des grandes villes ».

Dans ce texte, Engels refuse de se joindre aux « jérémiades » du proudhonien allemand, Arthur Mülberger, et il veut voir au contraire comme un progrès « l'expulsion des travailleurs de leur foyer », il crédite « la grande industrie moderne » d'avoir fait « du travailleur rivé au sol un prolétaire ne possédant absolument rien »[1], puisque c'est là la condition de la formation d'une classe véritablement révolutionnaire : ne plus avoir de foyer, c'est selon Engels « la toute première condition de l'émancipation morale » des travailleurs. Il ne peut donc y avoir chez Engels aucune nostalgie de l'époque préindustrielle durant laquelle les travailleurs étaient attachés à leur foyer rural puisque, selon ses propres termes, « seul le prolétariat créé par la grande industrie moderne, libéré de toutes les chaines du passé, y compris de celles qui l'attachaient au sol, *et consacré dans les grandes villes* (nous soulignons), est en état d'accomplir la grande transformation sociale qui mettra

---

1. F. Engels, *La situation de la classe laborieuse en Angleterre*, *op. cit.*, p. 59.

fin à toute exploitation et domination de classe »[1]. Sur cette ligne de pensée, on est au plus loin d'une critique de la ville et de la vie urbaine modernes, on est au contraire au plus près de leur apologie en raison de la contribution décisive qu'elles apportent à la concentration et à la formation de la classe des travailleurs révolutionnaires.

Mais il est aussi une *autre* ligne de pensée chez Engels, qui apparaît lorsque ce dernier se penche sur la solution à la crise du logement que proposent aussi bien les proudhoniens que les économistes bourgeois qui ont abordé le problème : cette solution consiste à rendre les travailleurs de la grande industrie, et donc des villes, propriétaires de leur logement. Ce qui revient à dire que la solution est celle qu'offre « le système du cottage », c'est-à-dire le système dans lequel « chaque famille ouvrière a sa petite maison, avec si possible un jardinet »[2]. La difficulté est qu'une telle solution n'est justement pas praticable là où se pose le problème qu'elle est censée résoudre, à savoir dans les villes. « Hélas, trois fois hélas, s'exclame Engels, le système du cottage est irréalisable précisément dans les centres où sévit la crise de la cherté des terrains », c'est-à-dire dans les villes. La prétendue solution à la crise urbaine du logement consiste donc à loger les ouvriers des villes justement là où ils n'habitent pas, c'est-à-dire à la campagne où on leur proposerait d'acquérir des cottages avec jardin… Ce qui conduit Engels à dire que « la solution bourgeoise à la question du logement a fait faillite : elle s'est heurtée à *l'opposition entre la ville et la campagne* »[3].

1. *Ibid.*, p. 34.
2. *Ibid.*, p. 63.
3. *Ibid.*, p. 64.

« Nous voici, ajoute-t-il, arrivés au cœur même de la question ». Et c'est peu que de le dire, car c'est bien là que nous buttons sur un problème majeur posé par la pensée de Marx et Engels et transmis à la tradition de la Théorie critique : le problème de la suppression de l'opposition entre la ville et la campagne, et de son corollaire, la suppression des grandes villes qui vient directement contredire l'apologie de ces dernières que l'on trouve aussi chez Engels et chez Marx. Car la question est bien celle de savoir en quoi peut bien consister une telle suppression de l'opposition entre la ville et la campagne ? Tout le problème est là, rendu plus aigu encore par le fait que l'abolition de cette opposition revient en réalité à la suppression des grandes villes moderne : « les grandes villes modernes, écrit clairement Engels, ne seront supprimées que par l'abolition du mode de production capitaliste »[1]. L'abolition de la séparation ville/campagne a-t-elle le sens d'une victoire définitive de la ville sur la campagne et devrait-elle consister en une généralisation de l'urbanisation afin que tous puissent bénéficier des avantages de la ville ? Mais si c'est de cela qu'il s'agit, en quoi cela relève-t-il d'un renversement de nature révolutionnaire ? Le développement du capitalisme se charge très bien lui-même du processus d'urbanisation depuis 200 ans, et rien ne garantit que la poursuite de ce processus, et *a fortiori* sa radicalisation et son amplification soient synonymes de rupture avec le capitalisme. Bref, que peut bien vouloir signifier « l'abolition de la ville et de la campagne » chez des auteurs qui, par ailleurs, font l'apologie de la vie urbaine en la considérant comme le lieu où s'accumulent les conditions

---

1. F. Engels, *La situation de la classe laborieuse en Angleterre*, *op. cit.*, p. 65.

matérielles qui sont en même temps celles d'une rupture avec la société capitaliste ?

Reprenons les choses à partir de l'idée selon laquelle l'opposition de la ville et de la campagne serait « poussée à l'extrême par la société capitaliste ». Le diagnostic de Marx, notamment dans le livre III du *Capital*, semble se faire plus précis, ne serait-ce déjà que parce qu'il ne se contente plus de parler abstraitement de « la ville » et de « la campagne ». La campagne, notamment, est maintenant comprise par Marx comme le théâtre d'affrontement entre deux formes de propriété : la petite *versus* la grande propriété foncière.

La petite propriété foncière est en réalité déjà condamnée par les progrès de l'agriculture industrielle dont la forme de propriété privée est celle de la grande propriété foncière. C'est elle qui a le vent en poupe, elle qui « réduit la population agricole à un minimum, à un chiffre qui baisse constamment en face d'une population industrielle, concentrée dans les grandes villes, et qui s'accroît sans cesse »[1]. En d'autres termes, le développement de la grande propriété foncière est la conséquence de l'industrialisation, et cette dernière est un processus qui affecte la campagne et l'agriculture autant que la ville, ou, comme le dit Marx : « la grande industrie et la grande agriculture exploitée industriellement agissent dans le même sens »[2]. C'est donc, semble-t-il, tout l'inverse d'une opposition entre la ville et la campagne qu'engendre le développement des sociétés capitalistes : il semble s'agir au contraire d'une soumission des deux, campagne et ville,

1. K. Marx, *Le Capital*, Livre III, tome 3, chap. XLVII, p. 191.
2. *Ibid.*, p. 192.

à des processus de même nature et qui produisent des conséquences similaires dans l'une et dans l'autre.

La grande propriété foncière et l'agriculture industrielle créent, note Marx, « des conditions qui provoquent un *hiatus* irrémédiable dans l'équilibre complexe du métabolisme social composé par les lois naturelles de la vie : il s'ensuit un gaspillage des forces du sol, gaspillage que le commerce transfère bien au-delà du pays considéré (Liebig) »[1]. Si séparation et opposition il y a ici, ce n'est plus entre la ville et la campagne : la séparation ou le hiatus passe désormais entre l'ensemble de la société industrielle (englobant ville *et* campagne) d'une part, et la nature ou « la terre » d'autre part. C'est le « hiatus » en quoi consiste la rupture de l'équilibre métabolique entre la société et la nature, et donc le déclenchement de la crise du métabolisme société/nature – la poursuite du développement des forces sociales de production, aussi bien industrielles qu'agricoles, se faisant désormais par le gaspillage des forces des sols et la destruction des conditions naturelles de toute existence sociale et historique. On ne peut même plus dire que la différence entre « la grande industrie et la grande agriculture » consiste en ce que « la première ravage et ruine davantage la force de travail, donc la force naturelle de l'homme », tandis que la seconde « ravage et ruine plus directement la force naturelle de la terre »[2]. En réalité, la grande industrie des villes et la grande agriculture industrielle des campagnes se prêtent désormais main forte l'une à l'autre, la seconde accomplit à la campagne ce que la première fait dans les villes et inversement : « le système industriel à la campagne finit aussi par débiliter les

1. K. Marx, *Le Capital*, Livre III, tome 3, chap. XLVII, p. 192.
2. *Ibid*.

ouvriers », tandis que « l'industrie et le commerce, de leur côté, fournissent à l'agriculture les moyens d'épuiser la terre »[1].

L'abolition de la séparation entre la campagne et la ville a donc déjà lieu sous le capital, en l'occurrence sous une forme précise : l'abolition de la séparation y prend la forme de l'intégration de l'agriculture à la grande industrie, de l'application systématique de la science (notamment de la chimie) à la production agricole, associées à la généralisation de la grande propriété foncière et donc à l'expropriation des petits propriétaires, qui uniformise les conditions de la production industrielle dans les villes et celles de la production agricole dans les campagnes.

C'est donc qu'il ne s'agit pas tant d'unifier la campagne et la ville là où le capitalisme les séparerait et les opposerait, que de les unifier *autrement* que le capitalisme ne le fait.

Ce qui rassemble la ville et la campagne dans la forme capitaliste de leur unification, c'est qu'elles en viennent à rompre ensemble, et *l'une autant que l'autre*, les liens d'échange métabolique avec la terre.[2] Une façon de maintenir ce lien serait par exemple « l'utilisation des résidus de la consommation[3] » urbaine, dans la mesure où « ces résidus sont de la plus grande importance pour l'agriculture »[4] et doivent donc être restitués à la terre pour

---

1. *Ibid.*
2. Voir J. B. Forster, « La théorie marxienne de la rupture métabolique, ou les fondations classiques de la sociologie environnementale », dans J. B. Forster, *Marx écologiste*, trad. A. Blanchard, J. Gross, C. Nordmann, Paris, éditions Amsterdam, 2011, p. 35-89.
3. Il s'agit en l'occurrence des « résidus résultant des échanges physiologiques naturels de l'homme » et de « la forme sous laquelle subsistent les objets de consommation après leur utilisation » (K. Marx, *Le Capital*, Livre III, tome 1, chap. v, p. 118).
4. K. Marx, *Le Capital*, Livre III, tome 1, chap. v, p. 118-119.

en assurer et en renouveler la fertilité. Mais, malheureusement, constate Marx au Livre III du *Capital*,

> l'utilisation de ces résidus donne lieu, en économie capitaliste, à un gaspillage colossal ; à Londres, par exemple, on n'a trouvé rien de mieux à faire de l'engrais provenant de 4 millions ½ d'hommes que de s'en servir pour empester, à frais énormes, la Tamise[1].

On a là un exemple tout à fait précis de la manière dont est rompu sous le capital, aussi bien pour la ville que pour la campagne, le lien de l'échange métabolique entre la société et la terre : la production et la consommation en ville engendrent des déchets qui sont rejetés dans le fleuve et le polluent, au lieu d'être transportés à la campagne et d'y servir à l'entretien et au renouvellement de la fertilité des sols.

> Avec la prépondérance toujours croissante de la population urbaine qu'elle entasse dans les grands centres, écrivait Marx cette fois au Livre I du *Capital*, la production capitaliste perturbe le métabolisme entre l'homme et la terre, c'est-à-dire le retour au sol des composantes de celui-ci usées par l'homme sous forme de nourriture et de vêtements, donc l'éternelle condition naturelle d'une fertilité durable du sol. »[2]

On voit ici clairement comment la vie urbaine s'accomplit au détriment non pas seulement de la campagne, mais de la terre même. En lieu et place d'un cercle vertueux consistant en ce que la ville produise des déchets qui fertilisent les sols et permette la production des denrées alimentaires dont la ville a besoin, c'est un cercle vicieux

1. K. Marx, *Le Capital*, Livre III, tome 1, chap. v, p. 119.
2. K. Marx, *Le Capital*, Livre I, chap. xiii, trad. J.-P. Lefebvre, « Quadrige », Paris, Puf, 1993, p. 565.

qui se met en place : la consommation en ville engendre des déchets qui ne fertilisent pas les sols mais polluent les fleuves, et la production de la ville envoient vers les campagnes des engrais chimiques dont l'effet à long terme est dévastateur pour la fertilité des sols. Dans ce cercle vicieux, la ville et la campagne ont l'une et l'autre rompu l'équilibre dans le rapport d'échange métabolique avec la terre : c'est cette rupture de l'équilibre métabolique entre la société et la nature qui, en régime capitaliste, rassemble la ville et la campagne dans une unité négative qui se fait contre et au détriment de la terre.

Dans ces conditions, la perspective n'est plus tant celle d'une suppression de la séparation entre la ville et la campagne, que celle de l'instauration d'une relation équilibrée entre, d'une part, la ville et la campagne, et d'autre part la terre ou la nature. Il s'agit, comme Marx le dit au Livre III du *Capital*, que « l'homme social, les producteurs associés règlent rationnellement leurs échanges avec la nature »[1], que le lieu de leur association soit la ville ou qu'il s'agisse de la campagne et des champs.

Lorsque Marx mentionne « le lien de parenté qui unissait initialement l'agriculture et la manufacture au stade infantile et non développé de l'une et de l'autre »[2], c'est pour rendre manifeste que ce lien a été brisé par la transformation des manufactures en fabriques puis en usines, c'est-à-dire par le développement du mode de production capitaliste : l'entrée dans ce mode de production est donc marquée par l'apparition de l'opposition même entre la ville et la campagne. Mais, ajoute Marx :

> cette rupture crée en même temps les présupposés matériels d'une nouvelle synthèse à un niveau supérieur,

1. K. Marx, *Le Capital*, Livre III, tome 3, chap. XLVIII, p. 199.
2. K. Marx, *Le Capital*, Livre I, chap. XIII, p. 565.

> [les présupposés matériels] de l'association de
> l'agriculture et de l'industrie sur la base des configurations
> propres qu'elles se sont élaborées en opposition l'une à
> l'autre[1].

En d'autres termes, dans le temps que dure la rupture du lien de parenté initial s'accumulent en même temps les conditions d'une unité supérieure : la soumission de l'agriculture au même processus d'industrialisation qui règne dans les villes fait éminemment partie de ces conditions. L'unité de la campagne et de la ville se *prépare* donc sous le capitalisme, mais elle ne s'y prépare et n'y murit que sous la forme *négative* d'un processus qui s'avère être *destructeur* aussi bien pour les travailleurs de la ville que pour ceux des campagnes, et plus encore pour ce qui a trait au rapport de la ville *et* de la campagne à la terre ou à la nature. Mais c'est précisément la tournure négative et destructrice que prend l'unification de la campagne et de la ville sous le capitalisme qui peut pousser les acteurs à se porter vers l'idée d'une unification positive qui consisterait en ce que Marx appelle ici « l'association » de l'une et de l'autre.

En dépit de leur intérêt intrinsèque (en particulier pour nous, aujourd'hui, qui vivons dans le capitalocène[2]), ces analyses de Engels et de Marx manifestent une difficulté des théoriciens critiques avec la ville que nous avons vu

---

1. K. Marx, *Le Capital*, Livre I, chap. XIII, p. 565.
2. Un terme selon nous nettement préférable à celui d'anthropocène dans la mesure où il permet de désigner le mode de production qui est directement la cause de la rupture de l'équilibre métabolique, et non pas « l'homme » en général. Voir A. Malm, *Fossil Capital. The Rise of Steam Power and the Roots of Global Warming*, London, Verso, 2016 ; également J. B. Foster, C. Brett, *The Ecological Rift. Capitalism's War on the Earth*, New York, Monthly Review Press, 2010.

ressurgir dans des œuvres plus tardives chez d'autres théoriciens critiques : cette difficulté résulte de la tendance à aborder les problèmes posés spécifiquement par la ville au sein d'un cadre théorique plus large, et parfois tellement large que la ville tend à y disparaître en tant qu'objet spécifique d'étude. C'est le cas ici, s'agissant de Marx, avec l'inscription de l'approche de la ville dans le cadre d'une analyse portant sur la rupture de l'équilibre métabolique entre société et nature : en dépit de son intérêt et de sa pertinence toute particulière pour nous aujourd'hui, cette approche ne permet sans doute pas une analyse fine des formes urbaines de vie ou des types de subjectivités formés par la vie urbaine moderne comparable à celle qu'un Simmel[1] a su en revanche mettre en œuvre. Dans ces conditions, faut-il reprocher à la tradition de la critique sociale d'avoir dilué la question urbaine dans une problématique plus vaste, trop vaste même, et de n'avoir en conséquence été que peu capable de proposer des analyses précises et déterminées du monde urbain moderne ? Le simple fait que je doive finir sur cette question en dit suffisamment long au sujet de l'ambivalence de la théorie sociale critique relativement à la ville. On peut certes interpréter cette ambivalence comme relevant de ce que Andy Merrifield a nommé « la dialectique métropolitaine »[2], mais la question demeure de savoir si cette dialectique est inhérente à la réalité urbaine et métropolitaine en tant que telle, ou si elle est importée dans cette réalité par les approches relevant de ce que le même auteur a appelé le « métromarxisme ».

1. G. Simmel, « Les grandes villes et la vie de l'esprit », *op. cit.*
2. A. Merrifield, *Métromarxisme. Un conte marxiste de la ville*, trad. J. Guazzini, Genève-Paris, éditions Entremonde, 2019, p. 318.

ACTUALITÉS

LES MÉSAVENTURES DE LA CRITIQUE
RÉFLEXIONS À PARTIR DE JACQUES RANCIÈRE[1]

Le résultat d'une forme paradoxale (et, peut-être, « postmoderne ») de critique sociale est d'aboutir au constat que plus aucune critique sociale n'est désormais possible dans la mesure où le propre du système critiqué est qu'il parvient constamment à intégrer la critique à son propre fonctionnement. La critique sociale s'est ainsi mise à tenir un discours qui insiste d'abord sur la puissance du système social critiqué à tourner à son avantage ce qui pourrait sembler à première vue représenter un péril pour lui. On peut alors se demander si ce n'est pas ce type même de critique sociale qui contribue à produire ce qu'il fait mine ensuite de constater, à savoir le désarmement et le découragement de toute critique. En expliquant que la critique est destinée à être inéluctablement récupérée et intégrée au système, ne dit-on pas en même temps que toute critique est inutile et qu'il vaut mieux se résigner ? C'est en tout cas très exactement ce que J. Rancière appelle

1. Ce texte a d'abord été publié dans *Actuel Marx*, n°49, premier semestre 2011 ; il en existe une traduction bulgare parue dans la revue de l'*Open Society Institute de Sofia*, 2011, et une traduction allemande : « Die unglücklichen Abenteuer der Kritik. Überlegungen im Ausgang von Jacques Rancière », *in* J. Katstner, R. Sonderegger (Hrsg.), *Pierre Bourdieu und Jacques Rancière. Emanzipatorische Praxis denken*, Wien-Berlin, Verlag Turia + Kant, 2014.

« la version mélancolique du gauchisme », dont il dit qu'elle « se nourrit de la double dénonciation du pouvoir de la bête et des illusions de ceux qui la servent en croyant la combattre ».[1] Je partirai ici des critiques que J. Rancière adresse selon moi légitimement à ce type de critique sociale paradoxalement transformée en discours dominant, mais je contesterai son analyse sur un point capital : j'exposerai les raisons qui font que je ne peux suivre J. Rancière jusqu'au point où il affirme que cette forme de critique sociale désabusée et mélancolique est en réalité l'aboutissement logique et inévitable que la tradition de critique sociale se préparait à elle-même depuis ses commencements, ce qui veut dire depuis Marx. Une autre forme de tradition critique peut selon moi s'enraciner aussi en Marx, et une forme qui, elle, n'est pas sans doute pas aujourd'hui épuisée.

Mais commençons par préciser quelques-unes des caractéristiques de cette forme de la critique sociale, « postmoderne » et tendanciellement dominante, en partant du constat que c'est d'abord une critique sociale qui fait porter l'accent sur un diagnostic des infinies capacités d'adaptation du système capitaliste, et donc sur sa puissance, ou sur « le pouvoir de la bête », comme dit J. Rancière. En conséquence, c'est une critique sociale qui aboutit au constat mélancolique de l'inefficacité de toute critique sociale. C'est ensuite une critique sociale qui met au jour les illusions dont sont victimes ceux qui croient encore à une efficacité de la critique. Enfin, c'est une critique sociale qui place le critique lui-même dans une position privilégiée, puisqu'il est le seul à ne pas être victime de l'illusion d'une quelconque efficacité de la

1. J. Rancière, *Le spectateur émancipé*, Paris, La Fabrique, 2008, p. 42.

critique, le seul qui sache se rendre à l'évidence, le seul qui fasse preuve d'un réalisme clairvoyant.

LA CRITIQUE INVERSÉE

Sur le premier point, l'insistance sur la puissance d'adaptation et de récupération du système, l'argument consiste en gros à démasquer une illusion puisqu'il pose que l'illusion caractéristique d'aujourd'hui, c'est justement de croire qu'il y a encore une possibilité de distinction entre le réel et l'illusoire (distinction nécessaire à l'exercice de la critique), alors qu'en fait il n'y a plus de différence entre l'un et l'autre. On peut penser que la critique sociale classique croyait au fond en la possibilité d'un encrage de la critique dans un point fixe qui soit à la fois réel et extérieur au système critiqué, un point fixe, réel et extérieur à partir duquel on pouvait identifier les illusions générées à l'intérieur du système et montrer qu'il est inévitable d'être victime de ces illusions aussi longtemps qu'on reste à l'intérieur dudit système. La critique « postmoderne », par exemple celle d'un Sloterdijk mais aussi celle de Baudrillard, nous explique que ce geste n'est plus possible aujourd'hui, à la fois parce qu'il n'y a plus rien qui soit fixe et parce qu'il n'y a plus rien qui soit encore à l'extérieur du système : le système n'a plus d'extériorité et il n'y a plus rien de fixe en lui, de sorte qu'il n'est plus possible de distinguer entre un extérieur qui serait réel et un intérieur qui serait illusoire. L. Boltanski et E. Chiapello mettaient en œuvre une démarche du même ordre dans *Le nouvel esprit du capitalisme* : le capitalisme aurait intégré à son propre fonctionnement interne les revendications d'autonomie, de créativité et d'authenticité que faisaient valoir contre lui la « critique artiste » et les révoltes des années 60. Les concepts de la critique sont ainsi devenus les outils mêmes de la reproduction du système : il n'y a donc plus d'extériorité à celui-ci et la critique est définitivement désarmée.

Mais que fait un discours qui dit cela, sinon reproduire le type même de discours qu'il critique et dont il prétend qu'il serait épuisé et dépassé ? Comment ne pas voir que le critique s'attribue à lui-même, quant au fonctionnement du système, une lucidité dont il prétend par ailleurs que le même système la rend désormais impossible, puisqu'il brouille toute distinction du réel et de l'illusoire, condition même de la lucidité critique ? Autrement dit, il s'agit d'un discours qui a les apparences de la critique sociale tradition-nelle ou classique, notamment en ce qu'il fait porter la critique sur les illusions des agents, mais avec cette différence de taille que l'illusion qu'il critique chez les agents, c'est leur croyance même en l'efficacité de la critique. La critique traditionnelle portait sur des illusions en ayant pour but de permettre qu'on s'en délivre : ainsi, chez Marx, la critique des mystifications du monde marchand devait permettre qu'on s'en délivre et qu'on conquiert une lucidité quant à la nature réelle des marchandises et de ce qui rend leur échange possible. Mais la critique n'a plus aucune fonction émancipatrice dès lors que l'illusion dont elle « délivre » n'est autre que l'illusion même de la critique : cela ne peut aboutir à rien d'autre qu'au renoncement, à la soumission ou à la mélancolie. Que fait le « critique » ici, sinon convertir l'impuissance de la critique, établie par lui-même, « en impuissance généralisée, et se réserver la position de l'esprit lucide qui jette un regard désenchanté sur un monde où l'interprétation critique du système est devenue un élément du système lui-même ? »[1]

---

1. J. Rancière, *Le spectateur émancipé*, *op. cit.*, p. 43.

En ce sens, J. Rancière n'a pas tort de dire de cette nouvelle critique qu'elle est « l'inversion du modèle critique »[1], de sorte que ce serait une erreur de penser que « la tradition de la critique sociale et culturelle est épuisée » : au contraire, « elle se porte très bien », *mais* « sous sa forme inversée qui structure maintenant le discours dominant ».[2] L'inversion de la forme se marque au fait que cette nouvelle critique ne poursuit plus aucun objectif émancipatoire : à la différence de la critique marxienne par exemple, qui « révélait la loi de la marchandise comme vérité ultime des belles apparences afin d'armer les combattants de la lutte sociale », cette nouvelle « critique », au contraire, « n'est plus censée fournir aucune arme contre l'empire qu'elle dénonce »[3] : bien plutôt, elle dénonce l'illusion qui consiste à croire qu'il pourrait encore exister une telle arme. Mais J. Rancière ne s'en tient pas à ce seul constat de l'inversion actuelle de la critique sociale dont la visée émancipatrice se serait retournée en un constat d'impuissance et une soumission à l'existant – une inversion qui explique aussi la transformation paradoxale de la critique en « discours dominant ». Il ajoute que ce renversement était en germe dès le départ, dès les premières formes de critique sociale, en gros : dès Marx. « L'actuelle déconnection, écrit Rancière, entre la critique du marché et du spectacle et toute visée émancipatrice est la forme ultime d'une tension qui a habité dès son origine le mouvement de l'émancipation sociale ».[4]

1. *Ibid.*, p. 46.
2. *Ibid.*, p. 47.
3. *Ibid.*, p. 46.
4. *Ibid.*, p. 48.

LA CRITIQUE COMME DISPOSITIF INÉGALITAIRE

Quelle est cette tension ? Pour le dire vite, c'est la tension entre la position occupée par le critique et la position de ceux auxquels il s'adresse et auxquels il adresse son discours critique. Implicitement, et dès le départ, il n'y aurait pas seulement eu un écart entre ces deux positions, mais une véritable hiérarchie – et là est tout le problème selon J. Rancière : le discours de la critique sociale est un discours qui vise l'émancipation, mais dont le dispositif reconduit ce qui est l'obstacle *par excellence* à toute émancipation possible, à savoir la hiérarchie, en l'occurrence sous la forme de la hiérarchie entre celui qui sait et ceux qui ne savent pas, entre le critique lucide et la masse de ceux qui vivent dans l'illusion, qui sont aveuglés et qui se complaisent à leur aveuglement.

Mais, dans la critique à laquelle il soumet les discours de critique sociale, J. Rancière présuppose une forme de critique sociale dont la caractéristique est qu'elle n'attribue aucune compétence critique aux acteurs sociaux eux-mêmes, voire une critique sociale qui dénie explicitement aux acteurs toute compétence critique. Ce que J. Rancière critique, c'est la figure du critique social qui sait mieux qu'eux ce que doivent faire ceux auxquels il s'adresse parce qu'il s'est quant à lui – on se sait trop comment – libéré des illusions et des mystifications dans lesquelles ceux-là restent pris. Que cette figure-là de la critique sociale ait hanté son histoire, J. Rancière a raison de le rappeler, et, en ce sens, il n'a pas non plus tort de soumettre à la critique cette stratégie critique indéfiniment recyclable en vertu de laquelle le critique social est celui qui perce à jour des illusions dont il montre qu'il est inévitable que les agents en soient les victimes dans la société telle qu'elle est : le critique social pose ainsi que « le processus social global est en lui-même un processus d'autodissimulation », en vertu duquel il est inévitable et nécessaire que les agents soient victimes d'illusions et d'aliénations et, surtout, que les victimes d'illusions et d'aliénations ne sachent pas qu'elles le sont.

Tout se passe comme si le critique social, dans le portrait que J. Rancière en fait, était en quelque sorte spontanément platonicien : il voit la société dans son ensemble comme une caverne où sont attachés des prisonniers qui prennent « les images pour des réalités, l'ignorance pour un savoir et la pauvreté pour une richesse ».[1] Certes, entre les années 60 et aujourd'hui, on est passé d'une critique qui s'employait à déchiffrer les images trompeuses de la société du spectacle à une critique désabusée et mélancolique qui pose qu'il n'y a même plus lieu de distinguer entre les images et la réalité, et que l'illusion consiste justement à croire qu'il serait encore possible de distinguer entre image et réalité. Mais le dispositif d'ensemble reste le même, que J. Rancière résume en ces termes : « Les procédures de la critique sociale ont pour fin de soigner les incapables, ceux qui ne savent pas voir, qui ne comprennent pas le sens de ce qu'ils voient. Et les médecins ont besoin de ces malades à soigner ; pour soigner les incapacités, ils ont besoins de les reproduire indéfiniment ». C'est ainsi que, « il y a quarante ans, la science critique nous faisait rire des imbéciles qui prenaient les images pour des réalités », tandis que, « maintenant, la science critique recyclée nous fait sourire des imbéciles qui croient encore qu'il y a des messages cachés dans les images et une réalité distincte de l'apparence », tel John

1. J. Rancière, *Le spectateur émancipé, op. cit.*, p. 50.

Nada, ce chômeur qui, dans *Invasion Los Angeles* de John Carpenter, débarque de Denver à Los Angeles et qui parvient, grâce à des lunettes spéciale, à lire les véritables messages – « consommez! », « obéissez! » – qui sont cachés derrière les slogans publicitaires. « La machine, conclut J. Rancière, peut marcher ainsi jusqu'à la fin des temps, en capitalisant sur l'impuissance de la critique qui dévoile l'impuissance des imbéciles ».[1]

LA CRITIQUE COMME « CLARIFICATION »

Pour sortir de ce cycle indéfini et en même temps de l'impuissance de la critique, on sait que J. Rancière convoque le critique à sortir du partage entre lui-même – le seul lucide, l'unique clairvoyant – et la masse des imbéciles auxquels s'adresse le critique, c'est-à-dire à sortir du partage des compétents et des incompétents, et à poser l'hypothèse de la compétence de n'importe qui, c'est-à-dire à compter avec la compétence et la capacité de ceux qui, habituellement, comptent pour rien ou pour pas grand'chose, y compris donc au regard du théoricien critique. Les implications de cette position de J. Rancière posent cependant un problème. Celui-ci me paraît en effet adopter une posture contre laquelle Max Horkheimer mettait en garde dès son texte fondateur de 1937, « Théorie traditionnelle et théorie critique ». Horkheimer écrivait ceci : « L'intellectuel qui se borne à proclamer dans une attitude de vénération religieuse la créativité du prolétariat et se satisfait de s'adapter à lui et de l'idéaliser, ne se rend pas compte que toute fuite devant l'effort de pensée théorique (…) rend les masses plus aveugles et plus faibles

---

1. J. Rancière, *Le spectateur émancipé*, *op. cit.*, p. 54.

qu'elles ne le sont [déjà] par la force des choses ».[1] Que la théorie, et particulièrement une théorie *critique*, soit un effort de « clarification » visant à produire une « auto-compréhension de l'époque quant à ses luttes et à ses souhaits », c'est ce que Marx disait en ces termes mêmes en 1843 dans sa correspondance avec Ruge[2] : or le risque que court la position de J. Rancière, me semble-t-il, est celui de renoncer à cet effort proprement théorique de clarification que produisent la philosophie et les sciences sociales.

Tout se joue dans l'ambiguïté du terme que Marx utilise ici : *erklären*. Si *erklären* veut dire « expliquer » un fonctionnement social à des agents considérés comme incompétents et inévitablement victimes, voire comme victimes consentantes des illusions produites par ce même fonctionnement, alors on tombe en effet sous le coup de la critique de J. Rancière. Mais si le même *erklären* veut dire « clarifier » ou « rendre clair »[3], alors on peut, me semble-t-il, maintenir en état de marche une théorie critique qui vise précisément à clarifier un fonctionnement social opaque ou obscur, et qui éclaire non pas seulement *pour*

1. M. Horkheimer, *Théorie traditionnelle et théorie critique*, *op. cit.*, p. 47.

2. « La réforme de la conscience consiste *seulement* en ceci que l'on rende intérieure au monde sa propre conscience, qu'on le réveille de ses rêves qu'il fait sur lui-même et qu'on lui clarifie (*erklärt*) ses propres actions » (*cf.* note suivante pour la référence).

3. Selon la juste traduction de la Lettre de Marx à Ruge proposée par Emmanuel Renault dans son *Marx et l'idée de critique* (Paris, Puf, 1995, p. 44-45). Ce qui indique et justifie que *erklären* soit traduit par « clarifier » plutôt que par « expliquer », c'est l'usage que Marx fait à peine quelques lignes plus haut du verbe *klarmachen* (« rendre clair »), ainsi que l'emploi, dans le même texte quelques lignes plus bas, de l'expression de *unklares Bewusstsein* (« conscience non claire »).

mais *avec* les acteurs les conditions, le sens et la portée de leurs luttes et de leurs aspirations sociales. Contre Rancière, je dirais qu'on peut faire de la théorie, et particulièrement de la théorie sociale *critique*, non seulement sans nier les compétences et les capacités de celles et ceux auxquels on adresse cette théorie, mais au contraire en visant à renforcer, à accroître et à développer leurs compétences et leurs capacités[1] : selon la proposition de Horkheimer, on comprend alors la théorie critique, ou plutôt la théorie critique se comprend elle-même comme étant « un facteur dynamique et critique » à l'intérieur d'un processus émancipateur qui l'englobe, qui la dépasse, mais qui ne l'annule pas pour autant *en tant que théorie*.

La théorie critique se conçoit alors elle-même comme « l'aspect intellectuel du processus historique d'émancipation » : la pensée ou la théorie peut ainsi être comprise comme un facteur *parmi d'autres* des luttes orientées à l'émancipation, sans que cela suppose ou implique aucune hiérarchie entre ce facteur qu'est la théorie et les autres facteurs. De sorte qu'il faut en effet maintenir avec J. Rancière l'idée qu'un processus émancipateur ne peut pas en être vraiment un s'il ne met pas déjà en œuvre en lui-même cet élément décisif de l'émancipation qu'est l'égalité : pas de supériorité donc du facteur « théorie » sur les autres facteurs, pas de supériorité du théoricien critique relativement à ceux auxquels il destine son discours théorique. Mais ce qu'il faut objecter à J. Rancière, c'est que l'intervention du théoricien critique n'engendre pas inévitablement la hiérarchie et l'inégalité, notamment quand ce sont les acteurs eux-mêmes qui font appel à lui

1. C'est la perspective propre à Robin Celikates dans *Kritik als soziale Praxis. Gesellschaftliche Selbstverständigung und kritische Theorie*, Frankfurt am Main, Campus Verlag, 2009.

pour développer leurs luttes, renforcer leurs compétences et, aussi, contrer les effets de délégitimation et de disqualification produits par le discours des experts qui, eux, nient bel et bien les compétences des acteurs. Contrairement à ce que J. Rancière semble admettre comme un présupposé, il n'y a pas d'un côté la compétence absolue des experts et de l'autre l'incompétence radicale des agents, qu'il faudrait retourner en son contraire : la compétence absolue de n'importe qui. Entre les deux, il y a la compétence *spécifique* du théoricien critique auquel les acteurs peuvent faire appel à la fois pour renforcer leurs propres compétences et pour contester la prétention des experts au monopole de la compétence.

Ce que je conteste ici, dans le modèle de J. Rancière, c'est qu'il ne conçoit de compétence qu'absolue, de sorte que toute affirmation d'une compétence ou plutôt de *la* compétence de quelques-uns est de façon inévitable absolument disqualifiante pour les autres. Or la réalité sociale n'est faite ni de compétence absolue, ni d'incompétence radicale, elle est faite de compétences spécifiques, relatives et particulières. De sorte que contester le partage établi entre compétents et incompétents ne revient pas nécessairement à affirmer une compétence égale et absolue ou également absolue de n'importe qui, mais à dire que n'importe qui peut avoir certaines compétences tandis que d'autres compétences lui font défaut, et que, dans tel ou tel contexte, sur telle ou telle question, il peut s'avérer utile d'en appeler à celui qui, dans un domaine spécifique ou sur un champ particulier, a développé un petit peu plus de compétences que le premier venu, c'est-à-dire que n'importe qui. Et ce n'est pas forcément faire entrer là le renard dans le poulailler égalitaire, étant entendu par ailleurs que ce dernier sait fort bien introduire de lui-même l'inégalité en son sein sans qu'il soit besoin pour cela de l'intervention du théoricien critique.

Je pense donc qu'il convient de prendre garde à ne pas produire une hiérarchie inverse, tout en prêchant l'égalité : en se bornant, comme le disait Horkheimer, « à proclamer dans une attitude de vénération religieuse la créativité du prolétariat », ou bien, pour le dire autrement, en se laissant fasciner par les compétences et les capacités de ceux qui sont habituellement tenus pour incompétents et incapables, le théoricien critique leur rend un mauvais service dans l'exacte mesure où il renonce à être lui-même un facteur à part entière de l'émancipation et dans la mesure aussi où il échoue à préserver ce que Horkheimer appelait « la possibilité toujours présente d'une tension entre le théoricien et la classe à laquelle il s'adresse ».[1] Une tension de ce genre n'est pas nécessairement hiérarchique et n'est pas condamnée à le devenir : elle est d'abord fondamentalement dynamique. Le fond du problème me paraît se trouver du côté d'une difficulté, évidente chez J. Rancière, à articuler le social et la politique : la déclaration de la compétence de n'importe qui nomme chez lui la politique comme telle, c'est-à-dire la démocratie et, en ce sens, la politique est le nom même du dissensus au sujet de la répartition établie des compétences et du partage même entre compétents et incompétents. Je pense qu'il faut maintenir cette conception de la politique comme dissensus, mais qu'il faut aussi se rendre capable d'articuler le dissensus politique avec la conflictualité sociale.

---

1. J. Rancière, *Le spectateur émancipé, op. cit.*, p. 48.

LE RISQUE, LA SÉCURITÉ ET LE CONTRÔLE
ENTRE INDIVIDUALISATION DES RISQUES
ET NATURALISATION DU SOCIAL[1]

Une forme de consensus a été atteinte ces dernières années au sujet d'une définition minimale de la philosophie sociale : elle est maintenant largement considérée comme une démarche philosophique spécifique dont l'objet propre est constitué non du social ou de la société en général, mais des « pathologies sociales », c'est-à-dire des évolutions sociales manquées (« *soziale Fehlentwicklungen* », est l'expression utilisée par Axel Honneth[2]) ou des processus sociaux qui peuvent être diagnostiqués comme défaillants en ce qu'ils ne satisfont pas les attentes des acteurs sociaux eux-mêmes[3]. En ce sens, les usages sociaux actuels de la catégorie de risque peuvent être l'objet d'une

1. Une première version de ce texte a été publiée en 2018 dans le Manuel *Orientation & Communication des Risques*, dans le cadre du Programme tri-national (France, Allemagne, Suisse) « Upper Rhine Trinational Graduate Academy SERIOR (*"Security, Risk, Orientation"*) » : programme de formation pour jeunes chercheurs sur la thématique de la gestion des risques, co-financé par le Fonds Européen de Développement Régional (*Interreg V*-Oberrhein 2016-2018) et la Confédération suisse.

2. A. Honneth, « Pathologien des Sozialen. Zur Tradition und Aktualität der Sozialphilosophie », in *Das Andere der Gerechtigkeit. Aufsätze zur praktischen Philosophie*, Frankfurt a. M., Suhrkamp, 2000.

3. Voir notre *Manifeste pour une philosophie sociale*, Paris, La Découverte, 2009, et R. Jaeggi, R. Celikates, *Sozialphilosophie. Eine Einführung*, München, Beck, 2017.

approche relevant de la philosophie sociale. D'abord parce que les acteurs sociaux sont en droit de considérer comme anormales ou pathologiques des évolutions sociales qui les exposent à plus de risques qu'avant ou à des risques plus importants qu'auparavant. Ensuite aussi parce qu'une vie sociale qui se présente aux acteurs comme étant essentiellement caractérisée par le risque peut être considérée par eux comme une vie sociale non satisfaisante, la « sûreté » étant certainement au premier rang des attentes de ces acteurs parmi toutes celles dont ils escomptent que leur participation à la vie sociale permette la satisfaction.

Au point de vue de la philosophie sociale, il faut se demander à quel moment et dans quels contextes sociaux et historiques on a commencé à aborder les évolutions sociales en termes de risques[1], d'abord de *prévention* puis de *gestion* des risques. Les notions de risque et de prévention des risques ont un sens immédiatement compréhensible quand il s'agit de phénomènes *naturels* : ainsi telle zone montagneuse présente des risques d'avalanche, telle région est exposée à des risques sismiques, telle autre à des risques d'inondation, telle autre encore à des risques d'ouragans ou de tempêtes tropicales, etc. Le risque ici désigne la fréquence à laquelle se produisent et la probabilité que se reproduisent de tels phénomènes. On peut comprendre aussi que la notion de risque s'étende à la vie humaine précisément en ce qu'elle a de *naturel* : la maladie, le handicap, la vieillesse, les accidents peuvent ainsi être compris comme des risques auxquels est exposée la vie humaine, ni plus ni moins que toute autre forme de vie – à ceci près que, la vie humaine étant toujours en même temps

---

1. Voir l'ouvrage classique d'Ulrich Beck, *La société du risque*, trad. L. Bernardi, Paris, Champs-Flammarion, 2008.

une vie *sociale*, il est socialement possible de prendre des mesures et d'inventer des dispositifs qui limitent les dommages que subissent les individus lorsque surviennent dans leur vie ces événements naturels que sont, par exemple, la maladie, l'accident et la vieillesse.

EXTENSION DU DOMAINE DU RISQUE

Mais ce qui est plus problématique et peut, voire *doit* devenir objet de réflexion, c'est le fait que la catégorie du risque soit désormais considérée comme valable pour *l'ensemble* de la vie sociale et lui soit appliquée dans la totalité de ses aspects : si les sociétés industrielles modernes ont certes pris conscience de la dimension du risque dès la seconde moitié du XIXᵉ siècle, la fin du XXᵉ siècle paraît avoir été marquée par une véritable inflation dans l'usage de la catégorie de risque. Tout ou presque, dans la vie sociale, semble être désormais analysable et compréhensible à partir de la catégorie de risque.

La connexion initiale des risques avec la dimension *naturelle* de la vie – qui faisait que les risques principaux pris en compte par la société étaient la maladie, l'accident et la vieillesse (c'est-à-dire des risques liés au fait même d'être *vivant*) – semble s'être défaite, de sorte que ce sont finalement des faits *purement sociaux* et sans rapport avec la dimension naturelle de la vie – tels que le suicide, l'échec scolaire, les comportements sociaux déviants, etc. – qui font l'objet d'une approche sous l'angle du risque : le suicide (qui, comme mort *volontaire*, n'a rien de naturel – d'où son approche comme « fait social » par Durkheim) mais aussi les crimes, les délits et les violences de toutes sortes, tous ces phénomènes que la sociologie durkheimienne interprétait comme des pathologies sociales, conséquences elles-mêmes de ce que Durkheim appelait l'anomie sociale, tous ces phénomènes ne sont plus tant compris comme des évolutions sociales négatives dont il faudrait identifier les causes afin de pouvoir efficacement lutter contre elles, que comme des *risques à gérer*. Tout se passe comme s'il s'agissait de phénomènes inéliminables, dont la survenue était inévitable, de sorte que le mieux qu'on puisse faire est de s'y préparer et de *s'adapter* à leur très probable apparition.

Les sociétés industrielles du XIXᵉ siècle ont été marquées par une prise de conscience croissante du fait qu'elles exposaient les individus à des risques nouveaux, spécifiques et d'origine sociale : c'est en particulier le cas de la reconnaissance des risques d'accidents du travail. On sait comment une lente évolution historique a conduit, dans les dernières décennies du XIXᵉ siècle, à ne plus considérer l'accident du travail comme une faute *individuelle* mais comme la réalisation d'un risque inhérent au développement industriel, et donc comme un risque social en un double sens (dont le premier conditionne le second), à la fois au sens où il est un risque généré par une transformation de la société et au sens où il entraîne une sorte de responsabilité sociale et collective vis-à-vis des individus. On s'éloignait ainsi du domaine de la recherche (inévitablement naturalisante) des *causes* des risques pour passer à l'idée d'une *répartition sociale* des risques, elle-même indissociable de l'idée d'une *prévoyance* sociale et donc d'une assurance sociale.

On se situait alors encore dans un entre-deux entre le naturel et le social : d'une part en effet, c'est bien *en tant que vivant* qu'un individu est exposé à des risques (de blessure, de maladie, d'invalidité, voire de mort) liés à son activité de travail, mais d'autre part, en répartissant les responsabilités en cas d'accident entre le salarié et son employeur, la loi française de 1898[1] sur les accidents du travail dénaturalisait les risques et reconnaissait que ces risques apparaissent à la fois dans le cadre d'une relation sociale particulière, celle qui lie un employé à son employeur, et dans un contexte social et historique particulier, celui du développement d'une société industrielle.

C'était une étape fondamentale dans la déconnexion progressive du risque d'avec la naturalité de la vie et dans la reconnaissance de la dimension sociale du risque, et c'est bien cette étape qui a permis ensuite l'extension de la catégorie de risque à l'ensemble de la vie sociale[2]. Ainsi, des risques auparavant considérés comme des risques purement naturels (tels les risques d'inondations) ont pu apparaître de plus en plus comme des risques susceptibles d'être considérés comme résultant aussi de l'intervention des sociétés humaines sur leur environnement naturels : on a pu ainsi considérer que l'activité économique des sociétés industrielles pouvait avoir pour effet d'amplifier les risques naturels existants, voire d'engendrer des risques nouveaux. Cette déconnexion progressive de la dimension du risque d'avec la naturalité de la vie, et cette extension de l'usage de la catégorie de risque à des risques au sein

1. Pour une analyse de l'importance de la loi du 9 avril 1898, voir Fr. Ewald, *L'État providence*, Paris, Grasset, 1986, p. 311 *sq.* : « on distinguait maintenant entre le traitement des causes des accidents du travail, qui relevait du dispositif de *prévention*, et celui des effets, posant le problème de leur répartition et faisant l'objet d'un traitement social [;] (…) *on avait rompu le lien avec la nature* » (p. 311-312 ; nous soulignons).

2. François Ewald note à ce propos qu'à partir de la loi d'avril 1898, « on disposait, avec la notion de risque professionnel, du principe qui ouvrait tout l'avenir des obligations sociales, qu'on regrouperait un demi-siècle plus tard sous le titre de "sécurité sociale" » (*L'État providence, op. cit.*, p. 312).

desquels il devenait de plus en plus difficile de distinguer entre la part naturelle et la part sociale se sont accompagnées de deux évolutions majeures : 1) d'une part le brouillage de la différence entre les risques naturels et les risques sociaux s'est finalement opéré au bénéfice des premiers : cela a produit une naturalisation générale des risques aboutissant à une *naturalisation de la vie sociale* elle-même ; 2) d'autre part, un déplacement s'est produit qui nous a fait passer de la *prévention* des risques à la *gestion* des risques. Quelle est la portée de cette mutation, quel en est le sens ?

NATURALISATION DE LA VIE SOCIALE

La première de ces deux tendances (la naturalisation des risques sociaux) a quelque chose de paradoxal et de surprenant. Elle est paradoxale relativement à l'évolution qui a consisté à inclure les risques naturels liés à la vie dans l'ensemble des risques sociaux à prévenir comme tels, une évolution qui a conduit en particulier à socialiser des risques vitaux comme la maladie, les accidents et la vieillesse, mais qui a aussi conduit à reconnaître la part que prennent les activités sociales (et en particulier les activités économiques de production) sinon dans l'engendrement, du moins dans l'amplification des risques naturels. L'aboutissement de cette évolution est représenté par l'introduction par Paul J. Crutzen de la catégorie d'*anthropocène*[1] et de l'idée que les sociétés humaines sont devenues capables d'avoir une influence, en particulier sur le climat, à une échelle qui est proprement géologique. Cela revient à attribuer aux sociétés humaines la puissance

---

1. Paul J. Crutzen, « Geology of mankind », *Nature*, 415, 23, January 2002.

d'une force naturelle, mais cela conduit en même temps à naturaliser la société humaine elle-même.

En d'autres termes, on occulte la dimension spécifiquement *historique* des sociétés humaines : on transforme en force naturelle l'humanité elle-même et son inventivité technique, sans voir que ce ne sont pas *toutes* les sociétés humaines qui ont été capables d'avoir un impact à l'échelle du climat terrestre, mais un type historiquement précis et déterminé de sociétés humaines, à savoir les sociétés industrielles occidentales telles qu'elles ont commencé à se développer à partir de la fin du XVIIIᵉ siècle. Or ces sociétés n'ont elles-mêmes rien de « naturel » (ce n'est pas la nature qui les a engendrées) et il n'y a jamais eu aucune nécessité naturelle déterminant des sociétés humaines à transformer le charbon puis le pétrole et le gaz en sources premières d'énergie. On touche là « la question de l'émergence de l'économie fossile », c'est-à-dire d'une « économie caractérisée par une croissance soutenue fondée sur une consommation croissante de combustibles fossiles et générant par conséquent une croissance soutenue des émissions de dioxyde de carbone »[1]. Or, comme le rappelle Andreas Malm, « aucun morceau de charbon ni aucune goutte de pétrole ne se sont jamais transformés de soi-même en énergie »[2] : ce qui signifie que le charbon, le pétrole et le gaz naturel ne se sont transformés en énergie indispensables à la croissance de la production industrielle qu'au sein d'un contexte social et historique particulier.

Ce contexte est celui de l'invention du système des usines consistant à rassembler un grand nombre de

---

1. A. Malm, *L'anthropocène contre l'histoire. Le réchauffement climatique à l'ère du capital*, trad. E. Dobenesque, Paris, La Fabrique, 2017, p. 67.
2. *Ibid.*

machines sous un même toit (au lieu de les laisser à l'état disséminé dans les ateliers des ouvriers-artisans), des machines qu'il n'est possible de faire fonctionner qu'à la condition de disposer d'une source d'énergie fiable et régulière. Une illusion rétrospective nous porte à penser que le recours à l'énergie fossile et, en l'occurrence, au charbon s'est immédiatement imposé comme la meilleure solution à ce problème (faire fonctionner de façon efficace et régulière un grand nombre de machines). Or c'est historiquement faux : c'est l'énergie hydraulique qui s'est d'abord imposée comme solution, l'industrie anglaise du coton a choisi la solution hydraulique alors même que la machine de Watt existait déjà, et cette industrie (la première grande industrie capitaliste anglaise) est restée fidèle plus de 40 ans à la roue hydraulique. Pourquoi a-t-elle fini par choisir l'énergie de la vapeur produite par la combustion du charbon, et surtout, pourquoi ce choix a-t-il été effectué « alors même que l'eau était abondante, au moins aussi puissante et franchement plus économique »[1] ?

La réponse n'est à chercher ni dans les vertus naturelles du charbon (qui ne sont pas meilleures que celles de l'eau), ni même dans un calcul de rentabilité économique (puisque ce calcul était en réalité favorable à l'énergie hydraulique), mais dans le fait que l'énergie hydraulique suppose d'amener la population des travailleurs vers la source d'énergie, tandis que l'énergie fossile et les machines alimentées par elles sont transportables vers les points du territoire où la population des travailleurs est déjà massée. C'est donc un rapport social historiquement particulier, en l'occurrence un rapport social supposant le recours en masse à la force de travail salariée, qui explique que la production industrielle ait eu recours à l'énergie fossile :

1. A. Malm, *L'anthropocène contre l'histoire*, *op. cit.*, p. 90.

de sorte, conclut Malm, que ce n'est pas d'anthropocène qu'il faut parler, mais plutôt de « capitalocène »[1].

Retenons de ces analyses qu'aucune nécessité naturelle n'a jamais déterminé les sociétés humaines à devoir recourir à des énergies fossiles dont l'usage massif et les rejets que cet usage engendre dans l'atmosphère s'avèrent aujourd'hui avoir exposé les sociétés humaines à des risques d'une ampleur inconnue jusqu'ici. Ces risques eux-mêmes n'ont en définitive rien de naturel : ils sont socialement et historiquement engendrés par un type d'organisation sociale et de rapports sociaux qu'aucune « nature » n'a jamais imposé aux hommes et que les hommes se sont imposés à eux-mêmes, ou plutôt que quelques hommes ont imposés à beaucoup d'autres – en l'occurrence ceux qui, vers 1830 en Angleterre, cherchaient à convaincre les industriels du coton de passer à la vapeur, en mettant en avant non pas le moindre coût de cette énergie, mais les énormes possibilités de mobilisation de main d'œuvre salariée qu'elle permettait.

On est donc face au constat que la déconnexion du risque d'avec les risques naturels auxquels les individus sont exposés en tant que vivants (la maladie, l'accident, la vieillesse) et l'extension de la catégorie de risque à l'ensemble de la vie sociale se sont accompagnées d'une naturalisation de l'ensemble de la vie sociale : cela aboutit à négliger les particularités historiques des types d'organisations sociales et de rapports sociaux, et à traiter l'humanité entière comme un acteur naturel capable de s'exposer lui-même et de faire courir à la planète entière, à son climat et à sa biodiversité des risques jusqu'ici inconnus et d'une ampleur elle aussi inédite.

1. *Ibid.*, p. 54.

Parvenu à ce point, la référence à Foucault semble devoir s'imposer. On trouve en effet chez lui l'idée fondamentale que la transformation des peuples et des sociétés humaines en acteurs naturels capables comme tels d'avoir une influence en retour sur la nature comme sur leur « milieu » – que cette transformation est elle-même un événement historique et le fruit de transformations sociales.

Partons pour le comprendre de la manière dont Foucault présente la succession puis la combinaison de trois différentes formes sociales et politiques, « l'État de souveraineté, l'État territorial et l'État commercial »[1], en tant que ces trois formes mettent en œuvre chacune une technologie différente du pouvoir : celle de la *loi* pour le régime de souveraineté, celle de la *discipline* pour le régime de l'État territorial et celle de la *sécurité* pour l'État commercial moderne. Ces trois régimes différents de pouvoir s'illustrent à la manière dont ils ont traité trois grandes épidémies successives. L'État de souveraineté et son régime de la loi traitent jusqu'à la fin du Moyen Âge les épidémies de *lèpre* par l'exclusion des lépreux (par une partition de l'espace en deux, d'un côté les lépreux, de l'autre les non lépreux). L'État territorial et son régime de la discipline gèrent différemment les épidémies de *peste* auxquelles il est confronté : là, on ne partage plus l'espace, on le quadrille et on établit des règlements qui interviennent dans la vie des gens sous forme d'obligations, en leur disant à partir de quelle heure il peuvent sortir de chez eux, quand il doivent rentrer, ce qu'ils doivent faire chez eux, ce qu'ils peuvent manger, qui ils peuvent laisser entrer chez eux, qui ils doivent laisser entrer, à commencer par

---

1. M. Foucault, *Sécurité, territoire, population. Cours au Collège de France, 1977-1978*, Paris, Seuil-Gallimard, 2004, p. 16.

les inspecteurs, etc. L'État commercial enfin, avec sa « technologie de sécurité », réagit encore différemment à la fin du XVIIIᵉ siècle quand il est confronté à la *variole*. La loi et la discipline interviennent certes encore, mais il s'y ajoute quelque chose de nouveau : on se met à recenser le nombre des individus atteints, à déterminer l'âge moyen auquel ils sont touchés, à mesurer un taux de mortalité et un taux de morbidité, à mesurer aussi les risques de l'inoculation ainsi que la probabilité d'être atteint par la maladie malgré l'inoculation, etc. On peut dire que la logique de la prévention est commune aux trois types de réactions des trois régimes de pouvoir : que ce soit en séparant et en *excluant* par la loi, en *réglementant* de façon disciplinaire ou en *contrôlant* de manière à sécuriser, dans les trois cas on cherche bien à prévenir la possible extension de l'épidémie et les effets désastreux qu'elle est susceptible de produire.

Mais, dans le troisième cas, quelque chose s'ajoute en plus de la prévention, quelque chose qui est précisément de l'ordre de la gestion des risques. Ce qui peut sembler nouveau à première vue, c'est que les techniques de sécurité prennent en charge quelque chose de vivant, en l'occurrence une population, et cherchent à évaluer les risques auxquels cette population est exposée selon la manière dont elle occupe le territoire, selon la manière dont elle est alimentée, selon les conditions sanitaires dans lesquelles elle vit en moyenne, selon les mouvements des individus et des groupes qui la composent ou qui s'ajoutent à elle de l'extérieur, etc. Mais, en réalité, la nouveauté n'est pas dans le fait de prendre en charge une réalité vivante : rien de vraiment nouveau à cela dans la mesure où le pouvoir souverain intervenait déjà sur des individus vivants en les partageant entre individus sains et individus malades et en organisant l'exclusion de ces derniers ; de même, le pouvoir disciplinaire intervenait également sur des individus vivants et incarnés dont il prétend justement discipliner les corps. Le pouvoir sécuritaire n'innove donc pas en ce qu'il s'appliquerait à une réalité vivante : certes, l'échelle change puisqu'il s'agit maintenant de la vie de populations entières, et non plus de corps vivants individuels ou de groupes relativement limités d'individus vivants.

La nouveauté n'est pas dans le nombre, elle est dans la manière de concevoir ce grand individu vivant qu'est une population : cette manière nouvelle de le concevoir consiste à considérer qu'une population vit et évolue dans un *milieu*. De sorte que l'objet du pouvoir disciplinaire est la gestion des interactions entre la population et son milieu, la question devenant par exemple celle de savoir ce qui se produit, quels effets (favorables et négatifs) on a des chances de produire dans la vie d'une population quand on modifie tel ou tel aspect de son milieu de vie. Par exemple, quand on intervient sur la configuration des villes, qu'on y détruit des quartiers insalubres, qu'on y ouvre de grandes avenues, qu'on les dote d'un système d'évacuation puis de traitement des eaux usées, qu'on sépare l'alimentation en eau propre de l'évacuation des eaux sales, etc. : quelles chances a-t-on, grâce à ces interventions, de faire diminuer les risques d'épidémies, mais aussi les risques de troubles et d'émeutes ? En ce sens, « la sécurité va essayer d'aménager un milieu en fonction d'événements ou de séries d'événements possibles »[1] et c'est ainsi que « les dispositifs de sécurité travaillent, fabriquent, organisent, aménagent un milieu, avant même que la notion

---

1. M. Foucault, *Sécurité, territoire, population, op. cit.*, p. 22.

n'ait été formée et isolée » (elle ne le sera en effet que par Lamarck)[1].

La nouveauté introduite à partir de la fin du XVIIIᵉ siècle par le pouvoir sécuritaire, par rapport aux pouvoirs anciens (mais toujours en état de marche), souverain et disciplinaire, est donc dans l'articulation population/milieu : c'est à cette articulation que se forme la notion de gestion des risques.

> Le milieu apparaît comme un champ d'intervention où, au lieu d'atteindre les individus comme un ensemble de sujets de droits [comme dans le cas de la souveraineté], au lieu de les atteindre comme une multiplicité d'organismes, de corps susceptibles de performances [comme dans le cas de la discipline], on va essayer d'atteindre, précisément, une population [c'est-à-dire] une multiplicité d'individus qui sont et qui n'existent que profondément, essentiellement, biologiquement liés à la matérialité à l'intérieur de laquelle ils existent[2].

Voilà qui nous reconduit à l'idée que c'est un ensemble de transformations sociales, parfaitement situables dans le temps historique, qui ont conduit à forger une approche dont le modèle est naturaliste, voire biologique, et qui consiste à traiter les sociétés humaines, voire (de nos jours) l'humanité dans son ensemble comme une population vivante, un macro individu vivant qui est en situation d'interaction ou d'action réciproque avec son milieu biologique de vie – l'idée d'anthropocène n'étant que l'aboutissement et le résultat de ce long processus historique et social. La condition historique de l'approche en termes de gestion des risques a été en ce sens un long processus de naturalisation de la vie sociale.

---

1. *Ibid.*
2. *Ibid.*, p. 23.

DE LA PRÉVENTION À LA GESTION DES RISQUES,
OU DE LA SÉCURISATION AU CONTRÔLE

Il reste que, à l'intérieur du paradigme de sécurité ou de sécurisation tel que Foucault l'a identifié, il s'est produit une évolution dont l'idée de « gestion des risques » est le point d'arrivée et non le point de départ. Aussi longtemps que les risques majeurs étaient les risques directement liés à la vie que sont la maladie et la vieillesse, on *prévenait* ces risques et on répartissait socialement les coûts de leur traitement, c'est-à-dire qu'on était dans une logique *assurantielle*[1], en même temps que dans la logique de l'État providence : on mettait en place des dispositifs sociaux dont le but et la fonction étaient de permettre aux individus, grâce à la solidarité, de continuer à vivre dignement quand surviendraient la maladie et la vieillesse. Autrement dit, on essayait de se prémunir à l'avance contre les dommages susceptibles d'être causés par ces phénomènes consubstantiels à la vie, et donc inéluctables, que sont la maladie, l'accident et la vieillesse. En même temps, on affirmait sinon que la société avait une responsabilité dans ces risques, du moins que les individus étaient *solidairement* exposés à ces risques[2] et qu'il pouvait donc y avoir une prévention et un traitement sociaux de ces risques, dont l'instrument était « l'État providence »[3]. Qu'est-ce qui est impliqué par le fait qu'on ne parle majoritairement plus désormais de prévention et de répartition sociale des risques, mais de *gestion* des risques ?

1. *Cf.* R. Castel, *Les métamorphoses de la question sociale : une chronique du salariat*, Paris, Fayard, 1995.
2. *Cf.* M.-Cl. Blais, *La solidarité. Histoire d'une idée*, Paris, Gallimard, 2007.
3. *Cf.* Fr. Ewald, *L'État providence*, *op. cit.*

Quelle représentation de la vie sociale a-t-on quand on ne *prévient* plus les risques mais qu'on les *gère*? On peut penser qu'il s'agit là en réalité d'une mutation majeure[1] de nos sociétés qui possède des effets considérables, notamment sur la façon dont on se représente l'État et l'exercice du pouvoir politique.

On peut résumer cette mutation en disant qu'auparavant les risques étaient des *événements* et qu'ils sont maintenant des *informations*. La différence est que l'on *prévient la survenue d'événements* tels que la maladie, le chômage ou la vieillesse, tandis que l'on *gère un flux d'informations* concernant aussi bien et indifféremment le risque nucléaire, la menace terroriste que le réchauffement climatique. Prévenir la survenue d'événements qui sont des risques et organiser socialement le traitement des conséquences de ces événements supposait l'existence d'une instance centrale qui soit à la fois étatique et statistique, les deux aspects étant liés ainsi que l'atteste l'étymologie des deux termes : la *stat*-istique est forcément *staatlich*. Le passage de la prévention d'événements qui risquent de se produire à la gestion des risques sous la forme de la gestion de flux d'information s'accompagne d'un effet de marginalisation de l'instance jusque-là centrale de l'État : les flux d'informations relatives aux risques parcourent la société en tous sens, ils émanent de sources extrêmement nombreuses et variées, ils ne partent plus d'un seul centre et ils ne vont plus vers un seul centre, ces flux passent par des réseaux multiples et enchevêtrés, et ces réseaux sont des rhizomes. Tout cela est à rapprocher du fait que

---

1. Que l'on peut aussi analyser comme la mutation du paradigme de la « sécurité » dans celui que Deleuze a proposé d'appeler « le contrôle » (G. Deleuze, « *Post-scriptum* sur les sociétés de contrôle », dans *Pourparlers*, Paris, Minuit, 1990).

l'exercice du *pouvoir* se soit en même temps effacé devant la mise en œuvre de la « gouvernance » et le choix des « bonnes pratiques » : le problème n'est plus de centraliser des données qui permettent de connaître effectivement les risques et de prévenir leur survenue *à venir*, mais de capter et d'orienter les flux d'informations relatives aux risques vers les multiples instances capables de les traiter *ici et maintenant*.

La dimension étatique de la prévention des risques reposait sur une structure *temporelle* articulant le passé et l'avenir : la récolte et le classement de données relatives à des événements passés permettait de prendre des mesures *préventives* afin de faire face à la survenue à venir d'événements identiques ou semblables. La gestion des risques, quant à elle, s'inscrit strictement dans la dimension du présent : les risques sont des informations sur le présent, qui circulent au présent et dans le présent, ce sont des informations qu'il faut capter maintenant et qu'il faut orienter maintenant vers le récepteur capable de les traiter aussitôt.

On objectera sans doute que des informations relatives aux risques, par exemple à ceux induits par le réchauffement climatique, concernent bien la dimension de l'avenir. Rien n'est moins sûr et la distinction proposée par le sociologue Michel Freitag entre *l'avenir* et le *futur*[1] peut s'avérer ici d'une certaine utilité : à la différence de l'avenir, le simple futur est en réalité lui-même une dimension du présent et le réchauffement climatique, considéré comme risque à gérer, est un futur qui est en réalité *déjà là*, déjà présent, quelque chose dont on mesure les effets *dès maintenant*

---

1. M. Freitag, « La gestion technocratique du social », dans *Le naufrage de l'Université et autres essais d'épistémologie politique*, Montréal, Éditions Nota Bene, 1998, p. 11-17.

et donc bel et bien *au présent*. C'est toute la différence avec les événements effectivement *à venir* que sont l'accident, la maladie pour un individu sain ou la vieillesse pour un individu encore jeune.

La question qui se pose est alors la suivante : quel modèle, quelle représentation de la vie sociale faut-il avoir, quel modèle et quelle représentation de la vie sociale se sont imposés, pour que les approches en termes de risque et, plus exactement, en termes de gestion des risques s'y soient généralisées ? Et quelles conséquences cette conception de la société à partir de la gestion du risque a-t-elle sur la politique, sur l'exercice du pouvoir politique, et en particulier sur la forme démocratique de cet exercice ?

La « gestion des risques » a pour objet de déterminer les moyens pouvant permettre à la société de *s'adapter* à une situation *présente* caractérisée par le risque, c'est-à-dire par *l'incertitude*. En ce sens, la « gestion des risques » apparaît comme très différente de la « prévention des risques » qui prévalait avant la généralisation de la « gouvernance » gestionnaire contemporaine : prévenir la maladie, le chômage ou la vieillesse, ce n'était pas chercher les moyens d'adapter les individus à une incertitude présente, c'était chercher les moyens et construire les éléments juridiques et institutionnels d'une *sécurisation* afin que les individus puissent, non pas s'adapter, mais faire face le mieux possible à des événements *à venir* considérés soit comme inévitables et *certains* (la maladie et la vieillesse sont certaines pour des êtres vivants) soit comme *possibles* (le chômage, le handicap, l'accident). Ce qui nous reconduit à la distinction des temps puisque si on se prépare à des événements à venir (possibles ou certains) et à leurs conséquences probables, en revanche on s'adapte à des conditions présentes.

On voit que la logique de la sécurisation supposait de se projeter vers un type de société visé à titre de *fin*, en l'occurrence vers une société caractérisée par la solidarité (entre les employeurs et leurs salariés, mais aussi entre les générations). Au contraire, la gestion des risques comme gouvernance semble s'abstenir de se projeter vers la fin visée par la vie sociale, et vouloir se concentrer au contraire strictement sur la question des *moyens*, en l'occurrence *d'une part* sur les moyens de mesurer et d'évaluer de la façon la plus précise possible le degré d'incertitude qui règne dans le présent (ainsi que sur les moyens de diffuser au mieux l'information relative à cette incertitude présente), et *d'autre part* sur les moyens *d'adapter* la société et les individus qui la composent à ce degré présent d'incertitude. L'impératif d'adaptation[1] individuelle, inséparable de la nécessité de l'autoconservation[2], et donc l'impératif d'autoadaptation à une société caractérisée par le risque, l'incertitude et donc aussi le danger, ont été brièvement, mais clairement décrits par Walter Benjamin au détour d'une note de *L'œuvre d'art à l'époque de sa reproductibilité technique* : « Le film est la forme d'art qui correspond à

1. Dont Barbara Stiegler a redécouvert l'importance à partir d'une tradition de pensée différente de la théorie critique, mais conduisant à de très proches conclusions : *cf.* B. Stiegler, *« Il faut s'adapter ». Sur un nouvel impératif politique*, Paris, Gallimard, 2019.

2. C'est Adorno qui, dans la suite de Horkheimer (M. Horkheimer, *Éclipse de la raison, op. cit.*), a vu que, dans la société du capitalisme avancé, « la conservation de soi ne réussit plus aux individus que dans la mesure où ils échouent dans la formation de leur soi-même » (« A propos du rapport entre sociologie et psychologie », dans Theodor W. Adorno, *Société : Intégration, Désintégration, op. cit.*, p. 345), c'est-à-dire dans la mesure où ils s'adaptent le plus complètement possible à une logique sociale qui leur est en même temps de plus en plus totalement étrangère (de sorte que la conservation de soi s'identifie désormais au renoncement à soi).

la vie de plus en plus dangereuse à laquelle doit faire face l'homme d'aujourd'hui », c'est-à-dire « le premier passant venu dans une rue de grande ville » et « n'importe quel citoyen d'un État contemporain »[1]. Il y a derrière cette remarque de Benjamin l'idée que le cinéma expose le spectateur à des « effets de choc » : le succès du cinéma comme forme d'art typique du XXᵉ siècle exprime « le besoin de s'exposer à des effets de choc », tout se passant comme si le film permettait une forme d'entraînement et donc aussi une forme « d'adaptation des hommes aux périls qui les menacent »[2].

La gestion des risques ramène à une approche individualisante du risque, avec laquelle avait rompu la prévention et la répartition sociales des risques, typiques de la période 1880-1960 de construction de l'État providence et du droit social. Tout se passe comme si, de plus en plus, la société exposait les individus à des risques qu'elle leur demande d'assumer individuellement et auxquels elles les contraints à s'adapter tout aussi individuellement. L'agriculture intensive et l'industrie agroalimentaire, par exemple, exposent les individus à des risques de maladie, mais c'est aux individus eux-mêmes de faire les « bons choix » de consommation en privilégiant des aliments dont le mode de production ou la composition les expose moins au risque de cancer : ne pas faire ces bons choix les expose à des risques qu'ils auront à assumer individuellement. On abandonne ainsi la logique de la répartition sociale des risques, on revient à une recherche des *causes*, typique de la période libérale du premier XIXᵉ

---

1. W. Benjamin, *L'œuvre d'art à l'époque de sa reproductibilité technique* (dernière version), dans *Œuvres*, tome 3, trad. M. de Gandillac, R. Rochlitz, P. Rusch, Paris, Folio-Gallimard, 2000, p. 309.

2. *Ibid.*

siècle, et donc aussi à l'attribution d'une responsabilité à chaque fois individuelle.

Nous sommes ainsi parvenus au point où l'on peut considérer à la fois que les risques induits par le changement climatique sont à rapporter à l'humanité considérée comme espèce *naturelle* (et non à un type déterminé de société et de rapports sociaux), mais que ces mêmes risques pourraient être maîtrisés par des modifications dans les choix *individuels* de consommation et de production (magner bio ou végan, rouler à l'électrique, se chauffer et s'éclairer au solaire, etc.). Cette focalisation sur la force naturelle de *l'espèce* et sur les choix *individuels* des acteurs permet d'occulter la spécificité de la dimension proprement *sociale* qui vient s'intercaler entre les deux, et donc de n'avoir pas à affronter la question d'une transformation des rapports sociaux de production et de consommation. Elle permet aussi de maintenir et de renforcer l'adaptation des individus aux rapports sociaux actuels, en s'en remettant à ce qu'Adorno appelait « *une politique de la catastrophe* » dont il résumait l'essentiel dans les termes suivants : « aux masses sont certes promis des avantages, mais, dans le même temps, l'idée de leur bonheur est remplacée de manière insistante par la menace et la violence, des sacrifices démesurés leur sont imposés, leur existence est immédiatement mise en péril »[1].

---

1. Theodor W. Adorno, « A propos du rapport entre sociologie et psychologie », dans *Société : Intégration, Désintégration, op. cit.*, p. 315.

VERS UNE THÉORIE ÉCO-CRITIQUE
DE LA SOCIÉTÉ
CAPITAL, HISTOIRE ET GÉOLOGIE[1]

Nous faisons désormais l'expérience de ce que le développement des forces productives humaines et sociales n'est pas illimité et qu'il rencontre des bornes qui ne sont autres que celles que lui opposent les écosystèmes. Cette façon de formuler les choses pourrait cependant laisser penser qu'il y aurait une sorte de trajectoire historique spontanée du développement des forces productives qui les conduirait à venir buter sur la Terre ou sur la nature comme sur une limite externe. Aussi faut-il d'emblée préciser qu'une certaine organisation sociale de la production, ou ce que Marx appelait un mode de production ne vient pas buter sur « la nature » comme sur une borne qui lui serait externe, qui lui préexisterait à la façon d'un obstacle *déjà là* qui aurait attendu que la société vienne se heurter à lui : une société donnée et un mode donné de production fabriquent et produisent eux-mêmes de façon interne leurs *propres* limites « naturelles », ils sont des

1. Ce texte est inédit : il est celui d'une présentation orale donnée le 29 mars 2022 devant l'*University of Strasbourg Institute for Advanced Study* (USIAS) dans le cadre du programme « Histoire naturelle du capitalisme avancé » mené par Éric Pineault (Université du Québec à Montréal) et moi-même, et financé par l'USIAS.

ensembles inséparablement sociaux et naturels dont le développement historique finit par révéler ou rendre manifestes *comme* limites à la poursuite même de ce développement des aspects ou des dimensions dont un autre mode de production n'aurait précisément pas *fait* des limites[1].

Formuler les choses de la sorte[2] est typique d'une approche relevant de ce que je propose d'appeler une théorie éco-critique de la société. Une approche de ce genre suppose que « l'objet de l'écologie sociale n'est pas les êtres humains *en eux-mêmes* », ni les sociétés humaines *en général*, « mais les sociétés à l'intérieur desquelles ces

---

1. Voir T. Benton, « Marxism and Natural Limits », *New Left Review*, n°178, 1989 (trad. N. Dubois : « Marxisme et limites naturelles : critique et reconstruction écologique », dans J.-M. Harribey, M. Löwy (dir.), *Capital contre nature*, Paris, Puf, « Actuel Marx Confrontation », 2003). Dans ce texte, T. Benton défend aussi la thèse de la relativité historico-sociale des « limites naturelles » : il écrit ainsi que « ce qui constitue une véritable limite naturelle pour telle forme d'articulation nature/société peut *ne pas* constituer une limite pour telle autre » (*op. cit.*, p. 46). Très intéressant pour nous est le fait que T. Benton illustre son propos d'un exemple qui relève du régime énergétique d'une société et de la relation métabolique à la nature que ce régime implique : « il est clair, écrit-il, que si, par exemple, nous pensons les ressources non-renouvelables en termes de limites naturelles, une société qui change sa base de ressources, ou intègre un recyclage de ressources à la structure intentionnelle de ses procès de travail, peut effectivement transcender ce qui était auparavant appréhendé comme limite » (*ibid.*).

2. Formulation qui est aussi celle de Timothée Haug : « les conditions naturelles de la production ne sont pas, *en soi*, des barrières à l'activité humaine ; elles ne le deviennent que par rapport à la finalité posée par une production humaine et à travers la forme sociale que cette dernière revêt ; ce n'est donc que la possibilité abstraite d'une limitation qui est générale, là où son *devenir effectif*, son *activation*, est de part en part socio-historique » (T. Haug, *La rupture écologique dans l'œuvre de Marx*, thèse citée, p. 137 ; nous soulignons).

êtres humains organisent leur reproduction »[1], et cela en tant que l'organisation d'une telle reproduction ne peut se faire que par l'instauration d'un certain type de *rapports sociaux à la nature*. Ainsi, toute forme sociale d'organisation de la production et de la reproduction met en jeu en même temps une certaine forme de « métabolisme social », par où on entend « les *inputs* matériels et énergétiques d'une société, leur transformation et, soit leur intégration aux stocks sociaux, soit leurs *outputs* sous la forme d'exportations vers d'autres systèmes socio-économiques ou d'évacuation dans l'environnement sous forme de déchets et d'émissions »[2]. Quand on se place au point de vue de l'écologie sociale, on est ainsi amené à penser que tout mode de production particulier, en ce qu'il implique un certain type de rapports sociaux à la nature, peut être décrit comme un certain « mode socio-métabolique » de production, selon une catégorie initialement introduite par Rolf Peter Sieferle. Une histoire des modes socio-métaboliques de production peut alors être envisagée, en tant que ces modes socio-métaboliques se distinguent les uns des autres comme autant de régimes de « flux d'énergie » (*Energieflüsse*) et de « systèmes métaboliques », ou de « système de circulation de matière » (*Stoffkreisläufe*) entre la société et la nature.

Le fait qu'un mode déterminé de production soit ainsi toujours en même temps un certain mode socio-métabolique a pour conséquence qu'on ne peut pas comprendre la spécificité des rapports sociaux à la nature qu'il implique

1. J. Kramm, M. Pichler, A. Schaffartzik, M. Zimmermann, « Societal Relations to Nature in Times of Crisis – Social Ecology's Contributions to Interdisciplinary Sustainability Studies », *Sustainability*, 2017, 9, 1042, p. 4.

2. *Ibid.*, p. 4.

indépendamment de la forme particulière des rapports sociaux de production qui le caractérisent. Ce caractère indissociable des rapports sociaux de production et des rapports sociaux à la nature implique notamment que des rapports sociaux de *domination* sont toujours en même temps des rapports qui, au sein d'une formation sociale donnée, « configurent l'accès, le contrôle et la distribution des ressources et des avantages environnementaux »[1] : de ce point de vue, « des groupes d'acteurs puissants sociale-ment » sont toujours aussi des groupes qui « contrôlent l'accès à la nature, les ressources naturelles et les écosystèmes au moyen de mécanismes spécifiques ».[2] Les deux premiers principaux représentants de l'École de Francfort, Horkheimer et Adorno, avaient déjà établi qu'un rapport de domination exercé sur la nature externe par une société était inséparable de l'instauration d'un rapport de contrainte interne à cette société[3]. Et c'est pourquoi également – pour le dire cette fois dans les termes plus contemporains des chercheurs de l'*Institut pour la recherche en écologie sociale* de Francfort – « les conflits socio-écologiques et les phénomènes de crise ne provien-nent pas nécessairement de "limites de la croissance" ou de limites de la planète saisies universellement et

1. J. Kramm, M. Pichler, A. Schaffartzik, M. Zimmermann, « Societal Relations to Nature in Times of Crisis … », art. cit., p. 6.

2. *Ibid.*

3. Voir M. Horkheimer, Theodor W. Adorno, *La dialectique de la raison*, trad. E. Kaufholz, Paris, Gallimard, 1974, notamment p. 55 : « les pratiques autoritaires, après avoir permis l'assujettissement de la nature, se sont retournées contre la société ». Voir aussi M. Horkheimer, *Éclipse de la raison, op. cit.*, p. 114 : « l'histoire des efforts de l'homme pour asservir la nature est également l'histoire de l'asservissement de l'homme par l'homme ». Voir J.-B. Vuillerod, *Theodor W. Adorno, op. cit.* ; D. Cook, *Adorno on Nature*, Londres-New York, Routledge, 2011.

abstraitement, mais sont les conséquences de processus socio-économiques et politiques qui configurent les rapports sociaux à la nature »[1].

Mon propos sera ici d'insister sur l'importance de ce concept de « rapport social à la nature » : constatant que l'usage qui en est fait aujourd'hui par l'Institut d'écologie sociale de Francfort se fait très largement indépendamment de la référence à Marx, je voudrais d'abord insister sur l'enracinement de ce concept dans l'approche marxienne des rapports entre système naturel et mode social de production. J'examinerai ensuite sur quelques étapes post-marxiennes majeures de la formation de ce concept jusqu'à nous.

Je disais donc, en commençant, que ce n'est pas la trajectoire des forces productives humaines *en général* qui vient aujourd'hui heurter de plein fouet l'écosystème terrestre : c'est la trajectoire *spécifiquement* imprimée par le mode capitaliste de production au développement des forces productives depuis que ce mode de production a rendu son développement et son fonctionnement insé-parables de l'extraction et de l'usage massif des combusti-bles fossiles, et donc depuis qu'il a pris la forme de ce qu'Andreas Malm a proposé d'appeler le « capitalisme fossile ».[2]

En ce sens, les limites que notre mode actuel de production rencontre, celles sur lesquelles il semble venir buter aujourd'hui comme sur d'indépassables obstacles, ne sont des limites que *pour lui*, elles ne sont posées

---

1. J. Kramm, M. Pichler, A. Schaffartzik, M. Zimmermann, « Societal Relations to Nature in Times of Crisis … », art. cit., p. 6-7.

2. A. Malm, *Fossil Capital. The Rise of Steam Power and the Roots of Global Warmingop. cit.* Voir aussi I. Angus, *Face à l'anthropocène. Le capitalisme fossile et la crise du système terrestre*, *op. cit.*, chap. 8.

historiquement *comme* des limites que *par* lui : elles ne sont donc pas les limites de *toute* production humaine en général, ni de *toute* forme sociale de production. Elles sont les limites engendrées *comme telles* par la forme spécifique de production qui est née en Occident, plus précisément en Angleterre, à la fin du XVIIIe siècle et qui, de là, a colonisé l'ensemble de la planète et s'est imposée à l'ensemble des sociétés humaines. Il s'agit de cette forme particulière de production « basée sur la combustion d'énergie fossile et générant une croissance soutenue des émissions de CO2 »[1], donc de cette forme spéciale de production, consistant à extraire le carbone du sous-sol et l'envoyer dans l'atmosphère, que quelques propriétaires de moyens de production dans l'industrie de la filature de coton ont adoptée au tournant du XIXe siècle, et qu'ils sont parvenus à imposer aux autres.

Si la production dont nous parlons n'est donc pas la production *en général*, mais bien une forme *déterminée* de production, c'est précisément parce que ce sont des rapports sociaux eux-mêmes historiquement déterminés qui ont conféré cette forme particulière aux forces productives qui se développaient en leur sein[2]. Or, on le

1. A. Malm, *L'anthropocène contre l'histoire. Le réchauffement climatique à l'ère du capital*, trad. E. Dobenesque, Paris, La Fabrique, 2017, p. 8.

2. L'approche propre à A. Malm mobilise ainsi, apparemment sans qu'il en ait conscience, la thèse althussérienne fondamentale du « primat des rapports de production sur les forces productives » : « les Forces Productives, écrivait ainsi Althusser, ne seraient rien si elles n'étaient mises en état de fonctionner ; or elles ne peuvent fonctionner que *dans* et *sous* leurs Rapports de Production ; ce qui conduit à dire que, sur la base et *dans les limites* des Forces Productives existantes, *ce sont les Rapports de Production qui jouent le rôle déterminant* » (L. Althusser, *Sur la reproduction*, Paris, Puf, 1995, p. 44 et l'Appendice, p. 242 *sq.* :

sait, cette forme sociale déterminée est celle qui met en rapport des propriétaires de moyens de production avec des propriétaires de force de travail. Andreas Malm repart d'une idée déjà exprimée par Marx dans *Le Capital*, à savoir que c'est bien cette forme-là des rapports sociaux qui explique que la machine à vapeur ait supplanté la roue hydraulique, également appelée la roue à aubes au fil de l'eau. Comment expliquer autrement, en effet, que la machine à vapeur se soit imposée alors même que, jusque dans les années 1820, les machines à vapeur les plus performantes ne développaient que 60 cv-vapeur, quand les grandes roues hydrauliques délivraient une puissance comprise entre 300 et 500 cv-vapeur?[1] Comment des industriels capitalistes ont-ils pu finalement choisir de déplacer leurs machines loin des cours d'eau qui alimentaient pourtant leurs roues hydrauliques en une eau abondante et *gratuite*, et faire le choix apparemment non rationnel d'une source payante d'énergie (le charbon), de machines onéreuses et au rendement plus faible et moins régulier, du moins au début? Précisément parce qu'ils étaient des industriels *capitalistes*, et parce que l'immobili-sation de sommes plus importantes en capital constant dans l'achat des machines à vapeur étaient à leurs yeux

« Du primat des Rapports de Production sur les Forces Productives »). C'est là, selon Althusser, une thèse fondamentale de Marx lui-même, reprise par Lénine et Mao, mais renversée dans son contraire par Staline et dans le *Diamat*. Il convient désormais de compléter cette thèse en posant que des Rapports sociaux de Production sont toujours en même temps des Rapports sociaux à la Nature, ce qui a comme notable conséquence de *déplacer* la question de la Reproduction sociale de la sphère de la Superstructure (où Althusser la situait) à celle de l'Infrastructure. Nous examinerons ce point, Éric Pineault et moi, dans un prochain ouvrage.

1. A. Malm, *L'anthropocène contre l'histoire, op. cit.*, p. 86.

largement contrebalancée par la perspective d'une forte augmentation de la part variable du capital, c'est-à-dire par l'accès à une main d'œuvre abondante et peu chère.[1] Il leur fallait rejoindre cette main d'œuvre là où elle était déjà massée et y attirer encore davantage de forces de travail, et pour cela il fallait qu'ils déplacent leurs machines, ce qui n'était possible qu'en changeant de source d'énergie, qu'en passant de l'énergie hydraulique et de rivières qu'on ne peut déplacer, à l'énergie fossile, au charbon qu'on peut transporter et faire venir partout.

C'était l'explication que donnait Marx quand, parlant de « la deuxième machine à vapeur de Watt » comme du « premier moteur produisant lui-même sa force motrice à partir de l'ingestion de charbon et d'eau », il notait que ce moteur « permet la concentration de la production dans les villes au lieu de la disséminer dans les campagnes comme le fait la roue hydraulique »[2] : cela ne peut être une bonne raison d'adopter la machine de Watt que pour un propriétaire *capitaliste* de moyens de production, qui a, en tant que tel, besoin d'accéder à la main d'œuvre là où elle est déjà massée et accessible à faible coût.

Mais, précisément, une telle transformation ne pouvait avoir lieu que dans le cadre d'un rapport social de type *déjà* capitaliste : « le capitalisme du coton, écrit Andreas Malm, s'est tourné vers la vapeur parce qu'elle offrait un pouvoir supérieur sur la main d'œuvre »[3], en permettant d'augmenter l'intensité du travail et donc sa productivité au sein d'une journée désormais limitée à 10h, et en intervenant sur la composition interne de cette journée de

1. C'est ce que montre Andreas Malm dans *Fossil Capital*, *op. cit.*
2. K. Marx, *Le Capital*, Livre I, chap. XIII (« La machinerie et la grande industrie »), p. 423.
3. *Ibid.*, p. 112.

travail (c'est-à-dire sur le rapport entre travail nécessaire et surtravail[1]), et non plus sur sa durée. Dans la suite de Marx, qui avait parfaitement su voir que « la machine à vapeur fut d'emblée un antagoniste de la "force humaine" qui permettait au capitaliste d'écraser les prétentions croissantes des ouvriers », on pourrait écrire une histoire des sources d'énergie fossile à la manière dont Marx envisageait une histoire des « inventions [techniques] depuis 1830 »[2] : à savoir comme l'histoire « des armes de guerre du capital contre des émeutes ouvrières »[3].

Le point de vue propre à une théorie sociale éco-critique peut ainsi permettre d'éviter d'attribuer abstraitement à l'activité humaine *en général* des effets et des conséquences dont les causes sont à chercher du côté d'une forme *spécifique* de rapports sociaux, en l'occurrence de la forme spécifiquement capitaliste de la production qui, en tant que mode de production, est aussi ce que Rolf Peter Sieferle appelle un « mode socio-métabolique »[4] qui, comme tel, implique un rapport social déterminé à la nature.

Il semble donc que la pensée de Marx contienne effectivement des ressources qui permettent de jeter les bases d'un programme de théorie sociale éco-critique, et que fasse plus que s'y esquisser le concept de rapport social à la nature. Un tel programme ne peut cependant pas être mené à bien sans qu'on doive puiser aussi à d'autres

1. *Ibid.*, chap. XIV, p. 571.
2. Les deux, énergie fossile et innovation technique, étant d'ailleurs inséparables : charbon et machine à vapeur, charbon et chemin de fer, pétrole et automobile, pétrole et aviation (*cf.* Paul A. Baran et Paul M. Sweezy, *Le capitalisme monopoliste. Un essai sur la société industrielle américaine*, Paris, Maspero, 1968, p. 199-201).
3. K. Marx, *Le Capital*, Livre I, chap. XIII, p. 489.
4. R. P. Sieferle, *Rückblick auf die Natur. Eine Geschichte des Menschen und seiner Umwelt*, München, Luchterhand, 1997.

sources. Depuis plus de trente ans, un travail considérable a notamment été accompli à Francfort par l'*Institut für sozial-ökologische Forschung* (ISOE[1]) et à Vienne par l'*Institut für Soziale Ökologie* (SEC), dont on peut prendre connaissance grâce au numéro spécial de la revue *Sustainability* paru en 2017 (9, 2017) sous le titre « Social Ecology. State of the Art and Future Prospects »[2].

Mais il existe aussi d'autres sources plus anciennes, en particulier dans la sociologie américaine. L'une des racines de l'écologie sociale contemporaine, et notamment du concept, cher aux représentant de l'ISOE de Francfort, de « rapports sociaux à la nature », se trouve aux États-Unis, et cela dès l'époque des prédécesseurs de ce qui deviendra l'école de Chicago[3]. On peut notamment penser à l'ouvrage publié en 1894 par Albion W. Small et George E. Vincent sous le titre *An Introduction to the Science of Society* : on y trouvait exprimée l'idée selon laquelle « la société, en vue de maintenir sa cohérence et de poursuivre son développement, doit constamment se réajuster elle-même aux conditions naturelles et artificielles », les auteurs ajoutant que « les circonstances naturelles font une impression sur la société qui, en retour, produit une

1. Pour une présentation approfondie de la perspective propre aux travaux menés à Francfort par les chercheurs de l'*Institut für sozial-ökologische Forschung*, voir E. Becker, Th. Jahn (Hg.), *Soziale Ökologie. Grundzüge einer Wissenschaft von den gesellschaftlichen Natur-verhältnissen*, Frankfurt-New York, Campus Verlag, 2006.

2. Ce numéro spécial de la revue en ligne *Sustainability* a fait l'objet d'une réédition sous la forme d'un livre : J. Kramm, M. Pichler, A. Schaffartzik, M. Zimmermann, *Social Ecology. State of the Art and Future Prospects*, Basel, MDPI AG, 2017.

3. Je m'appuie ici sur D. Hummel, Th. Jahn, F. Keil, S. Liehr, I. Stiess, « Social Ecology as Critical, Transdisciplinary Science – Conceptualizing, Analysing and Shaping Societal Relations to Nature », *Sustainability*, 2017, 9, p. 1050.

modification dans la nature ».[1] L'école de Chicago a hérité de cette conception de la nature comme environnement de la vie sociale et cela s'est traduit par le programme d'une « écologie humaine » qui jetait les bases d'une écologie sociale.

La chose est particulièrement claire dans l'article de Robert Ezra Park, « La ville, phénomène naturel » publiée en 1952[2], mais elle apparaissait déjà nettement dans l'étude bien plus précoce de Roderick D. McKenzie intitulée « L'approche écologique dans l'étude de la communauté humaine », publiée en 1925, et dans la proposition de définition de l'écologie humaine que l'on y trouve : l'écologie humaine, selon McKenzie, peut être définie comme « l'étude des relations spatiales et temporelles des êtres humains en tant que [ces relations sont] affectées par des facteurs de sélection, de distribution et d'adaptation liés à l'environnement »[3]. McKenzie ajoutait que « l'écologie humaine s'intéresse fondamentalement à l'effet de la *position*, à la fois dans le temps et l'espace, sur les institutions humaines et le comportement humain »[4]. L'approche est centrée sur les conditions qui « confèrent une localisation et une fixité spatiales aux relations humaines »[5] : l'accès à ces conditions est l'objet d'une compétition et d'une sélection entre groupes sociaux et communautés humaines, comme il l'est pour les espèces

1. A. W. Small, G. E. Vincent, *An Introduction to the Science of Society*, New York, American Book Company, 1894, p. 336.

2. R. E. Park, « La ville, phénomène naturel », dans *L'école de Chicago*, textes traduits et présentés par Y. Grafmeyer et I. Joseph, Paris, Aubier, 1984, p. 185-196.

3. R. D. McKenzie, « L'approche écologique dans l'étude de la communauté humaine », dans *L'école de Chicago, op. cit.*, p. 150.

4. *Ibid.*

5. *Ibid.*, p. 151.

animales et végétales. Le modèle de cette écologie humaine est clairement l'écologie végétale et animale à laquelle est empruntée la description du fait que « les plantes et les animaux, vivant ensemble dans un habitat commun, tendent invariablement à développer une économie naturelle et, par suite de cette interdépendance économique, à former une communauté vivante dans laquelle les espèces différentes peuvent jouir d'une sécurité et d'une prospérité plus grandes qui si elles vivaient séparément ».[1] Ce sont, selon Park, les mêmes principes qui « sont à l'œuvre en ce qui concerne une population humaine, sauf que, dans ce cas, c'est la région économique qui constitue l'habitat, et que l'équilibre relativement stable qu'instaure et entretient la concurrence n'est pas l'effet d'une différenciation des espèces, mais d'une division du travail et d'une différenciation des fonctions et des professions entre organismes individuels »[2].

Cette différenciation fonctionnelle permet à McKenzie de comprendre la formation de différents types de communautés humaines urbaines : la « communauté d'activités primaires telle que la petite ville agricole » ou « la communauté de pêcheurs, de mineurs ou de bûcherons qui joue un rôle au premier stade du procès de distribution des denrées de base écoulées à l'extérieur », c'est-à-dire vers d'autres communautés ; ensuite « la communauté commerciale » qui rassemble « les matériaux de base provenant des communautés primaires des environs et les distribuent sur les grands marchés du monde entier » ; ensuite « l'agglomération industrielle », lieu de fabrication des biens de consommation et qui peut aussi « combiner

---

1. R. E. Park, « La ville, phénomène naturel », *op. cit.*, p. 186.
2. *Ibid.*, p. 186-187.

des fonctions du type primaire et du type commercial » ; enfin le quatrième type de communauté, celui des villes qui ne remplissent aucune fonction dans la production ou dans la distribution de biens et qui tirent leurs moyens de subsistance d'autres régions et communautés : ce sont « les stations touristiques, les centres politiques, les villes universitaires, les villes de garnison, les colonies pénitentiaires »[1].

Il est clair que chacun de ces types de communautés est caractérisé par un rapport spécifique à son environnement naturel : ce rapport est particulièrement fort et étroit s'agissant des communautés de type primaire et des agglomérations industrielles qui dépendent directement de l'accès à des ressources telles que (pour les premières) une rivière, une forêt ou des terres cultivables et (pour les secondes) un fleuve, un débouché sur la mer et l'océan, ou des ressources en énergies fossiles, charbon et pétrole. Si le rapport aux ressources naturelles est plus lâche et moins étroit s'agissant des communautés commerciales et des communautés du 4ᵉ genre, la dimension de la localisation spatiale et de l'accès aux ressources spatiales reste néanmoins déterminante, la communauté commerciale privilégiant les confluents de rivières, les estuaires fluviaux et les carrefours de voies de communication, tandis que la capitale politique et administrative optera pour une position centrale sur le territoire qu'elle administre, la ville de garnison au contraire pour une proximité de la frontière, etc. On trouve donc bien, chez les représentants de l'école de Chicago, l'idée qu'il existe des rapports à l'espace et à l'environnement naturel qui sont socialement médiatisés, c'est-à-dire des rapports à la nature qui sont inséparablement

1. *Ibid.*, p. 152-154.

des rapports sociaux. Les communautés humaines instaurent un type de rapports à leur environnement naturel qui est fonction du type d'avantage qu'elles recherchent et dont elles ont besoin pour croître jusqu'à leur point d'équilibre.

Si la dimension temporelle est annoncée comme importante par les sociologues de Chicago, elle reste cependant relativement négligée comparativement au traitement réservé par eux à la dimension spatiale. Cette dimension temporelle et historique joue en revanche un rôle important dans la pensée de l'un des théoriciens les plus significatifs des rapports sociaux à la nature, Rolf Peter Sieferle. On trouve chez lui une idée qui n'est pas sans faire penser aux objections de Andreas Malm à l'anthropocène :

> Dans les approches propres à l'écologie humaines, qui sont davantage déterminées par la biologie que par l'anthropologie, on trouve souvent, écrit Sieferle, une mise en rapport directe de "l'homme" et de "l'éco-système", par où les Scitaeffets qui proviennent du premier sont immédiatement considérés comme "humains" ; "l'homme" vaut alors comme l'être qui possède une grande capacité cérébrale, des aptitudes techniques, la mobilité, une capacité d'adaptation, etc., par quoi des influences précises sur les contextes naturels peuvent être expliqués.

Mais, les approches de ce type ont pour caractéristique de négliger le fait que

> entre "l'homme" comme potentiel biologique et ses effets réels sur son environnement physique, il y a des systèmes sociaux, culturels, politiques, technico-économiques complexes possédant à chaque fois des caractéristiques

systématiques propres qui déterminent les modes et la portée de leur action [sur la nature][1].

Ce n'est donc pas à « l'homme » en général, mais bien aux formations culturelles, politiques, économiques et sociales dans lesquelles il a historiquement évolué qu'est à chaque fois échue, comme tâche essentielle, celle de « réguler les rapports à l'environnement naturel et physique à l'intérieur duquel les hommes vivent »[2]. Or cette régulation prend des formes extrêmement variées et très différentes selon le type de formation sociale que l'on prend en considération, d'où la proposition de Sieferle d'engager une « recherche environnementale historique » (*historische Umweltforschung*) qui rompe avec une « anthropologie écologique » dont l'approche reste « formelle et abstraite » en ceci que « ses modèles peuvent être appliqués à tout type de société »[3].

Un bon exemple de la transformation induite par l'approche historique propre à Sieferle est donné par l'analyse qu'il propose de la manière dont « l'homme, comme tout autre espèce, doit se connecter au flux énergétique naturel de la biosphère ». Là où une anthropologie écologique se contente de poser que l'espèce humaine, comme tout autre espèce, « est assignée à un flux permanent d'énergie par son organisation » et par les nécessités de sa survie, l'écologie historique de Sieferle propose « d'analyser les différents types de sociétés humaines à

---

1. R.P. Sieferle, « Perspektiven einer historischen Umweltforschung », *in* R.P. Sieferle (Hrsg.), *Fortschritte der Naturzerstörung*, Frankfurt a. M., Suhrkamp Verlag, 1988, p. 317.

2. *Ibid.*, p. 318.

3. *Ibid.*, p. 320.

partir de la façon dont elles organisent leurs flux d'énergie et des quantités d'énergie qui leur sont nécessaires »[1].

On peut ainsi poser que les sociétés de chasseurs-cueilleurs sont « des sociétés qui se connectent directement au flux énergétique de la biosphère sans la modifier de façon significative »[2] : elles utilisent simplement l'énergie solaire que les plantes ont fixé par photosynthèse et que les animaux ont intégrée chimiquement à leur biomasse. Les sociétés agraires se limitent également à l'utilisation de l'énergie solaire, mais elles parviennent, par l'agriculture, l'élevage des plantes et des animaux, à modifier de façon notable les flux d'énergie à l'intérieur du territoire qui est le leur. Les sociétés agraires permettent pour la première fois aux hommes une « monopolisation de la biomasse sur une étendue (ou surface) déterminée »[3]. Cela se produit au prix de l'exclusion, hors du biotope utilisé de façon agraire, des animaux et des plantes considérés comme inutiles ou nuisibles. Retenons que « l'ensemble des formes d'utilisation de l'énergie dans les sociétés agraires repose sur le fait qu'on se connecte avec succès au *flux* de l'énergie solaire au moyen de l'écosystème naturel »[4].

C'est sur ce point que les sociétés industrielles introduisent une franche rupture : « énergétiquement parlant, le système industriel repose sur l'utilisation de porteurs d'énergie fossile, c'est-à-dire sur le fait qu'on se rende disponible l'énergie chimique de la biomasse qui a été fixée durant des espaces de temps bien plus grands que

1. R.P. Sieferle, « Perspektiven einer historischen Umweltforschung », *op. cit.*, p. 321.

2. *Ibid.*

3. *Ibid.*, p. 322.

4. *Ibid.*, p. 323.

ceux durant lesquels elle est libérée »[1], de sorte « qu'on convertit aujourd'hui en un an l'énergie fossile qui a été accumulée en 100.000 ans par voie de photosynthèse ».

Une analyse comparable peut être menée au point de vue cette fois du « cycle métabolique » (*Stoffkreislauf*). Là où les sociétés de chasseurs-cueilleurs ne modifient que marginalement les cycles métaboliques, les choses changent déjà radicalement avec les sociétés agraires : « avec les récoltes, des matières sont éloignées de façon accélérée de leur lieu naturel et ne sont que partiellement rendues aux sols comme engrais ». Mais il demeure que, dans les sociétés agraires, « l'agriculture est une composante du système d'énergie solaire, c'est-à-dire qu'elle devait fondamentalement être pratiquée avec un facteur de récolte énergétiquement positif : la production agricole ne devait pas utiliser davantage d'énergie que n'en contenaient les produits agricoles eux-mêmes »[2]. C'est cet équilibre qui est rompu avec le passage aux sociétés industrielles. Ainsi, « l'agriculture industrielle ne travaille pas seulement avec un facteur de récolte énergétiquement négatif, c'est-à-dire avec une importation nette d'énergie fossile, mais elle repose matériellement (*stofflich*) sur une transformation irréversible de la structure des sols »[3]. C'est ainsi que, « à la place des cycles métaboliques (écologiques), prend place un flux matériel (*Materialfluss*), ce qui signifie qu'un certain stock donné se met à être épuisé qui ne se régénère plus à une échelle de temps historique »[4].

1. *Ibid.*
2. *Ibid.*, p. 329.
3. *Ibid.*
4. *Ibid.*, p. 330.

Il y a là une indication intéressante que Sieferle n'approfondit pas davantage, en tout cas pas dans ce texte : c'est l'opposition entre deux temporalités, la temporalité historique et la temporalité géologique. Les sociétés industrielles sont celles qui, à l'échelle de leur temporalité historique propre, déclenchent des processus dont l'échelle temporelle n'est pas historique, mais géologique. Cela tient au fait que les sociétés agraires et préindustrielles restaient dans un cycle du carbone court, de type écologique, dans lequel les temporalités biologique et historique restaient compatibles l'une avec l'autre : la croissance de ces sociétés est limitée par leur accès à l'énergie solaire sous la seule forme de son accumulation primaire par photosynthèse. Les sociétés industrielles sont en revanche entrées dans un cycle du carbone long en actualisant dans leur présent historique un passé géologique d'accumulation d'énergies fossiles : ce faisant, elles déclenchent des phénomènes, tel le changement climatique, dont l'échelle n'est plus celle du temps historique et social, mais celle de l'histoire naturelle et de la temporalité géologique. Ces sociétés ont certes aboli la contrainte spatiale à laquelle restaient soumises les sociétés agraires, mais elles sont tombées sous une contrainte temporelle que son échelle géologique fait échapper à toute forme de contrôle qu'une société humaine, dont l'échelle temporelle reste historique, est susceptible de pouvoir jamais exercer.

La limite du propos de Sieferle tient sans doute à la manière dont il thématise la ou les sociétés industrielles *de façon générale*, en faisant abstraction de leur caractère capitaliste ou non : il tombe ainsi lui-même sous le coup du reproche d'abstraction qu'il adresse à l'anthropologie, son concept de « société industrielle » en général apparaissant comme insuffisamment différencié. Tout en parlant de « dommages anthropogènes à l'environnement qui forment un *continuum* depuis la révolution néolithique »[1], il admet certes que ces dommages ont connu « une énorme accélération depuis le début de l'industrialisation »[2], c'est-à-dire depuis 200 ans. Il considère notamment « le passage au système industriel comme signifiant sous de nombreux aspects une rupture systémique », et ceci tant au point de vue social, politique, technique qu'économique et culturel[3]. Il précise que, « à côté de cette rupture dans la logique sociale, il s'est produit aussi un changement de phase dans la relation écologique entre les cultures humaines et leur environnement naturel », et il mentionne à ce propos « le caractère exceptionnel du système énergétique fossile nouvellement apparu qui alimente énergétiquement l'expansion explosive des flux industriels de matériaux »[4]. Mais rien n'est dit ici à propos du lien entre non pas seulement le système industriel en général et le changement du rapport à l'environnement, mais entre le mode de production spécifiquement capitaliste et le recours aux énergies fossiles : le type de rapport social à la nature induit par le recours aux énergies fossiles semble pourtant, on l'a vu en commençant, être directement lié à la forme spécifiquement capitaliste des rapports sociaux caractéristiques des sociétés qui y ont recours – un système *simplement* industriel pouvant parfaitement se contenter des énergies animale, éolienne et hydraulique. Ainsi, lorsque Sieferle écrit que « la dégradation moderne de l'environnement s'est produite de façon involontaire,

1. R.P. Sieferle, « Perspektiven einer historischen Umweltforschung », *op. cit.*, p. 331.
2. *Ibid.*
3. *Ibid.*, p. 342.
4. *Ibid.*, p. 343.

inconsciente et incontrôlée », de sorte, ajoute-t-il, qu'il est
« possible que les processus les plus importants qui se sont
alors déclenchés soient principiellement incontrôlables »[1],
il est regrettable qu'il ne fasse pas le lien avec le fait qu'il
s'agisse justement là de l'une des caractéristiques majeures
des sociétés de type capitaliste, à savoir le fait de livrer
leur reproduction et leur développement à des logiques
inconscientes, involontaires et incontrôlées.

Il faudrait donc prendre au sérieux, y compris contre
lui-même, l'idée de Sieferle selon laquelle un mode de
production est inséparable d'un rapport social déterminé
à la nature, ce qui fait de lui à chaque fois un mode socio-
métabolique déterminé de production : auquel cas, il ne
peut suffire de parler d'un mode de production « industriel »
en général, il faut en outre engager l'analyse précise des
rapports sociaux de production et se rendre capable de les
soumettre à la critique quand ils déterminent un rapport
social à la nature de type destructeur.

---

1. R.P. Sieferle, « Perspektiven einer historischen Umweltforschung »,
op. cit., p. 346.

TRAJECTOIRE HISTORIQUE DU CAPITAL ET TEMPS DE LA NATURE
CRISE ÉCOLOGIQUE ET DISCORDANCE DES TEMPS[1]

Le 28 février 2022, le « groupe de travail n°2 » du *Groupe d'Experts Intergouvernemental sur l'Évolution du Climat* (GIEC) rendait public son rapport en annonçant que « le monde sera confronté à de multiples aléas climatiques inéluctables au cours des deux prochaines décennies avec un réchauffement planétaire de 1,5 °C ; le dépassement, même temporaire, d'un tel niveau de réchauffement entraînera des conséquences graves supplémentaires, dont certaines seront irréversibles ». Quatre jours plus tôt, le 24 février, l'armée russe était entrée en territoire ukrainien, ramenant sur le sol européen une guerre qu'on pensait révolue depuis la fin du conflit en ex-Yougoslavie, et une logique impériale qu'on pouvait croire disparue depuis la fin de la Guerre froide. La succession de ces événements, que 4 jours seulement ont séparés, a produit quelque chose comme un télescopage entre deux temporalités : d'une part la temporalité historique dont relèvent les empires et les guerres qu'ils déclenchent, et

1. Ce texte inédit reprend, en le complétant, celui d'une conférence donnée le 30 mars 2022 au colloque « Temps de la Nature, Histoire du Capital » à l'université de Strasbourg. Ce colloque s'inscrivait dans le cadre du projet USIAS 2020 (*University of Strasbourg Institute for Advanced Study*) placé sous la responsabilité d'Éric Pineault et moi-même, et intitulé « Histoire naturelle du capitalisme avancé ».

d'autre part la temporalité géologique dont relève le changement climatique. La succession de ces deux événements du 24 et du 28 février 2022 nous invite à approfondir l'idée que la crise écologique ne relève pas de la seule temporalité naturelle ou géologique, mais qu'elle naît, *en tant que crise*, au lieu même où se noue le conflit de cette temporalité géologique avec la temporalité historique, propre aux sociétés humaines.

Pour cela, je m'aiderai de Marx, l'intérêt qu'il y a à repartir de lui pour penser la crise écologique contemporaine n'étant plus à démontrer[1]. Dès lors, en effet, que l'on ne se contente pas de l'idée relativement vague d'une influence destructrice de l'activité humaine *en général* sur l'environnement naturel, mais que l'on estime que c'est bien un mode historique de production *déterminé* et donc une forme particulière de société qui possède, plus qu'aucune autre société humaine, cet effet destructeur des bases naturelles de la vie sociale, on peut difficilement ne pas aller voir du côté de celui a déployé la première critique d'ensemble du mode capitaliste de production. Nombreux sont ceux qui, en vue de formuler une critique écologique du capitalisme, ont accompli ce geste de retour à Marx ces trente dernières années : il ne s'est pas agi, en l'occurrence, de compléter la critique sociale de type marxien d'une critique écologique dont Marx n'aurait pas pu avoir idée, mais de tenter de montrer qu'il y a bien déjà chez Marx même, au moins en germe, les éléments d'une critique écologique du capital[2]. Il en est résulté un ensemble

1. Sur l'apport de Marx en la matière, mais aussi ses limites et ses ambiguïtés, voir notamment P. Charbonnier, *Abondance et liberté. Une histoire environnementale des idées politiques*, *op. cit.*, chap. 7, p. 242-267.

2. P. Burkett, *Marx and Nature : A Red and Green Perspectives*, New York, St. Martin's Press, 2006 ; J. B. Foster, *Marx écologiste*,

d'analyses que l'on range sous la catégorie d'éco-marxisme et dont le principal mérite aura été de montrer à la fois l'importance et l'actualité de l'idée de ce que cette « école » appelle « rupture métabolique » et qui, chez Marx même, consiste plus précisément en une rupture de l'équilibre de la relation métabolique entre la société et sa base naturelle[1]. En effet, même si les représentants de l'éco-marxisme nord-américain ont fini par imposer la catégorie de « rupture métabolique », il n'en demeure pas moins que ce qu'on trouve chez Marx, c'est l'idée d'une *rupture de l'équilibre* propre à la relation d'échanges de matières entre la société et sa base naturelle[2]. Nous ferons fond ici sur cette catégorie de rupture de l'équilibre de la relation métabolique entre nature et société, mais en tentant d'approcher cette rupture sous l'angle particulier de la temporalité[3], et en défendant l'hypothèse que la rupture d'équilibre consiste en une

trad. A. Blanchard, J. Gross, C. Nordmann, Paris, Éditions Amsterdam, 2011. Et plus récemment, J. B. Foster, B. Clark, *The Robbery of Nature. Capitalism and the Ecological Rift*, New York, Monthly Review Press, 2020.

1. J. B. Foster, C. Brett, *The Ecological Rift : Capitalism's War on the Earth*.

2. Voir par exemple Marx, *Le Capital*, Livre III, chap. XLVII, p. 736 : la réduction de la population agricole « à un minimum » et, de façon concomitante, l'accroissement continuel d'une « population industrielle concentrée dans les grandes villes (...) créent les conditions qui provoquent un *hiatus* irrémédiable *dans l'équilibre* complexe du métabolisme social composé par les lois naturelles de la vie » (nous soulignons).

3. Dans la suite des analyses que j'ai entamées il y a quinze ans dans un article intitulé « Comment le capital capture le temps ? » (*Marx. Relire Le Capital*, sous la direction de F. Fischbach, Paris, Puf, 2009), puis dans deux ouvrages : *Sans objet. Capitalisme, subjectivité, aliénation* (Paris, Vrin, 2009, « La capture du temps », p. 182-189) et dans *La privation de monde. Temps, espace et capital*, Paris, Vrin, 2011, chap. 2 : « L'espace du capital et le temps de la valeur » et chap. 3 : « Capitalisme et vision historique du monde ».

discordance entre la temporalité naturelle et la temporalité sociale, ou entre d'une part le temps géologique de la Terre et le temps biologique du Vivant, et d'autre part le temps historique du Capital.[1]

Cela suppose de commencer par préciser quel est le type de temporalité sociale et historique qui est engagé par le déploiement de la logique propre au capital. L'angle qui permet de le faire de la meilleure façon consiste à s'interroger sur les effets que produit sur le temps l'entrée dans l'époque du capital. Marx et Engels en ont parlé relativement tôt, dès le *Manifeste* de 1848, où l'on peut lire ceci :

> Dans sa domination de classe à peine centenaire, la bourgeoisie a créé des forces de production plus massives et plus colossales que toutes les générations passées prises ensemble. Soumission à l'homme des forces de la nature, machinisme, application de la chimie à l'industrie et à l'agriculture, navigation à vapeur, chemin de fer,

---

1. Cette hypothèse est celle qui a guidé le projet USIAS 2020 « Histoire naturelle du capitalisme avancé » (conçu en mars 2018, déposé en septembre 2019) porté par Éric Pineault et moi : https://www.usias.fr/en/fellows/fellows-2020/franck-fischbach-eric-pineault/. L'importance de la question de la temporalité, ou plutôt *des* temporalités dans la pensée de Marx a déjà été établie par une série de travaux : voir notamment S. Tombazos, *The Catgories of Time in Marx's* Capital, Leiden-Boston, Brill, Historical Materialism Book Serie, Vol. 61, 2014 ; M. Tomba, *Marx's Temporalities*, Leiden-Boston, Brill, Historical Materialism Book Serie, Vol. 44, 2012. En revanche, le lien entre l'analyse marxienne de la (ou plutôt : des) temporalité(s) et la rupture de l'équilibre métabolique, peu analysé jusqu'à maintenant, a été exhaustivement exploré dans la thèse de Doctorat de T. Haug, *La rupture écologique dans l'œuvre de Marx*, thèse citée, en particulier chap. III, 3 (« La redéfinition temporelle de la rupture métabolique ») et 4, B (« La contradiction temporelle entre la reproduction du capital et la reproduction de la vie »). Nous renvoyons le lecteur à ces très précieuses analyses.

télégraphes électriques, défrichements de continents
entiers, régularisation des fleuves, populations entières
jaillies du sol, quel est le siècle passé qui soupçonnait
que de telles forces de production sommeillaient au sein
du travail social ?[1].

Indirectement, c'est bien du temps et de l'espace qu'il
est question dans ces célèbres lignes. Et de l'espace
d'abord, dans la mesure où la dynamique historique et
sociale que Marx et Engels décrivent ici est d'abord celle
d'une *unification* de l'espace, et de son unification à
l'échelle planétaire. Les auteurs du *Manifeste* le disent
explicitement : « la bourgeoisie supprime de plus en plus
l'éparpillement des moyens de production, de la propriété
et de la population [;] elle a *aggloméré* la population,
centralisé les moyens de production et *concentré* la
propriété en un petit nombre de mains »[2]. Marx et Engels
décrivent ainsi le développement et la diffusion du nouveau
mode de production comme reposant d'abord sur ce qu'on
peut appeler une *dynamique spatiale* :

> la découverte de l'Amérique, la circumnavigation de
> l'Afrique – écrivent les auteurs du *Manifeste* – ont ouvert
> à la bourgeoisie montante un champ d'action nouveau ;
> les marchés des Indes orientales et de la Chine, la
> colonisation de l'Amérique, le commerce avec les
> colonies, l'accroissement des moyens d'échange et des
> marchandises en général ont donné au négoce, à la
> navigation, à l'industrie un essor qu'ils n'avaient jamais
> connu[3].

1. K. Marx, F. Engels, *Manifeste du parti communiste*,
trad. E. Botigelli, Paris, Aubier-Montaigne, 1971, p. 87.
   2. *Ibid.* (nous soulignons).
   3. *Ibid.*, p. 77.

Cette dynamique spatiale est elle-même portée par des innovations techniques, dont l'unification de l'espace est la première conséquence, signifiée comme telle par les termes de « suppression de l'éparpillement », d'« agglomération » et de « concentration » : « la grande industrie, ajoutent encore Marx et Engels, a créé le marché mondial, préparé par la découverte de l'Amérique ; le marché mondial a donné un immense développement au commerce, à la navigation, aux communications par terre ; ce développement a réagi à son tour sur l'industrie et, à mesure que l'industrie, le commerce, la navigation et les chemins de fer prenaient de l'extension, la bourgeoisie se développait, elle accroissait ses capitaux »[1]. Cette dynamique abat toutes les frontières géographiques qui délimitaient des espaces distincts, en même temps qu'elle projette tous les peuples et toutes les nations dans un monde qui consiste en un espace unifié : « grâce au perfectionnement rapide de tous les instruments de production, grâce aux communications rendues infiniment plus faciles, la bourgeoisie entraîne brutalement dans la civilisation toutes les nations, même les plus barbares »[2]. Quand ils disent de la bourgeoisie qu'elle « se crée un monde à son image »[3], Marx et Engels parlent d'un monde unifié, consistant en un espace dont les frontières, les bornes et les limites internes tendent à être toutes supprimées, un espace où les communications entre les hommes et les sociétés se font sans entraves et où la circulation des marchandises est sans frein.

1. K. Marx, F. Engels, *Manifeste du parti communiste*, *op. cit.*, p. 79.
2. *Ibid.*, p. 85.
3. *Ibid.* À ce « monde » que la bourgeoisie a « fait à son image » répond, à la toute fin du *Manifeste*, le « monde » que les prolétaires « ont à gagner » (*ibid.*, p. 161).

Il est bien sûr possible, théoriquement, de maximiser cette dynamique spatiale du capital et d'aller jusqu'à lui donner une importance qu'elle n'avait sans doute pas pour Marx. Cette maximisation aboutit généralement à dire qu'au nombre des mérites de Marx, il faudrait compter en particulier celui d'avoir compris que le capitalisme était un mode de production essentiellement spatialisant. C'est un point sur lequel ont particulièrement insisté des auteurs comme Perry Anderson et Fredric Jameson. Ce dernier, reconnaissant qu'il doit à Henri Lefebvre[1] « la notion de prédominance de l'espace »[2], pose que « notre monde a été spatialisé dans un sens à ce point unique que l'espace constitue pour nous une dominante culturelle et existentielle, un trait thématisé et mis au premier plan, un principe structural contrastant nettement avec son rôle relativement secondaire et subordonné dans les modes de production antérieurs »[3]. Je ne mets pas en cause l'idée d'une prédominance de la dimension spatiale dans l'analyse du post-modernisme, qui est l'objet propre des analyses de Jameson. En revanche, l'idée que la dynamique du capitalisme puisse être comprise en étant décrite comme étant en elle-même essentiellement spatialisante peut paraître plus contestable. Je remarque d'ailleurs, à ce propos, qu'il est également arrivé qu'on reproche au contraire à Marx d'avoir minoré la dimension spatiale dans ses analyses. C'est en particulier le cas de David Harvey qui estime que « Marx, Marshall, Weber et Durkheim ont ceci de commun qu'ils font passer le temps et l'histoire

---

1. H. Lefebvre, *La production de l'espace*, Paris, Anthropos, 1986.
2. F. Jameson, *Le postmodernisme ou la logique culturelle du capitalisme tardif*, Paris, Éditions de l'École nationale supérieure des Beaux-arts de Paris, 2007, p. 502.
3. *Ibid.*, p. 504.

avant l'espace et la géographie » ; il ajoutait que, s'il est vrai que « Marx reconnaît effectivement l'importance de l'espace et du lieu », il demeure que « ces aspects ne sont pas véritablement intégrés à ses formulations théoriques, fortes pour ce qui touche au temps, mais faibles quand il s'agit de l'espace »[1]. Nous voilà donc pris entre d'une part ceux qui s'appuient sur Marx pour faire de l'espace une dimension essentielle, voire *la* dimension essentielle des sociétés caractérisées par le mode capitaliste de production, et d'autre part ceux qui nous disent au contraire que Marx a sous-estimé l'importance de l'espace et surestimé celle du temps.

Ces deux lectures contraires et opposées peuvent l'une comme l'autre se réclamer d'un passage des *Grundrisse* de Marx, dont l'esprit comme la lettre sont très proches des passages du *Manifeste* auxquels nous nous sommes référés en commençant. Voici ce que Marx écrit en 1857-1858, dix ans après le *Manifeste* :

> tandis donc que le capital tend, d'une part, nécessairement à abattre toutes les barrières spatiales qui s'opposent au trafic, c'est-à-dire à l'échange, et à conquérir la terre entière comme son marché, il tend d'autre part à anéantir l'espace par le temps, c'est-à-dire à réduire à un minimum le temps que coûte le mouvement d'un lieu à l'autre[2].

Il y aurait donc bien, d'une part, dans les sociétés capitalistes et l'histoire de leur développement, une dynamique spatialisante, passant notamment par la suppression de toutes les « barrières spatiales » et donc

1. D. Harvey, *Géographie de la domination*, trad. N. Vieillescazes, Paris, Les Prairies ordinaires, 2008, p. 80.
2. K. Marx, *Manuscrits de 1857-1858 (« Grundrisse »)*, trad. sous la direction de J.-P. Lefebvre, Paris, Éditions sociales, 1980, tome 2, p. 32.

par l'unification en un seul de tous les espaces antérieurement séparés et délimités, que ce soit par des frontières nationales ou par des barrières naturelles, telles les mers, les océans et les chaînes montagneuses. Mais il y aurait aussi, et contradictoirement, une dynamique temporelle dont Marx va jusqu'à dire qu'elle « anéantit l'espace » : cette dynamique-là est portée par le développement des moyens de transports et de communication qui a pour effet de rapetisser l'espace et d'en rapprocher tous les points. On peut certes faire l'hypothèse que cette contradiction entre une dynamique spatialisante et la suppression de l'espace par le temps n'est que l'une des formes prises par le caractère essentiellement contradictoire du capitalisme lui-même.

Mais il y a aussi une autre hypothèse, à la fois plus simple et plus modeste. C'est celle de la suppression de *la dépendance à l'espace*. Pour le comprendre, il faut d'abord convenir que s'il subsiste bien une forme de dépendance à l'espace dans les sociétés capitalistes, la tendance propre à ces dernières va à la diminution de cette dépendance spatiale. Marx écrit ainsi, toujours dans les *Grundrisse*, « [qu']on pourrait considérer le moment spatial – [celui de] l'apport du produit sur le marché, condition nécessaire à sa circulation (…), comme transformation du produit en *marchandise* [;] marchandise, il l'est seulement sur le marché »[1]. La transformation de la marchandise en argent dépend de ce que la marchandise soit apportée au marché, ce qui implique un déplacement spatial dont Marx dit qu'il « fait partie intégrante des coûts de fabrication ». Il importe donc, si le profit doit être maximisé, que cette part des coûts de fabrication représentée par le mouvement

1. *Ibid.*, p. 27.

de déplacement de la marchandise dans l'espace vers son marché soit le plus possible réduite. Aussi Marx écrit-il que « la diminution des coûts de cette circulation réelle (dans l'espace) ressortit au développement des forces productives par le capital, [et] à la diminution du coût de sa valorisation »[1]. Seul en effet le développement des forces productives peut permettre d'accélérer le mouvement qui, dans l'espace, conduit la marchandise vers le marché où elle va se transformer en argent. Cette accélération, tout en diminuant la dépendance à l'espace, renforce en revanche l'importance du temps puisque seule l'accélération des mouvements peut permettre une diminution de la dépendance à l'espace : l'enjeu est de diminuer le plus possible la grandeur du « temps qui s'écoule avant que la marchandise se transforme en argent », donc « le temps pendant lequel elle demeure marchandise, c'est-à-dire valeur uniquement potentielle, non réelle », puisque « ce temps-là représente une perte pure et simple »[2] : c'est là encore une affaire de développement de la force productive.

On voit ainsi comment l'accélération de la vitesse de circulation est la façon dont le capital fait reculer sa dépendance à l'espace et comment, selon les termes de Marx, « la continuité constante du procès, le passage libre et fluide de la valeur d'une forme dans l'autre, ou d'une phase du procès dans l'autre, apparaissent comme une condition fondamentale de la production fondée sur le capital, et ceci à un tout autre degré que pour les formes de production antérieures »[3]. La fluidification du mouvement des marchandises dans l'espace dépend donc

1. K. Marx, *Manuscrits de 1857-1858 (« Grundrisse »)*, *op. cit.*, p. 26.
2. *Ibid.*, p. 27.
3. *Ibid.*

de l'accélération du mouvement par lequel la valeur passe d'une forme dans une autre, de la forme-argent dans la forme-marchandise, et retour : la condition de tout cela est un espace à la fois unifié et le plus « lisse » possible, débarrassé des obstacles à la circulation, et donc un espace approprié par le capital, un espace dont il ne dépend plus comme d'une condition extérieure, non maîtrisée et susceptible de le freiner dans ses mouvements et dans son développement.

Diminuer sa dépendance à l'espace est ainsi un enjeu essentiel de la production fondée sur le capital : or, en faisant cela, ce mode de production tend à mettre fin à une forme de dépendance qui a été une caractéristique essentielle des modes antérieurs de production.

Les sociétés préindustrielles peuvent en effet être décrites, en s'appuyant sur les travaux de Rolf Peter Sieferle, comme des sociétés essentiellement placées sous la dépendance de l'espace. Sieferle a montré comment le régime énergétique propre aux sociétés préindustrielles relevait d'un « système agraire d'énergie solaire » dont la conséquence était une « dépendance au territoire » ou une « dépendance à l'espace » : dans des sociétés de ce type, en effet, « trois types différents de terre » doivent être « attribués à l'énergie métabolique, à l'énergie mécanique et à l'énergie thermique », à savoir « les terres arables, les pâturages et les forêts ». Cette inévitable répartition spatiale des sources d'énergie était liée au fait que, « dans les sociétés agraires, la nourriture, la chaleur et le mouvement possédaient un caractère qualitatif dans la mesure où la conversion techniquement utile d'une énergie dans une autre était impossible »[1]. En conséquence, « à l'intérieur

1. R. P. Sieferle, *The Subterranean Forest. Energy Systems and the Industrial Revolution*, Cambridge, The White Horse Press, 2010, p. 25.

d'un certain territoire, des ères spécifiques devaient être dédiées à chaque forme d'énergie » et « l'augmentation d'une forme d'énergie ne pouvait être obtenue qu'aux dépens d'une autre »[1] : augmenter la surface forestière pour avoir davantage de chaleur et d'énergie thermique ne pouvait se faire qu'au détriment soit des pâturages, et donc de l'énergie mécanique d'origine animale, soit des terres arables et donc de l'énergie métabolique.

De cette dépendance à l'espace propre aux sociétés préindustrielles, Marx possédait une claire conscience. Cette dépendance n'a fait que s'accroître dans les sociétés agraires, mais elle était déjà une caractéristique que Marx souligne des sociétés de chasseurs-cueilleurs. Il notait ainsi, au sujet de ces dernières, dans les *Grundrisse*, que « la surpopulation des peuples chasseurs, qui se manifeste dans l'affrontement entre les différentes tribus, prouve, non pas que la terre ne pouvait contenir un si petit nombre d'habitants, mais que les conditions de leur reproduction exigeaient une grande quantité de territoire pour un petit nombre de têtes »[2]. On a bien déjà là, comme plus tard dans les sociétés agraires, l'exigence de vastes territoires pour des populations relativement limitées en nombre, c'est-à-dire l'exigence de ce que Sieferle appelle des « territoires décentralisés », ce qu'ils sont restés dans les sociétés agraires, ces dernières y ayant ajouté l'exigence que ces territoires, très vastes proportionnellement à la taille des populations, soient en outre divisés et spécialisés selon les sources d'énergie (métabolique, mécanique et thermique).

1. R. P. Sieferle, *The Subterranean Forest, op. cit.*, p. 25.
2. K. Marx, *Manuscrits de 1857-1858, op. cit.*, tome 2, p. 98.

C'est en des termes proches de ceux de Sieferle que Timothy Mitchell[1] a décrit le régime énergétique des sociétés humaines tel qu'il a prévalu « jusqu'à il y a deux cents ans » : ce régime consistait en la captation et en la conversion de l'énergie solaire de façon à produire grâce à elle les conditions indispensables à la reproduction des sociétés humaines. Il est remarquable que ce régime énergétique de captation et de conversion de la puissance solaire possédait une dimension essentiellement spatiale, de sorte qu'une société reposant, pour sa reproduction, sur la captation de l'énergie solaire, peut être décrite comme une société spatio-dépendante : les céréales et les diverses cultures indispensables à la subsistance humaine sont en effet fortement consommatrices d'espace, comme le sont aussi les prairies destinées aux animaux d'élevage, ainsi que les forêts indispensables au bois de chauffe, de cuisine et de construction. Tous ces facteurs induisaient une forte dispersion des populations humaines sur de vastes territoires, et donc aussi une faible densité de population.

Tout a changé il y a un peu plus de deux siècles. « À partir de 1800 environ, les sources organiques ont été peu à peu remplacées par des gisements à forte concentration d'énergie solaire enfouie (...) [;] cette biomasse décomposée, fortement comprimée, a formé des accumulations plutôt rares, mais extraordinairement puissantes de pétrole et de charbon »[2]. À partir de la fin du XVIIIe siècle, il est ainsi devenu possible aux sociétés humaines (ou, plus exactement, à *certaines* d'entre elles) de s'affranchir du rayonnement solaire comme source principale d'énergie

---

1. T. Mitchell, *Carbon Democracy. Le pouvoir politique à l'ère du pétrole*, trad. C. Jaquet, Paris, La Découverte, 2013.
2. T. Mitchell, *Carbon Democracy, op. cit.*, p. 24.

et de modifier substantiellement leur régime social énergétique[1]. C'est la combinaison de trois éléments qui a permis cela : le charbon, la vapeur et le fer. Les premières machines à vapeur, fonctionnant encore à la pression atmosphérique, suffirent à actionner les pompes qui permirent d'évacuer l'eau des mines, rendant rentable leur exploitation et diminuant la valeur du charbon, et cela au moment même où la maîtrise de la fonte au coke permettait de produire en abondance le fer devenu indispensable à la production des nouvelles machines à vapeur. Pour la première fois dans l'histoire humaine, la société s'affranchissait de sa dépendance à la force musculaire animale et au rythme de la croissance organique, c'est-à-dire de sa dépendance à la vitesse de la régénération des cultures et des forêts.

Cela eut pour conséquence de faire sauter une double dépendance, non seulement à l'espace, mais aussi au temps organique. Tant que le régime énergétique de la société reposait sur le rayonnement solaire, on a vu qu'« il fallait de considérables superficies de terrain afin de convertir [cette énergie] pour les besoins humains »[2]. L'augmentation

---

1. Voir P. Charbonnier, *Culture écologique*, Paris, Presses de Sciences Po, 2022, p. 52 : dans les sociétés préindustrielles, les « flux de matière vivante » entre les sociétés et leur milieu « étaient placés sous la contrainte sévère des capacités de conversion du rayonnement solaire par les plantes, des capacités de collecte et d'absorption de cette matière organique par les animaux, en particulier par les humains, et bien sûr de la nécessité de restituer au milieu les déchets de l'activité métabolique, déchets qui constituaient (…) les éléments d'un cycle ultérieur », de sorte que « la contrainte organique allait de pair avec une contrainte territoriale [;] dans la mesure où la quasi-totalité de l'énergie consommée, sous forme d'aliments ou de bois de chauffe, provenait de la productivité primaire du sol, l'accès à l'énergie était conditionné par ce que l'on peut appeler *son coût spatial* » (nous soulignons).

2. T. Mitchell, *Carbon Democracy, op. cit.*, p. 27.

considérable de l'offre d'énergie permise par le charbon a ainsi eu pour conséquence qu'il n'y a plus eu besoin de juxtaposer dans l'espace des surfaces de culture et des surfaces de forêt, réduisant drastiquement le besoin social en superficie et en espace.

C'est aussi l'échelle du temps qui en fut profondément modifiée : un terme était mis à une longue histoire durant laquelle « l'échelle de temps de la production d'énergie dépendait du taux de photosynthèse des cultures, de la durée de vie des animaux, du temps nécessaire au renouvellement des pâtures et des stocks de bois »[1]. Il s'était agi là, des siècles durant, de durées *incompressibles* : il était en effet impossible d'accélérer la synthèse de matière organique, autant qu'il était impossible de réduire le temps de renouvellement d'une forêt ou de prolonger la vie d'un animal de trait.

Mais si la société humaine a ainsi été en mesure de surmonter sa double dépendance à l'espace et à des rythmes temporels organiques incompressibles, c'est dans la mesure où son nouveau régime énergétique avait permis de puiser dans des ressources qui, en elles-mêmes, ne sont fondamentalement pas autre chose que de formidables concentrations d'espace et de temps : « les carburants fossiles, note ainsi Timothy Mitchell, sont des formes d'énergie dans lesquelles de grandes quantités d'espace et de temps ont été, pour ainsi dire, comprimées sous une forme concentrée »[2]. On prend la mesure de cette formidable concentration de temps et d'espace quand on sait que, « pour produire les carburants fossiles que nous consommons en *une* seule année, il a fallu une quantité de matière organique équivalente à

1. *Ibid.*
2. *Ibid.*

l'ensemble de la vie végétale et animale produite sur toute la surface de la terre pendant 400 ans »[1].

Une quantité donnée d'énergie fossile n'est donc fondamentalement pas autre chose que du temps passé qui est comprimé ou compressé[2] – ce qu'Engels signale dans une lettre à Marx du 19 décembre 1882 où il décrit l'individu moderne au travail comme « un gaspilleur de chaleur solaire passée »[3] : les exemples qu'il donne de telles réserves de chaleur solaire passée (réserves d'énergie enfouies, charbon, forêt) et de leur « gaspillage » montrent la conscience qu'il possède du décalage entre le temps long de l'accumulation de ces formes d'énergie et le temps comparativement extrêmement bref de leur consommation et de leur gaspillage.

L'énergie fossile apparaît ainsi d'abord comme une énergie émancipée de l'espace, au sens où elle n'est plus dépendante du lieu où elle est découverte : cette énergie compacte, qu'il s'agisse de charbon ou – mieux encore – de pétrole et de gaz, est facilement transportable depuis son lieu d'extraction ou de production jusqu'aux lieux de sa consommation. Par suite, ce sont les populations et les sociétés humaines elles-mêmes qui sont à leur tour libérées « de leur dépendance aux vastes superficies de terre, jadis nécessaires pour produire l'énergie primaire »[4]. Cette

1. T. Mitchell, *Carbon Democracy*, *op. cit.*, p. 27.

2. Sur l'idée de compression « spatio-temporelle », voir D. Harvey, *The Condition of Postmodernity : An Enquiry into the Origins of Cultural Change*, Cambridge (MA), Blackwell, 1990. Voir aussi A. Malm, *La chauve-souris et le capital. Stratégies pour l'urgence chronique*, *op. cit.*, p. 108-109.

3. F. Engels, Lettre à Marx du 19 décembre 1882, *in* K. Marx, F. Engels, *Collected Works*, Volume 46, *Letters 1880-83*, Lawrence & Wishart, Electronic Book, 2010, p. 410-412.

4. T. Mitchell, *Carbon Democracy*, *op. cit.*, p. 28.

libération de la dépendance à l'espace est rendue possible par l'entrée dans l'ère d'un « nouveau métabolisme socio-énergétique » permis par la substitution du charbon au bois : dès 1840, le charbon fournissait en Grande-Bretagne une quantité d'énergie telle que, s'il avait encore fallu la produire avec du bois, cela aurait demandé une surface forestière égale à deux fois la surface entière du pays. Cette énorme quantité d'espace libérée[1] permettait à la fois un accroissement considérable des surfaces dévolues à l'agriculture, une augmentation sans précédent de la population et « sa concentration dans des villes dont la taille n'était plus limitée [ni] par l'offre d'énergie », ni par la nécessité d'avoir « un accès immédiat à des terres agricoles »[2].

De cette suppression tendancielle de la dépendance à l'espace, Marx et Engels ont manifestement possédé une conscience relativement claire. En témoigne un passage daté de 1863 des *Carnets londoniens inédits* de Marx. Voici ce que Marx note :

> La fertilité des champs ne s'est maintenue sans décliner depuis des siècles que là où une population d'agriculteurs vit concentrée dans un périmètre relativement réduit (…). Prenons par exemple 3 ou 4000 personnes sur une lieue carrée, qui consomment elles-mêmes les fruits de leurs

1. « On peut se représenter la révolution métabolique qui correspond à l'usage des énergies fossiles en imaginant les millions de tonnes de charbons, de pétrole et de gaz brûlés dans les machines comme autant d'hectares de forêts économisés [;] les ressources fossiles sont, en effet, des stocks de matière organique dont le potentiel énergétique est en quelque sorte condensé [;] l'accès à ces ressources a représenté, de ce point de vue, *une libération partielle* (et temporaire) *à l'égard de la contrainte spatiale* qui structurait les économies organiques » (P. Charbonnier, *Culture écologique, op. cit.*, p. 55 – nous soulignons).

2. T. Mitchell, *Carbon Democracy, op. cit.*, p. ??.

champs. La fertilité d'un pays de ce type se maintient avec un cycle régulier de conditions (…). Si l'on imagine le même pays aux mains de 10 grands propriétaires terriens, à la place de la restitution, on aura un pillage. Le petit propriétaire foncier restitue presque complètement aux champs ce qu'il leur prend, le grand propriétaire achemine grains et viande vers les grands centres de consommation, si bien qu'il perd les conditions nécessaires à leur reproduction (…). Voilà la cause naturelle de l'appauvrissement des pays par la culture[1].

On voit ici comment l'intervention de grands propriétaires terriens qui ont un objectif d'accumulation de capital, vient rompre un cycle qui existait avant eux et qui a fonctionné jusqu'à eux : ce cycle était celui consistant, pour de petits propriétaires, à rendre à la terre les nutriments qu'ils lui prenaient, par où leur agriculture possédait la caractéristique de ce qu'on appelle aujourd'hui la soutenabilité. Les grands propriétaires rompent ce cercle de la soutenabilité en ce qu'ils imposent à un sol et à un espace donnés une logique temporelle de valorisation et d'accumulation du capital. La dimension spatiale est ici soulignée par Marx : « une lieue carrée », précise-t-il, soit entre 23 et 24 km². Sur cette surface, on passe de 3 ou 4000 petits agriculteurs à seulement 10 grands propriétaires terriens. Cela revient à dire que l'on *fait sauter une limite spatiale* : aux yeux des quelques milliers de petits agriculteurs en effet, et avec les moyens et les méthodes de production qui étaient les leurs, il était évidemment impossible qu'une surface de 23 ou 24 km² puisse être

---

1. IISG (Internationales Institut für Sozialgeschichte), *Marx-Engels-Nachlass*, Sign. B 93 ; cité par K. Saïto, *La nature contre le capital. L'écologie de Marx dans sa critique inachevée du capital*, trad. G. Billy, Paris, Éditions Syllepse, 2021, p. 251.

cultivées par seulement 10 personnes. La conscience que les quelques milliers de petits agriculteurs avaient de cette *limite spatiale* était elle-même directement liée à la forme de *temporalité* dans laquelle ils évoluaient : cette forme était de type *cyclique*, marquée par la restitution régulière au sol de ce qu'on lui avait emprunté, d'où un renouvellement également cyclique et donc régulier de la fertilité du sol.

La dizaine de grands propriétaires inaugure une temporalité tout à fait différente : plus rien de cyclique ici, la temporalité prend la forme d'une tension vers le futur et elle est marquée ou caractérisée comme une temporalité du « toujours plus », de l'*ower*-plus, et donc comme la temporalité même de la valorisation et de l'accumulation indéfinies du capital. C'est au prix de l'entrée dans cette forme-là de temporalité que l'on fait sauter la limite spatiale : le toujours-plus de l'accumulation rompt le cycle de la production durable, en même temps qu'il rend techniquement possible que 10 personnes seulement exploitent une surface qui ne pouvait l'être auparavant que par plusieurs milliers.

Marx, on l'a vu en commençant, conçoit cette diminution de la spatio-dépendance comme essentiellement liée à l'accélération des mouvements, elle-même permise par le développement sans précédent des forces productives et donc des nouveaux moyens de communication. Cette conscience de la diminution de la dépendance à l'espace par l'accélération des mouvements et des déplacements conduit Marx à s'intéresser – on vient de le voir – aux effets temporels d'une telle accélération. De ce point de vue, il est conduit à mettre au jour des phénomènes de discordance entre différentes temporalités obéissant à des rythmes différents.

Marx a par exemple souvent souligné que, sous le capitalisme, l'industrie et l'agriculture ne se développent pas à la même vitesse et, plus exactement, « [qu']il est dans la nature de la production capitaliste de développer plus rapidement l'industrie que l'agriculture »[1]. Ailleurs, il pose que « le phénomène historique dont il s'agit est le développement relativement plus rapide de la manufacture (branche d'activité proprement bourgeoise) par opposition à l'agriculture »[2]. Quand Marx fait cette remarque, c'est pour souligner que cette différence de vitesse entre le développement de l'industrie et celui de l'agriculture sous le capitalisme tient au fait que les rapports sociaux de type capitalistes ne sont pas adaptés à une exploitation du sol qui soit « conforme à sa nature ». Cette inadaptation est ainsi décrite par Marx :

> *Dans l'agriculture* la prolongation absolue du temps de travail – donc l'augmentation de la plus-value absolue – n'est admissible qu'à un faible degré. Dans l'agriculture, on ne peut pas travailler à la lumière du gaz, etc. Certes, en été et au printemps, on peut se lever de bonne heure. Mais ceci est compensé par les jours plus courts en hiver, lorsque, d'une façon générale, on ne peut exécuter qu'une masse de travail relativement faible. À cet égard, *la plus-value absolue est donc plus élevée dans l'industrie*, lorsque la journée normale de travail n'est pas réglementée par la contrainte législative. La longue période pendant laquelle le produit demeure dans le procès de production, sans qu'un travail y soit appliqué, est une deuxième raison

1. K. Marx, *Théories sur la plus-value*, éd. sous la direction de G. Badia, Paris, Éditions sociales, 1976, tome III, p. 350.
2. Marx, *Théories sur la plus-value*, éd. sous la direction de G. Badia, Paris, Éditions sociales, 1975, tome II, p. 13.

pour laquelle la masse *de la plus-value* créée dans
l'agriculture est moins importante[1].

Cette dernière remarque concerne le temps (dit « de
production ») que prennent par exemple des semences
pour germer ou des arbres pour croître, temps durant lequel
aucun travail humain ou presque n'intervient[2], et durant
lequel aucun *sur*-travail n'est donc pas non plus possible.
Tout ce passage explique qu'en définitive, c'est la
subsomption formelle du travail sous le capital qui est
rendue quasiment impossible par les rythmes naturels
eux-mêmes, notamment ceux de la croissance des plantes
et des arbres (mais aussi le rythme des saisons), en tant
qu'ils s'opposent à la prolongation et à l'intensification
du travail et qu'ils rendent, à certains moments, le travail
lui-même tout simplement inutile.

En d'autres termes, les sols obéissent à une temporalité
dont le rythme est différent de celui qui est propre au
développement du capital : c'est la raison pour laquelle
celui-ci ne peut imposer sa temporalité particulière ni
directement ni immédiatement aux sols, mais seulement
médiatement et après qu'il l'a d'abord imposée à l'industrie.
« La production capitaliste, ajoute Marx, ne se précipite
sur la campagne que lorsque son influence l'a épuisée et
a dévasté ses propriétés naturelles »[3]. Tout se passe donc
comme si l'industrie capitaliste devait d'abord commencer
par influencer les campagnes et leur agriculture de
l'extérieur, en l'occurrence depuis le monde industriel des

1. *Ibid.*, p. 13.
2. Sur la distinction entre temps de production et temps de travail,
voir T. Haug, *La rupture écologique dans l'œuvre de Marx*, thèse citée,
p. 314.
3. K. Marx, *Théories sur la plus-value*, *op. cit.*, tome III, p. 351.

villes. C'est depuis celui-ci qu'une influence délétère est exercée sur les campagnes : l'industrie pille littéralement la force de travail des campagnes, elle concentre et entasse « dans les grandes villes » une population qui est soustraite aux campagnes. Combiné au développement à la campagne de la grande propriété foncière qui « réduit la population agricole à un minimum », l'entassement dans les villes d'une force de travail prolétarisée a pour conséquence de « miner la force de travail dans la dernière zone où son énergie naturelle cherche refuge : la campagne, où elle s'entassait, fond de réserve destiné au renouvellement de la force vitale des nations »[1]. Mais l'effet délétère indirect de la production industrielle capitaliste sur les campagnes ne concerne pas seulement la force humaine de travail, elle touche aussi « la force naturelle de la terre »[2]. En effet, l'entrée progressive des campagnes dans le mode d'exploitation de type capitaliste, telle qu'elle s'effectue par l'intermédiaire du développement de la grande propriété foncière exploitée de plus en plus mécaniquement, a pour conséquence de « limiter les investissements productifs du fermier » puisque de tels investissements profitent non plus au fermier lui-même, mais au propriétaire foncier : la seule fin poursuivie étant désormais celle de « s'enrichir *le plus rapidement possible* »[3], ni les investissements ni les connaissances scientifiques ne sont utilisés au bénéfice d'une production agricole durable qui prenne en particulier soin de la fécondité des sols.

Ce décalage temporel entre la brièveté du retour sur investissement et l'entretien du sol sur la durée, conduit

---

1. K. Marx, *Le Capital*, Livre III, chap. XLVII, p. 735.
2. *Ibid.*, p. 736.
3. *Ibid.*, p. 735 (nous soulignons).

« à une exploitation des forces du sol qui équivaut à leur gaspillage »[1]. C'est ainsi la combinaison des deux formes de l'influence de l'industrie capitaliste sur la campagne (à savoir d'une part la « réduction de la population agricole à un minimum », et d'autre part la recherche du profit le plus rapide possible) qui « engendrent un gaspillage des forces du sol »[2] : il s'agit en effet d'accroître les profits tout en produisant davantage pour une population urbaine en forte augmentation en utilisant une population agricole en forte diminution – autant d'exigences qui empêchent que

> la terre soit consciemment et rationnellement traitée comme la propriété *perpétuelle* de la collectivité, la condition inaliénable d'existence et de reproduction de la série des générations successives[3].

Une telle discordance entre des temporalités dont les rythmes sont différents peut avoir des conséquences dévastatrices : l'une d'elles, identifiée par Marx, est la déforestation[4]. Qu'un phénomène de cette sorte doive être compris à partir de la logique temporelle propre au capital est un point qui a été souligné par Jason W. Moore quand il remarque que la « révolution temporelle a été présente dès les origines du capitalisme, s'exprimant dans des changements rapides et à grande échelle du paysage, tels que la déforestation, réalisée en quelques décennies et non

1. *Ibid.*
2. *Ibid.*
3. *Ibid.* (nous soulignons).
4. L'intérêt de Marx pour cette question a été souligné notamment par John Bellamy Foster dès son article « La théorie marxienne de la rupture métabolique, ou les fondations classiques de la sociologie environnementale » [1999], dans J. B. Foster, *Marx écologiste, op. cit.*, p. 64-65.

en quelques siècles, comme ce fut au contraire le cas pour le féodalisme »[1].

L'attention de Marx avait été attirée sur la déforestation, ses causes et surtout ses conséquences, par la lecture qu'il a faite des écrits de Carl Nikolaus Fraas, agronome et professeur à l'université de Munich – une lecture dont l'importance pour Marx n'est pas une découverte récente puisqu'elle avait déjà été soulignée par Alfred Schmidt[2]. C'est dans les années 1860 et 1870 qu'il lit plusieurs ouvrages de Fraas et que, selon son habitude, il en recopie de nombreux extraits[3]. Marx mentionne explicitement Fraas dans une lettre à Engels datée du 25 mars 1868 dont voici un extrait :

> Très intéressant est le livre de Fraas (1847), *Le climat et la flore à travers les âges, une histoire de l'un et de l'autre*, en l'occurrence s'agissant de prouver que, à l'échelle du temps historique (*in historischer Zeit*), le climat et la flore se modifient. [Fraas] est un darwiniste avant Darwin et il situe la formation des espèces elles-mêmes dans les temps historiques. Mais c'est en même temps un agronome. Il affirme que la culture fait perdre – selon son degré de développement – l'"humidité"

---

1. Jason W. Moore, *Le capitalisme dans la toile de la vie. Écologie et accumulation du capital*, trad. R. Ferro, Toulouse, Éditions de l'Asymétrie, 2020, p. 206.

2. Voir A. Schmidt, *Le concept de nature chez Marx* [1962], trad. J. Bois, Paris, Puf, 1994, Préface à l'édition française [1993], p. 9.

3. Nous empruntons ces indications à Kohei Saïto, *La nature contre le capital*, *op. cit.*, p. 273-274. Parmi les œuvres de Fraas, retenons : *Die Ackerbaukrisen und ihre Heilmittel* (*Les crises agricoles et leurs remèdes*, 1866), mentionné par Marx dans ses cahiers en décembre 1867 et en janvier 1868, à quoi il faut encore ajouter *Klima und Pflanzenwelt in der Zeit* (*Le climat et la flore à travers les âges*, 1847), *Die Geschichte der Landwithschaft* (*L'histoire de l'agriculture*, 1852) et *Die Natur der Landwirthschaft* (*La nature de l'agriculture*, 1857).

tant appréciée des paysans (ce qui fait que les plantes émigrent du sud vers le nord) pour finir par laisser la place à des steppes. Le premier effet de la culture est utile – mais elle engendre finalement la désertification à cause du déboisement, etc. (…) Le résultat final, c'est que la culture – si son progrès est laissé à lui-même (*naturwüchsig*) et s'il n'est pas consciemment maîtrisée (idée à laquelle, en tant que bourgeois, il ne parvient pas) – laisse derrière elle des déserts, la Perse, la Mésopotamie, etc., la Grèce. Donc de ce côté-là aussi, inconsciemment, une tendance socialiste ! (…) Importante aussi son histoire de l'agriculture. (…) Nécessité de regarder de près la littérature récente et la plus récente sur l'agriculture. L'école *physique* s'oppose à l'école *chimique*[1].

Cette dernière phrase montre la connaissance que Marx possède alors de l'opposition entre la perspective de la chimie agricole, représentée par Liebig, centrée sur la question de la fertilité des sols, et celle de la théorie climatique, que Marx appelle ici « physique », représentée par Fraas. Ce point, abondamment étudié par Kohei Saito, nous semble établi et notre angle de lecture est un peu différent. Ce qui, en effet, retient notre attention dans cette lettre de Marx à Engels, c'est la mention, à plusieurs reprises, de l'échelle des « temps historiques » : Marx considère que Fraas a démontré que le climat et la flore se modifient à une échelle de temps qui est historique, et il signale que Fraas estime par ailleurs que l'évolution des espèces prend elle aussi place dans le temps historique,

1. K. Marx, Lettre à Engels du 25 mars 1868, dans K. Marx, F. Engels, *Correspondance*, tome IX, Paris, Éditions sociales, 1982, p. 194-195 (trad. modifiée). Cette lettre était déjà citée par A. Schmidt, *?Le concept de nature chez Marx?*, *op. cit.*, p. 10. Voir K. Saïto, *La nature contre le capital*, *op. cit.*, p. 274.

« *in historischer Zeit* ». Alors qu'on pouvait penser que des processus de cette sorte – changement climatique et évolution des espèces – relevaient d'une échelle temporelle de type géologique, il apparaît au contraire qu'ils interviennent à une échelle temporelle qui est bien celle de l'histoire humaine et sociale. La question se pose alors de savoir s'il faut concevoir cela comme une incursion dans le temps historique de phénomènes dont l'échelle est celle des temps géologiques, ou bien à l'inverse comme un effet ou une conséquence de portée géologique de processus se déroulant initialement à échelle du temps historique. Notons que ce que Marx retient manifestement de Fraas – si on en juge d'après les extraits de ses livres qu'il recopie – c'est l'idée que, dans le cadre d'une agriculture rationnelle, il pourrait y avoir une forme de combinaison entre l'échelle géologique du climat et l'échelle sociale et historique qui est celle de l'agriculture humaine.

Marx copie ainsi un passage de *La nature de l'agriculture* dans lequel Fraas note que « les céréales sont, en fonction du degré d'exigence qu'elles ont vis-à-vis de la mansuétude du climat, des plantes qui épuisent le sol *dans la zone froide tempérée* », alors que, « dans la zone *chaude tempérée*, les céréales et les légumineuses n'épuisent plus le sol, à l'exception du maïs »[1]. Ce qui signifie que, dans des conditions climatiques particulières qui sont favorables à tel type de plantes, on peut cultiver ces dernières de nombreuses années durant, sans aucunement épuiser les sols, et ceci même si ne sont pas rendues au sol, sous forme d'engrais, les substances prélevées par les plantes. Fraas aboutit ainsi à l'idée d'une forme de

---

1. Cité par K. Saïto, *La nature contre le capital*, *op. cit.*, p. 279-280.

coopération possible entre l'activité humaine et les forces de la nature dans le cadre de ce qui serait alors une agriculture rationnelle.

Dans son ouvrage de 1866, également connu de Marx, *Les crises agricoles et leurs remèdes*, Fraas s'oppose à Liebig, non pas cependant à sa thèse selon laquelle l'agriculture n'est durable que si l'on rend aux sols toutes les substances qui y ont été prélevées par les récoltes, mais à l'idée, propre à Liebig, selon laquelle cette restitution n'est possible qu'au moyen d'engrais artificiels et donc par l'intervention de l'activité humaine. A cela, Fraas oppose que c'est la nature elle-même qui procède à la restitution « par désagrégation, alluvions et irrigation, par les apports météoriques véhiculés par la pluie, par l'utilisation des déchets dans les fertilisants et tous les excréments de façon générale »[1] – cette « théorie des alluvions » étant d'ailleurs explicitement mentionnée par Marx dans sa lettre à Engels. On a là le versant positif des thèses de Fraas : il existerait des forces inhérentes à la nature qui permettraient de maintenir, voire d'augmenter la productivité des sols – ce que K. Saïto résume en disant que, selon Fraas, « sans la collaboration, la coopération de la nature elle-même, il n'est pas possible de maintenir la fertilité des sols »[2].

On voit qu'il s'agit ici très précisément d'une forme de coopération entre d'une part une activité humaine, l'agriculture, et d'autre part des processus – les phénomènes météorologiques, les dépôts d'alluvions, etc. – dont l'échelle temporelle, si elle possède bien des effets sur les résultats de l'activité humaine, est d'ordre géologique et

---

1. Cité par K. Saïto, *La nature contre le capital, op. cit.*, p. 284.
2. *Ibid.*, p. 286.

relève de l'histoire de la terre. Sa lecture de Fraas conduit donc Marx à l'idée qu'il est « possible d'utiliser une force naturelle pour des finalités humaines, sans l'épuiser »[1]. Mais comme cela ne serait possible que dans le cadre d'une agriculture rationnelle, c'est-à-dire sous la condition de ce que Saito appelle « un agencement rationnel du métabolisme entre l'être humain et la nature »[2], il est évidemment plus que probable que, aussi longtemps que cette condition n'est pas réalisée, le cercle vertueux de la collaboration entre forces naturelles et activité humaine se renverse en son contraire.

D'où la référence de Marx, dans sa lettre à Engels, à l'ouvrage plus ancien (1847) de Fraas, *Le climat et la flore à travers les âges*, dans lequel l'agronome soutenait la thèse selon laquelle le développement laissé à lui-même de l'agriculture, son développement non maîtrisé et, par-là, irrationnel, perturbe le métabolisme naturel en provoquant des changements climatiques qui conduisent à la ruine des civilisations. L'influence du climat sur les cultures étant pour Fraas, à la différence de Liebig, un facteur bien plus important que la composition chimique des sols, il va jusqu'à faire de l'action du climat sur la végétation un facteur décisif de l'évolution sociale – ce qui conduit à l'idée que la rupture de l'équilibre métabolique prend la forme d'un décrochage entre deux formes de temporalités dont les conséquences sont telles que des processus se déroulant dans la sphère de la temporalité historique se mettent à avoir non seulement des conséquences dans la sphère de la temporalité géologique, mais des conséquences

---

1. K. Saïto, *La nature contre le capital*, op. cit., p. 287.
2. *Ibid.*, p. 288.

dont les effets en retour sur la première sont, pour celle-ci, de type catastrophique.

Plus exactement, Fraas formule l'idée que des activités humaines qui, en tant que telles, relèvent de la temporalité historico-sociale, peuvent déclencher des processus irréversibles dont l'échelle temporelle de développement est géologique ou terrestre, et comme telle non maîtrisable par les sociétés humaines que ces phénomènes débordent et subjuguent, tout en les conduisant à leur perte. D'où l'importance que Fraas accorde au déboisement, que Marx mentionne justement dans sa lettre à Engels où il résume les principales thèses du livre de Fraas et en recopie le passage suivant :

> *le déboisement d'un pays* (…) compte au nombre des causes principales de production de chaleur (…). Les régions couvertes de végétation, et notamment les régions boisées, retiennent mieux l'humidité, sont moins réchauffées par le rayonnement solaire, que celles qui sont stériles, et elles attirent par là-même également davantage de retombées atmosphériques[1].

C'est bien d'un changement climatique induit par l'activité humaine qu'il est question ici, et qui retient toute l'attention de Marx : le déboisement provoqué par le développement de l'agriculture assèche l'atmosphère, provoque une hausse des températures, ce qui, en retour, fait péricliter l'agriculture et entraine la désertification. Mais surtout, un tel changement climatique provoqué par le déboisement n'est pas réversible, ce dont Fraas était parfaitement conscient, décrivant la lente accumulation de modifications continues du climat, provoquées par

---

1. Cité par K. Saïto, *La nature contre le capital, op. cit.*, p. 293.

l'activité humaine, comme un processus sur lequel cette même activité humaine n'a plus aucune prise une fois qu'il est enclenché. Ainsi, à partir d'activités humaines d'échelle sociale et historique, comme le déboisement et l'agriculture, ce sont des processus d'échelle géologique qui sont mis en mouvement. Instruit par la lettre de Marx des thèses de Fraas, Engels s'est souvenu, dans la *Dialectique de la nature*, des exemples que Marx avait donnés de phénomènes de ce genre et sur lesquels il avait attiré son attention :

> Ne nous flattons pas trop de nos victoires humaines sur la nature. Pour chaque victoire de ce genre, elle se venge sur nous. (…) Les gens qui, en Mésopotamie, en Grèce, en Asie mineure et ailleurs, ont dévasté les forêts afin de gagner des terres arables n'ont pas même pu voir en rêve qu'ils posaient les bases de l'actuelle désertification de ces mêmes terres en leur enlevant, en même temps que les forêts, les centres d'accumulation et de préservation de l'humidité. Quand les Italiens alpins ont, sur le versant sud [des Alpes], mésusé des forêts de sapins dont on prenait grand soin sur le versant nord, ils ne pressentaient pas qu'ils extirpaient en même temps les racines de l'économie d'alpage sur leur territoire ; ils pressentaient encore moins qu'ils enlevaient par là leur eau pour la majeure partie de l'année à leurs sources de montagne, de telle manière que celles-ci, en périodes de pluie, puissent déverser sur la plaine des flots d'eau furieux. (…) Et c'est ainsi qu'à chaque pas, il nous est rappelé que nous ne dominons aucunement la nature comme un conquérant domine un peuple étranger, à la manière de quelqu'un qui se tiendrait à l'extérieur de la nature – mais que, au contraire, nous lui appartenons par notre chair, notre sang et notre cerveau, que nous nous tenons au beau milieu d'elle et que toute notre domination sur elle ne consiste que dans le fait que, supérieurs en cela à

toutes les autres créatures, nous pouvons connaître ses lois et les utiliser correctement[1].

Un tel usage correct, instruit des lois de la nature, déboucherait sur une agriculture rationnelle, mais ce n'est pas une agriculture de ce genre qui a été mise en œuvre jusqu'ici, au contraire. Les exemples que donne Engels, l'Italie du Nord mise à part, sont ceux-là mêmes de Fraas : ce sont l'assèchement de l'atmosphère et la hausse des températures qui ont provoqué, en Mésopotamie, le processus de « steppisation » et transformé en désert les terres alluviales qui étaient autrefois parmi les plus fertiles du monde ; de même en Grèce, autre exemple largement développé par Fraas et repris par Engels, où les forêts évoquées par les auteurs anciens ont totalement disparu.

Mais, dira-t-on, aucun de ces exemples ne relève de la période moderne et récente du développement du mode de production capitaliste. Certes, mais Marx considère que les phénomènes décrits par Fraas sont encore accélérés et amplifiés sous le capitalisme, et il s'appuie sur les passages dans lesquels Fraas évoque des phénomènes parfaitement contemporains, à commencer par l'Angleterre qui, « sur ces 69 régions boisées, ne possède plus que 4 grandes forêts »[2]. En ce sens, le rapport capitaliste à la nature peut être considéré comme exacerbant et portant à leur comble des tendances déjà à l'œuvre antérieurement : ainsi du déboisement, dont Marx dit clairement, toujours dans sa lettre à Engels du 25 mars 1868, qu'il est de « la plus brûlante actualité ». Le rapport non contrôlé et inconscient à la nature prévalait certes déjà par le passé, mais il est

---

1. F. Engels, *Dialektik der Natur* (1873-1883), *in* K. Marx, F. Engels, *Werke*, Band 20, Berlin, Dietz Verlag, 1962, p. 452-453 (nous traduisons).
2. Cité Par K. Saïto, *La nature contre le capital, op. cit.*, p. 301.

maintenant redoublé de la soumission à un processus de valorisation du capital, tout aussi incontrôlé et inconscient, dont les conséquences sont écologiquement dévastatrices.

Le contraste est flagrant[1] entre ce Marx tardif, conscient des ravages causés par la déforestation, et le Marx de 1848 qui – on l'a rappelé – louait au contraire la bourgeoisie pour avoir « défriché des continents entiers ». C'est que le Marx du *Manifeste*, préoccupé de l'unification de l'espace et de l'accélération des déplacements sous le capital, ignorait encore qu'une telle accélération du développement des forces productives devait finalement déboucher sur un décrochage entre la temporalité naturelle et la temporalité historique du capital : il se produit dans la seconde des phénomènes qui, telles la déforestation massive, l'extraction elle aussi massive d'énergies fossiles et leur projection dans l'atmosphère sous forme de CO_2, mettent en route des processus, tel le réchauffement du climat, dont l'ampleur relève d'une dynamique géologique et terrestre qui est à l'échelle à la fois des gigantesques quantités d'énergie enfouies dans le sol et des millions d'années qu'il a fallu pour les y accumuler, mais qui n'est définitivement pas à l'échelle des temps historiques et sociaux.

Une ultime dimension du problème doit cependant encore être prise en compte : c'est qu'une telle contradiction entre deux temporalités, celle de la nature et celle du capital, ne peut pas se produire sans que l'humanité comme genre soit impliquée. On sait que les approches éco-marxistes de la crise écologique sont généralement critiques à l'endroit de la catégorie d'anthropocène, au motif qu'un

1. Il est souligné par K. Saïto, *La nature contre le capital*, *op. cit.*, p. 308.

rôle central dans la crise est par-là attribué à l'humanité en général, alors que l'acteur majeur de la crise est bien plutôt un mode particulier de production et un type déterminé de société, et non l'humanité en général – d'où la propension à préférer la catégorie de « capitalocène » à celle d'anthropocène. Mais cela ne doit évidemment pas empêcher que soit pris en considération ce qu'il advient de l'humanité comme telle, c'est-à-dire comme espèce vivante, dans la crise écologique. On trouve sur ce point des indications éclairantes de la part de Marx dans une note du chapitre 37 du Livre III du *Capital*. C'est un passage dans lequel Marx défend, en s'appuyant sur le *Traité de la propriété* publié par Charles Comte en 1834, l'idée selon laquelle la propriété privée entre en contra-diction avec la possibilité d'une exploitation rationnelle des sols. Nous avons déjà rencontré cette idée, mais ici Marx va plus loin : il écrit que ce qui contredit cette possibilité, au-delà de la forme privée de la propriété, c'est « l'esprit même de la production capitaliste ». Voici le passage en question :

> Mais le fait, pour la culture des divers produits du sol, de dépendre des fluctuations des prix du marché, qui entraine un perpétuel changement de ces cultures, l'esprit même de la production capitaliste, axé sur le profit le plus immédiat, sont en contradiction avec l'agriculture, qui doit mener sa production en tenant compte de l'ensemble des conditions d'existence permanentes des générations humaines qui se succèdent ; un exemple frappant de ce fait est fourni par les forêts[1].

Il ne suffirait donc pas de briser le carcan de la propriété privée pour qu'une agriculture rationnelle voie le jour, si

---

1. K. Marx, *Le Capital*, Livre III, chap. XXXVII, note 2, p. 825.

la prédominance du marché n'était pas aussi remise en cause. En effet, ce qui contredit la possibilité d'une production agricole rationnelle, c'est la conjonction du marché – c'est-à-dire de la libre fluctuation des prix – et de la recherche effrénée du profit, typique de ce que Marx nomme ici « l'esprit même du capitalisme »[1] : la conjugaison de ces deux phénomènes soumet la production agricole à la fois à un changement incessant des cultures, fonction de la rentabilité espérée des investissements en capitaux, et à une temporalité à court terme, les deux étant à l'opposé de ce qui convient à l'exploitation agricole. L'exemple de la forêt, que Marx donne à nouveau ici, l'atteste : le développement d'une forêt suppose une persévérance, une permanence dans l'investissement en travail et en capital qui exclut la possibilité d'un retour rapide sur investissement. Le court-terme et le changement incessant sont donc inconciliables avec toutes formes d'agriculture rationnelle. Mais, si on est attentif au texte, on s'aperçoit que Marx franchit ici un pas supplémentaire. Car, à l'arrière-plan de l'idée d'une agriculture rationnelle, c'est-à-dire durable, il y a un enjeu plus fondamental encore : c'est celui de ce que Marx appelle ici « l'ensemble des conditions d'existence permanentes des générations humaines qui se succèdent ». Il s'agit là du temps long et biologique de la reproduction des générations humaines successives : ce que menacent le court-terme et le rythme effréné de la production soumise au marché et à la quête du profit immédiat, c'est en définitive la possibilité même de la reproduction humaine sur un temps long et biologique

---

1. On lira une analyse détaillée du sens dans lequel Marx use de cette expression d'« esprit du capitalisme », dans T. Haug, *La rupture écologique dans l'œuvre de Marx*, thèse citée, p. 202-204.

qui est celui du renouvèlement des générations d'êtres vivants, humains aussi bien que non-humains.

De sorte que nous retrouvons l'idée d'une discordance entre deux temporalités au rythmes tout à fait différents : d'un côté il y a le rythme lent et le temps long du renouvellement générationnel propre au vivant, et de l'autre le temps court de la profitabilité des investissements de capitaux – où le second contredit le premier au sens d'une contradiction réelle, c'est-à-dire au sens où il s'y oppose réellement en y faisant obstacle.

Ici donc, c'est « l'esprit même du capitalisme » qui est vu comme contraire, opposé et hostile aux « conditions d'existence permanentes », c'est-à-dire naturelles, de la reproduction de la vie. Et cette contradiction affecte l'humanité comme espèce naturelle parmi les autres : c'est une contradiction qui met en péril l'humanité comme espèce vivante, aussi bien que toutes les espèces de vivants non-humains. Beaucoup plus récemment, Jason W. Moore a également souligné que « l'appropriation [de type capitaliste] impose une logique temporelle spécifique à la nature » et que cette « discipline temporelle sape les conditions de reproduction quotidiennes et intergénérationnelles en imposant les contraintes systémiques du "temps de rotation socialement nécessaire" »[1]. L'approche en termes de discordance[2] des temporalités, de conflit entre des temporalités d'échelle et de rythme différents, vient donc ici culminer dans l'idée que le capital ne peut déployer sa temporalité historico-sociale propre et particulière sans

1. Jason W. Moore, *Le capitalisme dans la toile de la vie, op. cit.*, p. 206.
2. Ou de « contradiction » entre temporalités, terme qui a la préférence de T. Haug, *La rupture écologique dans l'œuvre de Marx*, thèse citée, chap. III, 4, p. 197 *sq.*

contredire le temps dont les vivants humains et non-humains ont besoin pour se reproduire et se renouveler, ni donc sans produire sur ceux-ci, du fait même de cette contradiction, des effets qui s'avèrent être proprement destructeurs. Nous finirons ici sur le constat avec lequel commence Eva von Redecker : « le capitalisme détruit la vie »[1] – non pas cependant la vie en général, ni la vie au sens métaphysique, mais la vie biologique, le fait même d'être en vie et les conditions qui permettent de l'être et de le rester, que ce soit comme végétal, comme animal ou comme humain.

---

1. E. von Redecker, *Révolution pour la vie*, *op. cit.*, p. 7.

INTERVENTIONS

LE RETOUR DU POPULAIRE [1]

> Le populaire est l'exclu de *tout* discours politique-philosophique moderne, comme il est le déchet de *toute* pratique politique moderne, qu'elle soit capitaliste ou "marxiste" (au sens des "marxismes réels" […]). En tant que privé de parole et réduit au déchet, le populaire n'offre rien qui puisse appeler sur sa tête autre chose que le mépris des *Gebildeten*[2].

En écrivant ces lignes au moment où le « mouvement des Gilets jaunes » a atteint ces trois mois d'existence, la première chose qu'il est indispensable de reconnaître est que ce mouvement a constitué une incontestable *surprise*. Il n'y a aucun sens à prétendre que « cela devait arriver », qu'il fallait bien que « ça pète un jour », depuis le temps « qu'on le disait ». Toutes les conditions étaient au contraire réunies pour que, précisément, ça ne pète pas et que rien n'arrive. Les pouvoirs néolibéraux qui se sont succédés aux affaires depuis plus de 15 ans n'ont enregistré que des succès : leur seul et dernier échec est le retrait en 2006 du

---

1. Ce texte a été publié sous le titre « Le peuple social ou le retour du populaire », *Lignes*, n°59 : *Les gilets jaunes : une querelle des interprétations*, mai 2019 ; il a été rédigé fin janvier/début février 2019, donc à un moment où se poursuivait le mouvement dit des « Gilets jaunes ».

2. G. Granel, « La guerre de Sécession », dans *Écrits logiques et politiques*, Paris, Galilée, 1990, p. 370.

projet de loi portant sur le « contrat première embauche ». Mais, depuis, ils sont allés de succès en succès : les réformes successives des retraites ont toutes été adoptées sans encombres ou presque, la contestation du traité constitutionnel européen a été contournée et le vote majoritaire du peuple contre lui a été évacué, les restrictions budgétaires dans les domaines de la santé, de l'éducation, de la justice ont été imposées, deux réformes successives du code du travail suivies d'une réforme du transport ferroviaire n'ont rencontré qu'une opposition insuffisante et ont été adoptées. Sur le plan politique, l'épuisement des deux partis dits « de gouvernement » (ex-UMP et Parti socialiste) et du système pourtant bien rodé de leur alternance au pouvoir pour mener des politiques identiques n'a fait ni chaud ni froid aux classes dirigeantes : la solution a été rapidement et aisément trouvée dans la promotion d'un jeune aventurier porté sur le devant de la scène en seulement quelques mois et pourvu en un temps record des financements adéquats. Le système institutionnel de la Ve République a fait le reste, c'est-à-dire ce à quoi il est habitué : porter au pouvoir suprême un candidat qui ne réunit que 8, 7 millions de voix sur son seul nom au premier tour. On obtient évidemment un tel résultat de manière encore plus assurée quand on orchestre un second tour tel qu'en réalité « il n'y a pas le choix », ce qui est un comble[1] dans le cadre d'une élection démocratique.

---

1. Au moment où nous écrivions ces lignes, nous ne pouvions bien sûr pas anticiper que ce « comble » ne l'était pas encore et qu'il ne serait atteint qu'en 2022 lorsque l'ex-majorité LREM, défaite aux élections législatives, prétendrait se maintenir malgré tout aux affaires en s'abstenant de demander le vote de confiance des députés, faisant de la République française la seule démocratie où une majorité battue reste au pouvoir [note ajoutée pour la présente édition].

Un pouvoir centriste minoritaire s'était assuré de la victoire et de sa propre pérennité en s'installant sur les ruines du centre-droit et du centre-gauche, en ayant pour opposants des forces politiques incompatibles entre elles. La stabilité politique était ainsi assurée qui devait permettre la poursuite, l'approfondissement et la radicalisation des réformes néolibérales : celles-ci ont immédiatement été mises en œuvre avec un bel entrain et, comme prévu, elles ne se sont heurtées qu'à une très faible résistance, ne laissant à leurs opposants que l'amère constat de leur impuissance. Dans ces conditions, c'est l'honnêteté intellectuelle la plus élémentaire qui conduit à devoir reconnaître que *rien* ne laissait présager que ce pouvoir devrait si rapidement faire face à ce que Gramsci appelait une « crise d'hégémonie » et dont il expliquait la formation en ces termes :

> La crise d'hégémonie de la classe dirigeante se produit soit parce que la classe dirigeante a essuyé un échec dans l'une de ses grandes entreprises politiques, pour laquelle elle avait demandé ou imposé par la force le consentement des grandes masses (comme dans le cas de la guerre), soit parce que de grandes masses (surtout de paysans et de petits bourgeois intellectuels) sont passées d'un coup de la passivité politique à une certaine activité et présentent des revendications qui, dans leur ensemble chaotique, constituent une révolution[1].

La seconde des deux causes mentionnées ici par Gramsci comme étant à l'origine d'une crise d'hégémonie

---

1. A. Gramsci, *Cahiers de prison. Cahiers 10, 11, 12 et 13*, trad. P. Fulchignoni, G. Granel, N. Negri, avant-propos, notices et notes par R. Paris, Paris, Gallimard, 1978, Cahier 13 (1932-1934), §<23>, p. 400.

ou d'une « crise de l'état dans son ensemble »[1] est celle qui semble la plus proche de notre actuelle situation : la classe dirigeante n'ayant précisément essuyé *aucun* échec dans son entreprise d'imposition des réformes néolibérales, le déclenchement de la crise tient bien plutôt à l'entrée en mouvement « de grandes masses » qui, les temps ayant changé, ne sont certes pas celles évoquées par Gramsci (les « paysans » et les « petits bourgeois intellectuels »). Il s'agit bien plutôt en l'occurrence d'un vaste ensemble formé de petits et moyens employés, de petits et moyens fonctionnaires, d'ouvriers, de femmes dites « au foyer » ou travailleuses pauvres, d'artisans, de commerçants, d'agriculteurs, de chefs de petites ou (plus rarement) moyennes entreprises, de retraités, de chômeurs, d'auto-entrepreneurs, de travailleurs pauvres et/ou précaires dans les secteurs de l'industrie, du commerce mais aussi des services, d'employés des collectivités territoriales et de l'état[2] – bref un ensemble de groupes sociaux formés essentiellement d'individus qui vivent (ou tentent de vivre) directement de leur propre travail (et non de celui des autres) présent ou passé (pour les retraités), qui n'ont que peu de capital (sinon sous forme immobilière, et chèrement acquis) mais beaucoup de dettes (sous forme en particulier de prêts immobiliers ou de prêts à la consommation).

1. A. Gramsci, *Cahiers de prison, op. cit.*, p. 400.
2. Selon l'enquête du collectif de sociologues *Quantité critique*, dont Yann Le Lann a donné les résultats dans « Le mouvement des "gilets jaunes" est avant tout une demande de revalorisation du travail » (*Le Monde* du 25 décembre 2018), le mouvement serait composé de 63,2% d'employés et d'ouvriers, de 11,1% d'indépendants (artisans, commerçants, petits patrons, agriculteurs), de 10,4% d'intermédiaires et de 15,4% de cadres et professions intellectuelles supérieures. Voir aussi J.-Y. Dormagen et G. Pion, « Le mouvement des "gilets jaunes" n'est pas un rassemblement aux revendications hétéroclites », *Le Monde*, 28 décembre 2018.

Il faut ici souligner le caractère historiquement exceptionnel de l'entrée en mouvement ou du passage à « une certaine activité » de ces catégories sociales-là : loin d'être des groupes sociaux coutumiers de la contestation (si on veut bien mettre de côté les étudiants, les cheminots et les fonctionnaires, qui sont d'ailleurs loin d'être massivement présents dans le mouvement), il s'agit de larges secteurs de la population qui sont le plus souvent passifs et sur lesquels les pouvoirs ont l'habitude de s'appuyer quand il devient nécessaire pour eux de se conforter et de se renforcer. Pour une large part, les groupes sociaux qui ont endossé le gilet jaune à partir de novembre 2018 sont les mêmes que ceux sur lesquels le pouvoir gaulliste s'était appuyé à partir de la fin mai 1968 pour mettre un terme à la contestation politique et sociale : ces groupes sociaux sont ceux qu'effrayent habituellement les mouvements sociaux revendicatifs et protestataires, ils sont ceux qui aspirent à l'ordre et à la tranquillité et sur lesquels les partis justement nommés « de l'ordre » prennent appui quand le moment est venu de sortir du chaos. D'où la crise d'hégémonie et, en conséquence, la panique qui s'est emparée du pouvoir : faisaient subitement défection ceux sur lesquels repose la stabilité et, plus grave encore, parvenaient à se coaliser des groupes sociaux sur la division et la passivité desquels reposaient les politiques menées ces dernières décennies. Certainement cette coalescence tout à fait imprévue et imprévisible de groupes qu'il s'était ingénié à monter les uns contre les autres depuis des années (les employés du privé contre les fonctionnaires, les stables contre les précaires, les actifs contre les retraités, etc.) est-elle à la fois ce qui a constitué le pire danger pour le pouvoir et ce qui explique que, dans la panique qui s'emparait de lui, il ait déclenché une répression policière et judiciaire hors norme.

Depuis le temps qu'on guettait l'apparition de la divine « convergence des luttes », il se produit quelque chose qui à la fois lui ressemble mais qui, aussi, en diffère radicalement : cela y ressemble puisque des groupes sociaux très différents (et jusqu'ici divisés voire opposés entre eux) découvrent qu'ils ont des objectifs communs pour lesquels il est possible qu'ils luttent ensemble, mais cela se produit en dehors des cadres habituels, notamment syndicaux et politiques, qui sont normalement les lieux et les moyens de la « convergence ». Et c'est d'ailleurs là un aspect essentiel du mouvement en cours : dans son surgissement comme dans ses modes d'action et d'organisation, ce mouvement est très largement le fruit et la conséquence de la crise déjà ancienne des organisations syndicales et politiques traditionnelles, d'où la réticence des acteurs du mouvement envers toute forme de représentation et de délégation.

De sorte que le pouvoir macronien et sa contestation par les Gilets jaunes sont très largement les reflets l'un de l'autre, y compris avec le phénomène d'inversion ou de renversement produit par le miroir : ils sont tous les deux les produits de la désaffection envers les appareils politiques et syndicaux traditionnels, les deux portent une critique des médiations sociales et politiques, l'un conteste autant que l'autre la polarité gauche-droite, l'un comme l'autre opposent le « mouvement » au supposé immobilisme de la forme-parti ou de la structure syndicale. De sorte qu'il n'est, dans une certaine mesure, pas faux de penser que le pouvoir macronien et ses opposants en gilets jaunes partagent des traits communs, peut-être jusqu'au cadre politique et culturel néolibéral[1], relativement auquel le

1. C'est la thèse soutenue notamment par Eustache Kouvelakis, « Gilets jaunes, l'urgence de l'acte » (19 janvier 2019) disponible sur http://www.contretemps.eu

« populisme » n'est pas une alternative et dont il constitue au contraire une composante[1] : le « dégagisme », par exemple, a été une composante du discours macronien (et un élément explicatif de son succès) avant d'être repris par les Gilets jaunes. C'est la raison pour laquelle on peut être assuré que, parmi les Gilets jaunes, le nombre n'est pas négligeable de ceux qui, quelques mois auparavant, avaient pu être séduits par le discours macronien du « ni de droite ni de gauche », ou plutôt : du « *et* de droite *et* de gauche ». Ils sont nombreux ceux qui portent aujourd'hui le gilet jaune, mais qui avaient aussi approuvé la proposition macronienne (formulée dès l'ouvrage de début de campagne, intitulé *Révolution*) d'une forme de dépassement d'antagonismes jugés stériles et d'un autre âge, et donc par une forme d'aspiration à une communauté réunie par-delà des divergences vues comme dépassées parce qu'artificielles autant qu'arbitraires.

Tout se passe comme s'il y avait eu un malentendu sur le sens de la formule « et de droite et de gauche » : pour le pouvoir macronien, cette formule revient en gros à dire que l'argent n'a pas d'odeur, que la logique des marchés est « neutre » au sens où elle est indifférente aux catégories politiques de « droite » et de « gauche ». En revanche, pour nombre des électeurs de Macron, et en particulier pour ceux d'entre eux qui, depuis, ont endossé le gilet jaune, la formule « et de droite et de gauche » désignait une aspiration à parvenir – par-delà l'assignation à des

---

1. D'où mon recours à la notion de « bloc populiste-néolibéral », dans *Qu'est-ce qu'un gouvernement socialiste ? Ce qui est vivant et ce qui est mort dans le socialisme*, Lux, Montréal, 2017, p. 36-37. On trouve une analyse proche dans B. Amable et S. Palombarini, *L'illusion du bloc bourgeois. Alliances sociales et avenir du modèle français*, Paris, Liber-Raisons d'agir, 2018.

communautés ou à des groupes juxtaposés et rivaux – à *refaire société*. C'est d'ailleurs, soit dit en passant, l'un des apports majeurs de la mobilisation des Gilets jaunes que d'avoir évacué au moins momentanément de l'espace public les questions communautaires et identitaires : ces questions se sont effacées devant le constat de la présence en nombre sur les ronds-points des travailleurs, employés, ouvriers, et en particulier des femmes, issus de l'immigration. En lieu et place des questions identitaires et communautaires, c'est bien la question sociale qui s'est imposée, prouvant par le fait même que les problématiques identitaires et communautaires ont précisément et essentiellement pour fonction de faire passer au second plan et d'occulter la question sociale[1]. Il ne faut pas chercher ailleurs la raison qui explique que le pouvoir, dès l'intervention présidentielle du 10 décembre, ait fait le choix tactique d'introduire la question de l'immigration et, pire, celle de « l'identité profonde de la nation », sur les bons conseils de l'un des meilleurs spécialistes en la matière, à savoir Sarkozy. L'assimilation de la révolte des Gilets jaunes au déchaînement d'une « foule haineuse et antisémite » relève de la même tactique : porter le discrédit, bien sûr, mais le faire autant que possible en réintroduisant la dimension communautaire, en l'occurrence sous la forme d'une

---

1. Dans l'Appel des Gilets jaunes de Montreuil (11 janvier 2019), on peut lire ceci : « Nous savons bien que ceux qui privent les habitants de ce pays d'une vie digne ne sont ni les immigrés ni les exilés, mais bien l'insolente richesse de certains et ce système injuste ; voilà pourquoi nous pensons que la différence ne doit pas constituer une frontière : ni la couleur de peau, ni le lieu de naissance, ni le genre, ni l'orientation sexuelle, ni la religion ne serviront de prétexte pour nous diviser » (https://blogs.mediapart.fr/beatrice-turpin/blog/110119/appel-des-gilets-jaunes-de -montreuil- reponse- commercy).

dénonciation de l'antisémitisme[1] dont serait imprégné le mouvement des Gilets jaunes.

Mais laissons là ces basses œuvres tactiques, dont on ne peut dire où elles mèneront au moment où j'écris, et revenons à l'essentiel. Nous disions donc que les Gilets jaunes avaient replacé la question sociale sur le devant de la scène. Ils l'ont fait en se focalisant essentiellement sur la question de l'égalité sociale. Cela a été le cas dès le début et c'est pourquoi il est erroné de voir dans la seule instauration d'une nouvelle taxe sur le diesel la raison qui a mis les masses en mouvement : elles se sont mises en mouvement parce que cette taxe nouvelle s'insérait dans un dispositif profondément inégalitaire qui consistait à faire rembourser le coût que représentait pour l'état l'exonération du capital financier de l'impôt sur la fortune à ceux qui, pour se rendre sur leur lieu de travail et en revenir, utilisent des véhicules fonctionnant au diesel. On faisait donc payer à de plus modestes et à des travailleurs le coût d'un allègement fiscal accordé à ceux des plus riches qui font travailler l'argent – un dispositif inégalitaire en outre très mal camouflé par un pur et simple mensonge qui a consisté à prétendre que l'apport de la taxe sur le diesel servirait à financer la transition écologique. Le mouvement a donc dès le début été porté par une exigence d'égalité fiscale et sociale à laquelle s'est aussitôt ajoutée la revendication de pouvoir vivre dignement et décemment de son travail. Quand les questions de l'égalité sociale, de la dignité du travail et de la vie décente deviennent centrales,

---

1. Sur ce point, voir Cl. Askolovitch, « La défense des juifs, ultime morale des pouvoirs que leurs peuples désavouent » (26 décembre 2018), https://www.slate.fr/story/171594/gilets-jaunes-antisemitisme-pretexte-pouvoir-vigilants ; voir aussi J. Rogozinski, « Je soutiens les "gilets jaunes" comme homme de gauche et comme juif », tribune publiée dans *Le Monde* du 19 février 2019.

il est assez évident qu'on est en présence d'un mouvement qui remet la question sociale sur le devant de la scène.

D'aucuns se sont cependant inquiétés de ce que la dimension de *classe* du conflit ne serait pas suffisamment articulée[1], voire serait tout à fait absente, ce dont témoignerait notamment le fait que l'hostilité soit orientée davantage contre les élites politiques et technocratiques que contre le grand patronat. La chose reste à prouver : l'exigence par exemple d'une interdiction des délocalisations d'entreprises, comme celle du rétablissement de l'impôt sur la fortune dans sa forme antérieure ont un sens social de classe relativement clair et visent sans conteste non seulement les couches sociales les plus aisées, mais aussi le grand patronat. De même, la revendication non pas seulement du maintien mais du renforcement des services publics est une revendication qui n'est pas dépourvue de tout caractère de classe, en particulier si l'on pense, avec Robert Castel, que les services publics sont les institutions d'une propriété sociale comme telle opposée à la propriété privée.[2] Alors, certes, si on entend par conflit de classe le conflit qui opposerait deux classes qui seraient chacune clairement unifiée et donc identifiable (à la façon dont Marx et Engels décrivaient la lutte des classes dans les premières pages du *Manifeste*[3]), il est incontestable que

1. Voir sur ce point derechef le texte d'E. Kouvelakis, « Gilets jaunes, l'urgence de l'acte » ; voir aussi A. Brossat, « Class Struggle is a Splendored Thing (Roulez, jaunesse !) », 19 février 2019, https://lundi.am/Class-Struggle-is-a-Splendored-Thing-Roulez-jaunesse

2. R. Castel, *Les métamorphoses de la question sociale. Une chronique du salariat*, Paris, Fayard, 1995.

3. Où on lit notamment ceci : « notre époque, l'époque de la bourgeoisie, a pour signe distinctif qu'elle a simplifié les oppositions de classes ; la société entière se scinde de plus en plus en deux grands camps hostiles (…) : la bourgeoisie et le prolétariat » (K. Marx, F. Engels, *Manifeste du parti communiste*, trad. É. Bottigelli, Paris, Aubier, 1971, p. 77).

la situation actuelle ne possède ni cette simplicité ni cette clarté : mais une situation historique réelle les a-t-elle jamais possédées ? Les écrits du même Marx, quand il se fait historien (notamment dans *Le 18 brumaire*), dénoncent eux-mêmes comme excessive la simplification opérée au début du *Manifeste*. Même en admettant qu'on ne soit donc pas en présence du « prolétariat » comme tel, il reste qu'on a bien affaire à un mouvement *populaire* (sinon par le nombre, du moins par sa composition sociologique – voir plus haut) qui prend une forme agonistique suffisamment évidente et qui sait à quelles forces sociales antagonistes il s'affronte.

Mais encore faudrait-il être au clair avec ce qu'on entend par « prolétariat », ce qui, comme on sait, est loin d'être aisé, en particulier quand on se rappelle ce passage du *Manifeste* :

> Les anciennes petites classes moyennes, petits industriels, petits commerçants, petits rentiers, artisans et paysans, toutes ces classes tombent dans le prolétariat, soit que leur petit capital ne suffit pas pour pratiquer la grande industrie et succombe à la concurrence des capitalistes mieux pourvus, soit que leur habileté soit dépréciée par des méthodes de production nouvelles. Aussi le prolétariat se recrute-t-il dans toutes les classes de la population[1].

Ce texte va dans le sens de l'idée selon laquelle le prolétariat, loin d'être une classe toujours déjà constituée, est plutôt à comprendre comme une classe toujours en cours de formation, et d'une façon qui est plutôt négative puisque cette classe est faite de la *chute* en elle d'autres groupes sociaux et composantes de la société. S'il y a quelque chose du prolétariat en ce sens-là dans les Gilets jaunes, c'est en ce que ces derniers sont largement

---

1. K. Marx, F. Engels, *Manifeste du parti communiste, op. cit.*, p. 95.

constitués de représentants de groupes sociaux qui craignent de devenir prolétaires, qui redoutent leur propre prolétarisation : mais c'est sans doute ainsi que se définissent le mieux les prolétaires, à savoir comme ceux qui, craignant de le devenir, luttent activement pour *ne pas* le devenir.

Porté au pouvoir pour sauver les meubles du bloc bourgeois, le macronisme a très rapidement rendu manifeste ceci que les Gilets jaunes ont parfaitement saisi : à savoir, pour le dire dans les termes de Marx et Engels, « que la société ne peut plus vivre sous la bourgeoisie, *i.e.* que la vie de la bourgeoisie n'est plus compatible avec la société », ou encore : « que la bourgeoisie est impuissante à imposer les conditions de vie de sa classe comme lois réglementaires à la société ».[1] En d'autres termes, les forces sociales qui se sont arrangées pour porter le macronisme au pouvoir – que l'on peut appeler « bourgeoises » sans qu'il y ait rien là de caricatural – sont brutalement apparues, par les pratiques qui sont les leurs, par le type de politiques dont elles obtiennent et imposent la mise en œuvre, comme des forces antisociales, menaçant jusqu'à l'existence même de la société. Les forces sociales constitutives du bloc bourgeois ont socialement fait sécession : elles ne font même plus l'effort de présenter leur intérêt propre comme identique à celui de la société dans son ensemble, elles assument cyniquement le fait que la société elle-même – c'est-à-dire le travail social ainsi que l'ensemble des richesses et de la valeur qu'il engendre – n'est plus autre chose qu'un moyen dont elles se servent et usent à leur seul profit.

---

1. K. Marx, F. Engels, *Manifeste du parti communiste*, *op. cit.*, p. 105 (trad. modifiée).

Les Gilets jaunes sont la conscience de cela : en atteste le fait qu'inversement ils se présentent spontanément comme les représentants de l'intérêt général de la société précisément parce qu'ils sont ceux qui travaillent (de façon visible ou non), qui vivent et font vivre la société de leur travail et qui, par-là, en permettent la reproduction matérielle. En d'autres termes, la plèbe ou la populace n'est pas forcément là où on croit la trouver : l'arrogance bourgeoise la situe évidemment du côté du peuple et voudrait présenter les Gilets jaunes comme l'incarnation même de la populace. Mais Hegel, qui a certes théorisé la formation de la « populace » (*Pöbel*) comme résultant d'un mouvement *vers le bas* de « déchéance d'une grande masse [d'individus] au-dessous du niveau d'un certain mode de subsistance »[1], est celui qui posait que la plèbe existe aussi *en haut*, à l'autre extrême du champ social. C'est ce qu'il expliquait dans une version de ses *Leçons de philosophie du droit* :

> Le caractère de la populace (*die Pöbelhaftigkeit*) existe aussi bien du côté de la richesse que du côté de la pauvreté. Il y a aussi une populace riche. Car la richesse est un pouvoir et ce pouvoir de la richesse comprend facilement qu'il est aussi un pouvoir sur le droit. [...] Cet état d'esprit (*diese Gesinnung*), consistant en ce que la richesse est un pouvoir contre le droit, contre les mœurs, fait que la richesse s'octroie un état de non droit, parce qu'elle est le pouvoir. [...] On peut nommer corruption le fait que les riches se croient tout permis[2].

1. G. W. F. Hegel, *Principes de la philosophie du droit*, traduction et édition critique par J.-F. Kervégan, Paris, Puf, 2013, § 244, p. 404.
2. G. W. F. Hegel, *Die Philosophie des Rechts. Vorlesung von 1821/1822*, hrsg. von H. Hoppe, Frankfurt am Main, Suhrkamp, 2005, § 244, p. 222-223.

Ce texte de Hegel permet de penser un aspect essentiel de notre situation actuelle : les Gilets jaunes sont un mouvement non pas populiste[1] mais *populaire*, caractérisé par la conscience du fait que ce sont les classes sociales populaires – celles qui vivent et font vivre la société de leur travail, de façon visible ou non – qui sont porteuses de l'intérêt général de la société. C'est cette conscience qui explique aussi la nature des revendications proprement *politiques* portées par les Gilets jaunes, en particulier celles qui (sous la forme du « référendum d'initiative citoyenne ») ont trait à la possibilité d'une expression de la volonté populaire qui soit la plus directe, la moins médiatisée et la plus fréquente possible : il y a là une réminiscence de l'idée rousseauiste selon laquelle « la souveraineté ne peut être représentée » parce que « la volonté ne se représente point : elle est la même ou elle est autre, il n'y a point de milieu ».[2]

Ce qui se produit sous nos yeux semble pouvoir s'analyser comme une nouvelle entrée en scène du peuple social ou du *populaire* comme tel (un terme qui peut servir à désigner à la fois ce qui relève de la *plebs* romaine – les couches de la population en position d'infériorité sociale – et du *plethos* grec, c'est-à-dire la masse, le grand nombre

1. Un trait essentiel du populisme manque aux Gilets jaunes : la figure du chef, du *leader* charismatique ; tous ceux et toutes celles qui se sont essayés à jouer ce rôle ont été désavoués. S'il y a une figure populiste dans toute cette histoire, c'est bien plutôt Macron qui l'incarne : sa personnalisation extrême du pouvoir exécutif, son mépris du législatif et des corps intermédiaires, l'alternance qu'il met savamment en scène entre les moments « jupitériens » et les épisodes où il apparaît comme « Manu », le type *cool* qui pose pour des « selfies » avec des rappeurs – tout cela atteste que le populisme est en réalité *déjà* au pouvoir.

2. J.-J. Rousseau, *Du contrat social*, introduction, notes et commentaires par M. Halbwachs, Paris, Aubier-Montaigne, 1943, Livre III, chap. xv, p. 340. Voir aussi le Livre II, chap. i, p. 135.

ou la multitude) dans sa volonté de parvenir à s'identifier au peuple politique (au sens cette fois du *populus* latin).[1]

La scène a déjà souvent été jouée (en 1793, 1848, 1871, 1936) et elle a aussi déjà été pensée, en particulier par Marx qui posait que les travailleurs ne pouvaient agir comme les représentants de la société entière, ou de la « nation », qu'à la condition que leur « coalition » leur permette de se constituer en une classe dont le terrain d'action est à l'échelle d'un pays entier : c'est la condition pour qu'ils deviennent un acteur proprement *politique*, et c'est précisément ce que les Gilets jaunes sont parvenus à faire avec une étonnante rapidité, en grande partie grâce à la façon dont ils ont usé des possibilités qu'offrent les réseaux sociaux. Cette exigence que les travailleurs « s'érigent en classe nationale » et qu'ils « se constituent en nation »[2], avait le sens, pour les auteurs du *Manifeste*, de la nécessité pour les travailleurs de se constituer comme les représentants de la société entière à l'échelle de chaque grand pays européen. Cela ne signifiait évidemment pas que les travailleurs devaient reprendre à leur compte les idéologies nationales – et sur ce point également, nous sommes au cœur de l'un des enjeux majeurs du mouvement des Gilets jaunes : s'agissant des travailleurs, le terme de « nation » désigne l'échelon géographique et territorial minimal d'organisation à partir duquel ils se constituent en classe et donc aussi en acteurs politiques à part entière. Marx redira en 1875, dans la *Critique du programme de Gotha*, « que, pour pouvoir ne serait-ce que lutter, la classe ouvrière doit s'organiser chez elle *en tant que classe*, et

---

1. Voir G. Bras, *Les voies du peuple. Éléments d'une histoire conceptuelle*, préface d'é. Balibar, Paris, Amsterdam éditions, 2018.

2. K. Marx, F. Engels, *Manifeste du parti communiste, op. cit.*, p. 122.

que le territoire immédiat du combat est son pays »[1]. Les Gilets jaunes ont déjà fait du pays entier le territoire de leur lutte et ils possèdent la conscience de cette lutte comme étant porteuse des intérêts de la société : reste la question de *l'organisation* qui seule donnera à cette lutte à la fois son caractère de classe et sa dimension réellement politique. Cette dimension de l'organisation, contrairement à ce qu'on entend ou lit souvent, n'est pas absente : elle est encore inchoative, certes, mais les « Appels de Commercy » à la formation d'assemblées, puis d'une assemblée des assemblées[2] sont de ce point de vue des prémices porteuses d'avenir.

Voilà qui confirme que la classe n'est jamais rien de donné et qu'elle est le résultat d'un travail d'auto-organisation, le terrain de ce travail étant identique au territoire entier d'un pays, de sorte que, comme le disaient Marx et Engels toujours dans le *Manifeste*, « la lutte de classes est nationale », précisant qu'elle l'est « non dans son contenu mais dans sa forme » – le « national » désignant la bonne échelle à laquelle doit se porter la lutte : « comme le prolétariat doit d'abord s'ériger en classe nationale, il est encore par-là national, bien que nullement au sens où l'entend la bourgeoisie »[3]. On cerne mieux ainsi la difficulté à laquelle font face les Gilets jaunes et qu'ils vont devoir affronter : comment être et s'organiser comme un mouvement populaire-national, mais en évacuant du « national » ce que la bourgeoisie y a mis, en parvenant à maintenir ferme la différence entre le national et le

1. K. Marx, *Critique du programme de Gotha*, trad. S. Dayan-Herzbrun, Paris, éditions sociales, série « GEME », 2008, p. 64.
2. Voir les Appels des Gilets jeunes de Commercy (Meuse) des 30 novembre et 30 décembre 2018.
3. K. Marx, F. Engels, *Manifeste du parti communiste*, *op. cit.*, p. 123.

nationalisme, en désignant par national l'ampleur et le niveau que doivent atteindre, l'échelle à laquelle doivent se porter l'organisation et l'association, et non un trait identitaire qu'elles devraient posséder ? Comment être une force populaire et nationale, sans pour autant succomber à la fétichisation ni du Peuple, ni de la Nation ? Toute la difficulté est là, elle est loin d'être nouvelle[1] mais elle retrouve toute son urgence avec le mouvement des Gilets jaunes.

Avant de décréter que la faiblesse congénitale du mouvement des Gilets jaunes est qu'il ne possède pas de caractère de classe, il peut être utile de se rappeler quelles étaient, aux yeux de Marx, les conditions qui présidaient à la constitution d'une classe capable de jouer un rôle politique. Tout se passe comme si l'enjeu pour les Gilets jaunes était de parvenir à s'extraire de la situation que Marx décrivait comme étant celle de la paysannerie parcellaire sous le Second Empire. Comment Marx comprenait-il la situation de cette « masse du peuple français » qui était aussi « la classe la plus nombreuse de la société française »[2] ?

> Le mode de production [des paysans parcellaires] les isole les uns des autres au lieu de les amener à des relations réciproques » ; « l'exploitation de la parcelle ne permet aucune division du travail (…), par conséquent

1. Sur ce point, on lira les analyses que Bruno Karsenti et Cyril Lemieux (*Socialisme et sociologie*, Paris, éditions de l'EHESS, 2017, p. 19) consacrent au texte de Marcel Mauss probablement rédigé vers 1920 et intitulé *La nation* (édition et présentation par M. Fournier et J. Terrier, Paris, Puf, 2013).

2. K. Marx, *Le 18 Brumaire de Louis Bonaparte*, trad. M. Ollivier, présentation et notes par E. Barot et J.-N. Ducange, Paris, Le Livre de Poche, 2007, p. 257.

aucune diversité de développement, aucune variété de talents, aucune richesse de rapports sociaux » ; « chacune des familles paysannes se suffit presque complètement à elle-même (…) et se procure ainsi ses moyens de subsistance bien plus par un échange avec la nature que par un échange avec la société[1].

Ce que Marx décrit là n'est pas sans évoquer la solidarité de type mécanique que théorisera Durkheim plus tard. En d'autres termes, les paysans parcellaires n'ont pas l'expérience de la division du travail social : au lieu que les familles paysannes se complètent en se consacrant à des travaux distincts mais complémentaires, elles se consacrent toutes aux mêmes tâches, de sorte que leur travail les isole les unes des autres au lieu de les mettre en rapport. C'est l'absence de division du travail social, l'absence de complémentarité, de développement diversifié des talents qui maintient les paysans parcellaires dans une solidarité mécanique parfaitement illustrée par la métaphore du sac de pommes de terre utilisée par Marx : « ainsi, dit-il, la grande masse de la nation française est constituée par une simple addition de grandeurs de même nom, à peu près de la même façon qu'un sac rempli de pommes de terre forme un sac de pommes de terre »[2]. En d'autres termes, les paysans parcellaires ont entre eux des rapports sociaux de très faible intensité : il n'y a chez eux, écrit Marx, « aucune richesse de rapports sociaux ». Ils ne connaissent de rapports que de sommation, d'addition, de juxtaposition et de ressemblance – des rapports que connaissent aussi les Gilets jaunes mais dont ils ne peuvent se contenter s'ils veulent jouer un rôle politique.

1. K. Marx, *Le 18 Brumaire de Louis Bonaparte*, *op. cit.*, p. 257.
2. *Ibid.*, p. 258.

En conséquence, les paysans parcellaires étaient, selon Marx, « incapables de défendre leur intérêt de classe en leur propre nom par l'intermédiaire d'un parlement ou d'une assemblée » et ils « ne pouvaient se représenter eux-mêmes » : d'où leur auto-exclusion de la vie parlementaire, leur incapacité à participer au pouvoir législatif et leur adhésion immédiate à un pouvoir exécutif incarné par celui qui s'était autoritairement imposé à eux comme leur représentant. La classe hétéronome, parce qu'incapable de se représenter elle-même, qu'est la paysannerie parcellaire ne pouvait avoir pour représentant justement personne d'autre que celui-là même qui avait précisément détruit l'autonomie de la nation en abolissant la République parlementaire et toute possibilité de représentation nationale : cette classe hétéronome ne peut être représentée que par le pouvoir exécutif, c'est-à-dire par le pouvoir qui, selon Marx, « exprime l'hétéronomie de la nation »[1].

C'est à peu près le point où nous en sommes : d'un côté un pouvoir exécutif qui ne doit sa force qu'à organiser et perpétuer l'hétéronomie de la nation et la passivité populaire ; de l'autre, un mouvement populaire né de l'aspiration à conquérir les conditions de l'autonomie, qui se défie de celui et de ceux qui prétendent agir au nom du populaire, et qui cherche les voies et les moyens de « se représenter lui-même ». De sorte que la question que pose le mouvement des Gilets jaunes, et qu'il se pose d'abord à lui-même, est la question de savoir quelles sont les conditions qui permettent qu'une classe existe positivement et activement comme telle, donc *politiquement*, et qui la rendent capable de jouer, à l'échelle de la nation, le rôle d'une représentante des intérêts généraux de la société. La

1. *Ibid.*, p. 254.

simple similitude des conditions économiques d'existence ne suffit pas, parce qu'elle ne parvient à engendrer que des rapports de simple ressemblance. Pour une classe, jouer un rôle politique suppose que les individus qui la composent fassent l'expérience de rapports sociaux riches et développés, d'une forme organique de solidarité, au sens durkheimien du terme, dont le terreau sont le travail et la division du travail social qui permettent aux individus de faire l'expérience de leur complémentarité réciproque : c'est là la condition pour qu'ils forment une volonté politique et que cette classe devienne ce que le *Manifeste* appelait une « classe nationale » qui puisse effectivement se présenter comme porteuse de la volonté de la nation elle-même ou de la société dans son ensemble. La diversité sociale qui caractérise les Gilets jaunes apparaît alors comme un atout : leur mouvement est très largement le lieu même d'une expérience de la complémentarité des groupes sociaux permise par la division du travail social.

Contre leur division artificiellement produite et constamment entretenue par ceux à qui cette division profite, des groupes sociaux font, dans le mouvement même de leur lutte, l'expérience vive de leur complémentarité sociale et de ce que la société vit de la dépendance réciproque où sont des individus et des groupes mutuellement indispensables les uns aux autres. Ceux qui font une telle expérience sont rendus capables de « se représenter eux-mêmes », ils conquièrent une autonomie qui les rend capables de délivrer la société entière de l'hétéronomie dans laquelle elle est maintenue par un pouvoir qui n'existe et ne s'exerce qu'à agir au nom de ceux qui sont rendus impuissants à se représenter eux-mêmes.

LA CRITIQUE SOUS PANDÉMIE[1]

Au commencement de la crise provoquée par le virus SARS-Cov-2, nous avons pu constater qu'une société comme la nôtre, 5e ou 6e puissance économique du monde capitaliste, est incapable d'équiper en masques le personnel de ses hôpitaux et, de façon générale, sa population, incapable aussi de produire par elle-même des appareils respiratoires en nombre suffisant, incapable de produire des médicaments de base et de première nécessité, incapable encore de produire des tests en nombre suffisant (et – quand ces tests commencèrent enfin à arriver de l'étranger – incapable aussi d'engager les sommes nécessaires pour que les fournisseurs en vendent en France autant qu'ils en vendent en Allemagne, aux Pays-Bas ou en Suisse), incapable enfin d'avoir des lits en nombre suffisant dans les services d'urgence et de soins intensifs de ses hôpitaux, au point de devoir envoyer ses malades de faire soigner à Bâle, à Fribourg, à Luxembourg et jusqu'à La Charité de Berlin. Pour ne rien dire de l'incapacité de la 3e firme pharmaceutique mondiale à découvrir et à produire un vaccin efficace (après avoir bénéficié de 600 millions d'Euros de remboursements de l'assurance maladie en 2017, et versé 3,7 milliards d'Euros de dividendes à ses actionnaires en 2018).

1. Ce texte a été publié sous le titre « Refaire le social après les défaillances de l'État et du marché », *Cités*, décembre 2020.

Il est sorti de cela le sentiment d'un immense gâchis, mais aussi l'impression d'un effondrement, d'une déroute, d'une débâcle dont la société française semble avoir le secret : Sedan 1870, mai 1940. Les pays voisins ont également souffert, certes, mais sans verser ni dans une telle désorganisation, ni dans un contrôle policier comparable (et accessoirement sans qu'aucun de leurs ministres ne vienne savamment expliquer à la télévision – faisant de nécessité « vertu », mais sans l'avouer – que les masques de protection sont inutiles, avant de les rendre obligatoires quatre mois plus tard[1]) : le résultat est un nombre de décès pour 100.000 habitants en France (46)[2] quatre fois plus élevé qu'en Allemagne (11 – dans un pays pourtant nettement plus densément peuplé que la France, et dont la population est plus âgée).

Aucune des nombreuses autres épidémies que le pays a connues au long du XXe siècle, ni la grippe asiatique de 1957, ni la grippe de Hong-Kong en 1968 (avec une surmortalité en France de l'ordre de 40 000), n'était parvenue à mettre le système hospitalier dans un tel état de tension, et cela à des époques où la richesse produite annuellement était bien inférieure à ce qu'elle est aujourd'hui. Dans ces conditions, parler de défaillance semble trop faible : c'est plutôt l'idée de *sabotage* qui

1. La différence est là : d'autres gouvernements (suédois, notamment) ont certes considéré les masques comme des protections inutiles, mais sans dire l'inverse quelques mois plus tard.

2. Les chiffres que nous donnons ici sont les chiffres établis au 15 août 2020, à la fin de la première vague. En mars 2022, on est à 206 décès pour 100.000 habitants en France ; par comparaison, le Canada est à 100 décès/100K habitants, la Turquie à 118, les Pays-Bas à 130, l'Allemagne à 153, la Suisse à 158, la Suède à 178 ; en Europe de l'Ouest, seules la Belgique (268), l'Italie (262), le Royaume-Uni (247) et l'Espagne (218) ont un chiffre plus mauvais qu'en France [note ajoutée pour la présente édition].

vient ici à l'esprit. Comment comprendre autrement qu'il soit possible que l'État ait été à ce point imprévoyant en ne renouvelant pas les stocks de masques, mieux : en les détruisant, ou encore en ne se dotant pas de moyens sérieux de mobiliser l'industrie afin de produire des tests, des réactifs, des respirateurs, ne parlons pas de financer la recherche sur les coronavirus de façon décente, c'est-à-dire à moyen et long terme et donc autrement qu'à coup de programmes de 4 ans.

De tout cela, il ressort une impression de sabotage qui est encore renforcée quand on songe aux conséquences de la décision de confiner strictement la population et de la placer sous un contrôle policier inédit en temps de paix, une décision prise au risque d'un désastre économique de grande ampleur par un gouvernement pourtant réputé *pro business*. Il n'est évidemment pas question de prétendre ici que des décisions *individuelles* de sabotage ont effectivement été prises, mais d'interroger une dimension constitutive du mode capitaliste de production dont la pandémie permet de reprendre pleinement conscience.

Cette dimension de la production capitaliste avait été entrevue dès 1911 par Émile Pouget qui écrivait que « le sabotage est l'essence même de la société capitaliste »[1] :

1. É. Pouget, *Le sabotage*, Paris, Bibliothèque du mouvement prolétarien, 1911, p. 65. Les exemples donnés par Pouget sont d'une actualité remarquable (p. 65-66) : « Saboteurs, les commerçants qui, en tripatouillant le lait, aliment des tout petits, fauchent en herbe les générations qui poussent ; saboteurs, les fariniers et les boulangers qui additionnent les farines de talc ou autres produits nocifs, adultérant ainsi le pain, nourriture de première nécessité ; saboteurs, les fabricants de chocolats à l'huile de palme ou de cacao, de grains de café à l'amidon, à la chicorée et aux glands, de poivre à la coque d'amandes ou aux grignons d'olives, de confitures à la glucose, de gâteaux à la vaseline, de miel à l'amidon et à la pulpe de châtaignes, de vinaigre à l'acide sulfurique, de fromages à la craie (…). Tous saboteurs ! (…) Car tous,

« saboteurs, écrivait-il, les trafiquants, ô combien patriotes
– plus et mieux que Bazaine – qui, en 1870-71, contribuèrent
au sabotage de leur patrie en livrant aux soldats des
godillots aux semelles de carton et des cartouches à la
poudre de charbon »[1]. Dès lors que la métaphore guerrière
a été mise en circulation par le Président de la République
en personne, on est en droit de poser la question de savoir
quelle différence il y a entre le fait d'envoyer au front des
soldats équipés de godillots aux semelles de carton (quand
l'adversaire porte des bottes de cuir), et le fait d'exposer
directement à la contamination des infirmiers, des pompiers,
des ambulanciers et des médecins en ne leur laissant d'autre
choix que d'user, faute de masques, de sacs poubelles pour
unique protection.

L'idée de sabotage a ensuite été reprise et
systématiquement développée par Thorstein Veblen qui,
en se fondant sur la conception que s'en était faite les
syndicalistes américains du mouvement « International
Workers of the World », définissait le sabotage comme
« refus délibéré d'efficacité »[2] : il expliquait notamment
– avec toute l'ironie qui caractérise son style – que, « dans
toute communauté organisée selon le système des prix, le
bien-être général ne peut être maintenu sans un recours
salutaire au sabotage – c'est-à-dire sans l'usage courant
du freinage et de l'obstruction dans l'industrie, sans
restriction de la production de manière à maintenir les prix

en effet, truquent, bousillent, falsifient, le plus qu'ils peuvent. Le sabotage
est partout et en tout : dans l'industrie, dans le commerce, dans
l'agriculture… Partout ! Partout ! Or ce sabotage capitaliste qui imprègne
la société actuelle (…) est bien autrement condamnable que le sabotage
ouvrier. »

1. É. Pouget, *Le sabotage*, *op. cit.*, p. 66.

2. Th. Veblen, « Nature et usage du sabotage », dans *Les ingénieurs
et le capitalisme*, trad. C. Gajdos, Paris-Londres-New York, Gordon &
Breach, 1971, p. 2.

à un taux de profit raisonnable et à se protéger ainsi d'une dépression économique »[1]. On voit bien ici que la raison d'être du sabotage se trouve dans l'organisation générale du système de production et qu'il n'y a donc pas lieu d'accuser quiconque individuellement d'être un saboteur, le sabotage « n'étant pas une question de morale ni de bonnes intentions »[2]. Il s'agit simplement de comprendre que l'usage du sabotage, la mise en œuvre de procédés de freinage de la production et de restriction de l'efficacité productive, s'imposent quand il devient urgent de « recourir à une prudente modération et d'abaisser la production au taux et au volume absorbables par le marché »[3]. C'est ce que Baran et Sweezy devaient désigner un peu plus tard, dans la lignée de Veblen, comme le problème des « surplus » et de leur absorption : à l'âge du « capitalisme monopoliste » dont ils font la théorie[4], de très grandes entreprises en faible nombre se partagent un marché et se mettent d'accord sur les prix, de sorte qu'elles veilleront à ce que les surplus puissent s'écouler à un niveau de prix permettant un profit raisonnable ; quand ce n'est plus possible, et s'il y a un risque que les prix baissent à un niveau en deçà de l'acceptable, ces grands trusts sabotent la production.

L'un des principaux terrains d'expérimentation des techniques de sabotage aura été, au long du XXe siècle, celui de la production d'hydrocarbures, ainsi que l'a fort bien montré Timothy Mitchell[5] : on sait comment, dès le

---

1. *Ibid.*, p. 5.

2. *Ibid.*, p. 13.

3. Th. Veblen, « Le système industriel et les capitaines d'industrie », *op. cit.*, p. 23.

4. Paul A. Baran, Paul M. Sweezy, *Le capitalisme monopoliste*, *op. cit.*

5. T. Mitchell, *Carbon Democracy*, *op. cit.*

début du XXᵉ siècle, d'immenses cartels se sont constitués (la Royal Dutch, Shell et la Banque Rothschild d'un côté, la Standard Oil avec l'Union pétrolière européenne de l'autre) afin de maîtriser la production d'hydrocarbures d'abord en Europe et en Asie, mais ensuite surtout en vue d'empêcher l'émergence de compagnies concurrentes du côté des champs pétrolifères du Moyen Orient. Les trois principales firmes européennes (la Deutsche Bank, Burmah Oil et Shell) se sont alors employées à acquérir des concessions au Moyen Orient, à explorer le sous-sol et surtout, une fois le pétrole découvert, à « limiter la production », à « retarder aussi longtemps que possible la construction [d'oléoducs] », si bien que « l'Irak devint le principal site de sabotage de la production pétrolière »[1], et le resta, comme on sait, jusqu'à une date fort récente. Le but était le même que celui des entreprises monopolistes décrites par Baran et Sweezy : s'entendre sur les prix, maintenir ceux-ci à un niveau suffisamment élevé pour permettre les profits, tout en participant en même temps activement au développement, en Europe et aux États-Unis, d'un mode de vie qui soit le plus gourmant possible en hydrocarbures.

Ces différents exemples illustrent le fait que, pris dans des rapports de production déterminés, les acteurs économiques sont conduits à prendre des décisions qui prolongent, perpétuent et reproduisent ce mode de production : il est évident qu'aucun acteur politique et économique n'assumerait en propre une décision de sabotage et donc qu'aucun d'entre eux ne peut être individuellement accusé d'une telle chose. Mais si le système nécessite, pour son fonctionnement, que des décisions de cette sorte soient prises, elles le sont. Comment

1. T. Mitchell, *Carbon Democracy, op. cit.*, p. 70-72.

expliquer autrement que le risque considérable ait pu être pris d'une crise économique de grande ampleur, d'un blocage quasi complet de la production, d'une considérable accumulation de dettes publiques et d'un chômage de masse, avec pour seule raison une pandémie qui, d'après les chiffres dont on dispose actuellement, tue au maximum entre 0,5 et 1% de la population?

Nous sommes conduit à penser que cela à quelque chose à voir avec le fait que le stade actuel du capitalisme (celui que, faute de mieux, on peut appeler « néolibéral ») est parvenu à un point critique. Les guerres mondiales et les vastes entreprises coordonnées de sabotage ont été tout au long du XXᵉ siècle les deux principaux moyens de régler les problèmes posés par l'écoulement des surplus : employée comme un moyen de destruction créative[1], la guerre intervient quand la crise de surproduction et l'impossibilité d'écouler les surplus sont avérées (leur destruction en masse devenant alors l'unique solution), tandis que le sabotage intervient comme un moyen de prévenir l'apparition de la crise de surproduction en empêchant ou du moins en limitant la formation de surplus. La guerre est devenue une « solution » difficilement praticable dans les sociétés du centre de l'économie capitaliste[2] dont on sait, depuis la première guerre d'Irak,

---

1. Hannah Arendt l'avait fort bien vu, donnant l'exemple de l'Allemagne qui, selon elle « montrait très clairement que, dans les conditions modernes, l'expropriation des gens, la destruction des objets et la dévastation des villes aboutissent finalement à stimuler un processus (…) d'accumulation de richesse plus rapide et plus efficace » (H. Arendt, *Condition de l'homme moderne*, trad. G. Fradier, Paris, Pocket-Agora, 1994, p. 320).

2. En revanche, sur la périphérie (même très proche : *cf.* la Russie et le Moyen-Orient), ce moyen reste tout à fait à l'ordre du jour [note ajoutée pour la présente édition].

qu'elles ne tolèrent plus de conflits armés qu'à la condition
qu'ils soient lointains et qu'ils fassent « zéro mort » (dans
leurs rangs).

La sacralisation de la vie[1] est désormais telle qu'il n'est
plus permis d'envisager d'ouvrir, dans le centre de
l'économie capitaliste, des champs de bataille, de détruire
les infrastructures de pays entiers et d'y faire périr des
millions d'individus pour relancer l'économie. En revanche,
cette même sacralisation de la vie permet d'envisager un
arrêt temporaire de la production en le justifiant de la
nécessité même de protéger la vie. Ce choc qui, au total,
fera beaucoup moins de morts qu'une guerre, peut s'avérer
salutaire : ce coup de frein mis à la production mondiale
empêchera ou du moins retardera la formation de surplus,
il achèvera d'anéantir les emplois déjà menacés, de
précipiter dans la faillite les entreprises déjà fragiles, il
relancera l'activité financière en démultipliant les dettes
publiques[2], bref il permettra le vaste ménage qui, dans
l'histoire du mode de production capitaliste, précède
toujours sa relance et son redéploiement.

Au-delà cependant de ce constat froidement réaliste,
il y a également lieu d'espérer que la période que nous
vivons depuis le déclenchement de la pandémie de la

1. Voir sur ce point également les analyses que Hannah Arendt
consacrait à « la vie comme souverain bien » à la fin de *Condition de
l'homme moderne* (*op. cit.*, p. 390 *sq.*).
2. De ce point de vue-là, la politique d'aides publiques massives,
déclarée impossible à mener jusque-là, mais subitement mise en œuvre
au nom d'un « quoiqu'il en coûte » qui se garde bien de préciser à *qui*
il en coûte ou en coûtera, aura été très efficace. D'un point de vue social
en revanche, le bilan est tout autre : « en France, selon les associations
caritatives, la crise a condamné un million de personnes supplémentaires
à la pauvreté » (B. Stiegler, Fr. Alla, *Santé publique, année zéro*, Paris,
Tract-Gallimard, 2022, p. 7) [note ajoutée pour la présente édition].

Covid 19 participe à conférer une actualité nouvelle aux notions d'utilité sociale, de coopération, d'entre-aide et de mutualité. Mais cet espoir est aussitôt tempéré par le constat que les administrateurs du « monde d'avant » sont encore au pouvoir, et qu'ils feront tout pour que rien ne change, y compris en faisant *comme si* tout avait changé et en s'en allant répétant à qui voudra bien les croire que « rien ne pourra plus être comme avant » : ils en ont l'habitude, et ils savent bien qu'il « faut que tout change pour que rien ne change » (Visconti, *Le Guépard*). La nomination de Jean Castex comme Premier ministre au sortir du plus fort de la crise le prouve suffisamment : directeur de l'Hospitalisation et de l'Offre de soin au Ministère de la santé au mitan des années 2000, c'est à ce titre qu'il a été l'un des principaux promoteurs de la réforme « T2A », c'est-à-dire de l'introduction de la « tarification à l'activité » et de la transformation des hôpitaux en entreprises de production de soins. Ainsi donc, alors même que la pandémie déclenchée par le SARS-Cov-2 vient tout juste de démontrer que la mise en œuvre de ces réformes a placé les hôpitaux et le service public de santé dans une situation telle qu'ils ne sont plus en mesure de faire face à une crise sanitaire de grande ampleur, le pouvoir a décidé de confier le gouvernement du pays à l'un des acteurs responsables de cette situation.

Le pouvoir assume donc, par ses actes sinon dans ses discours, l'ensemble des politiques dont les effets ont été de mettre le système public de santé dans un état tel qu'en cas de crise majeure, il n'y ait plus d'autres choix, au début du XXIᵉ siècle, que d'imposer à la population la « solution » prémoderne d'un confinement général particulièrement strict (et plus strict en France qu'ailleurs). À quoi s'ajoute que ces administrateurs du « monde d'avant » sont imprégnés d'une idéologie de la concurrence libre et non faussée que les démonstrations en acte d'une solidarité vivante, dont nous venons d'être les témoins durant la crise, ne suffiront certainement pas à éliminer. D'eux, il n'y a donc rien ou pas grand-chose à attendre, mais tout à espérer des acteurs qui, au plus intime d'eux-mêmes, viennent tout juste de refaire l'expérience de la dépendance entre vivants et de la solidarité entre associés[1].

Dès le début de la crise sanitaire, nous avons vu se multiplier des initiatives venues des acteurs de la vie sociale ordinaire et dont la marque distinctive est d'avoir été des initiatives coopératives. Ici, ce sont des jeunes qui se sont organisés pour faire et livrer les courses des personnes âgées au cœur d'un centre-ville difficile d'accès (le vieux Nice en l'occurrence), là ce sont des médecins et des infirmières qui, dans un service, se sont directement (ré) organisés, sans attendre aucune consigne d'une direction aux abonnés absents, ailleurs ce sont des militants associatifs et/ou politiques qui se sont organisés pour apporter dans tel ou tel quartier, à telle ou telle famille, là encore du ravitaillement en denrées de base, mais aussi du soutien scolaire aux enfants ou simplement de la présence aux anciens.

L'intérêt de ces initiatives est que la notion d'utilité ait été en leur centre. Des personnes ont voulu se rendre utiles à d'autres, les soulager d'une tâche (faire les courses, garder les enfants, leur faire cours) qu'elles ne pouvaient plus accomplir parce qu'elles étaient complètement mobilisées par d'autres obligations au service de la

1. D'où la différence et le contraste, relevés et soulignés par Yves-Charles Zarka (« Biopolitique du coronavirus », *Cités*, n°82/2020, p. 5-6), entre « le récit du pouvoir » et « le récit des gens » ou « les récits de vie de tout un chacun ».

collectivité, ou parce que cette tâche les aurait exposées à des risques excessifs pour leur santé (dans le cas des personnes âgées notamment), ou pour d'autres raisons encore. Mais la forme prise par la notion d'utilité ici mobilisée ou présupposée est tout à fait spécifique : il s'agit d'utilité *sociale*, ce qui suppose de distinguer entre deux notions d'utilité. Il y a l'utilité prise au sens de *servir à* quelque chose, et l'utilité au sens de *se rendre utile* à quelqu'un, d'être *utile pour* quelqu'un. La période récente a permis de prendre à nouveau conscience que l'utilité ne se réduisait pas à « servir à », qu'elle possédait un autre sens que le sens utilitaire auquel elle est le plus souvent réduite, et que l'utilité *sociale* est davantage et autre chose que la somme des utilités *individuelles*. « Être utile à autrui » n'est pas non plus la même chose que « servir » parce que, dans le premier cas, on est dans une relation de mutualité entre égaux, tandis que dans le second on se met « au service de », ce qui introduit un rapport d'inégalité entre celui qui sert (le serviteur) et celui qui est servi. Il n'y a rien de cela dans l'utilité sociale : se rendre utile à autrui en ce sens suppose à la fois une libre initiative (on ne le fait pas en obéissant à un ordre) et l'horizontalité de la relation entre celui qui rend le service et celui qui en bénéficie. Et cette horizontalité de la relation est elle-même liée au fait qu'il s'agit d'une relation toujours susceptible d'être inversée : aujourd'hui, c'est toi qui me rends service, mais demain cela pourra être moi.

Une caractéristique majeure de ces initiatives est non seulement qu'elles se sont faites dans un rapport d'égalité entre celui qui aide et celui qui est aidé (le présupposé étant que cette relation est réversible), mais qu'elles ont été bénévoles, non rétribuées et donc hors marché. En ce sens, il s'est agi là d'initiatives qui se sont imposées afin de prendre le relai, dans un contexte caractérisé par leur défaillance, des deux principaux acteurs autour desquels tout tourne et se structure depuis 30 ans : le marché et l'État.

L'État libéral – celui qui résulte de la mise en œuvre des nouvelles politiques publiques depuis les années 1990 – s'avère défaillant parce que, dans une sorte d'auto-sabotage, il s'est lui-même privé de ses propres capacités d'anticipation et de planification. Quant au marché global, il s'avère tout aussi défaillant parce qu'il a été dans le même temps réduit à un jeu entre des acteurs conçus comme des monades sans portes ni fenêtres, guidées par leur seul intérêt propre, sans liens entre elles autres que des contrats pouvant être dénoncés à tout moment. Voilà donc où nous en sommes : pas de prévoyance du côté de l'État, pas de coordination du côté du marché.

Tel est donc ce que la pandémie a rendu pleinement manifeste : l'impuissance d'un État qui s'arcboute d'autant plus sur ses missions prétendument « régaliennes » de maintien de l'ordre et de répression (ce qu'il fit durant le confinement, en France plus qu'ailleurs) qu'il se montre impuissant à faire face à la crise pour la très simple raison qu'il s'est lui-même privé des moyens de la prévoir en renonçant à planifier et en abandonnant les hôpitaux et la recherche publics à une gestion strictement comptable à courte vue. Mais, dans le même temps et du côté du marché cette fois, ce n'est pas tant l'impuissance que la logique antisociale qui devenait apparente : on découvre alors comment une logique purement marchande a conduit notre société à se priver des moyens de produire les molécules médicamenteuses à la fois les plus élémentaires et les plus indispensables, pour ne rien dire de simples masques de protection transformés en denrées rares par absence complète de moyens de les produire sur place. C'est dans ce contexte que se réinvente la solidarité au sens de la complémentarité réciproque des acteurs et de l'utilité mutuelle des individus.

La tentation est certainement grande du côté de l'État de se mettre systématiquement à compter sur ce genre d'initiatives pour pallier ses propres manques et défaillances. Ce serait un peu vite oublier que, dans un État social digne de ce nom, il y a des gens (et, parmi eux, une majorité de femmes) dont c'est le métier (et souvent la vocation) de travailler au service de la collectivité, qui sont reconnus et payés (souvent mal) pour cela : ce sont des infirmières, des médecins de l'assistance publique, des enseignants, des agents municipaux, des pompiers, des gardiens de la paix, des travailleurs sociaux, des para-médicaux, etc. Mais comme ces personnes n'ont eu droit qu'au mépris de l'État depuis de longues années, comme elles ont vu se succéder les réformes qui désorganisaient leur travail, le déconsidéraient et le dénaturaient en en supprimant la référence à l'utilité sociale, remplacée par l'efficacité voire la productivité, il ne faudrait pas que ce même État se défausse de sa responsabilité et se croit dédouané sous prétexte que des citoyens sont encore capables de se mobiliser au service des autres sans attendre aucune reconnaissance pour cela, et de façon totalement bénévole.

Il serait temps de prendre conscience du fait que la mobilisation de type coopératif dont ces personnes ont été capables pendant la crise sanitaire est porteuse d'une exigence proprement politique : celle de réinventer l'action sociale, le service social sous une forme nouvelle qui ne sera plus celle de l'État social institué après la Seconde guerre mondiale. L'horizontalité et la spontanéité des actions de service, de coopération et de solidarité qui viennent d'avoir lieu sont en elles-mêmes une critique de l'État social hiérarchique, bureaucratique, vertical, et de ses mécanismes d'assistance toujours doublés de dispositifs de contrôle[1]. Le sens de ces actions de solidarité, d'aide mutuelle et de services réciproques est que l'action sociale doit être réinventée par-delà la défaillance et la déconstruction de l'État social.

Est-ce à dire que ces initiatives en appellent désormais à l'entreprise, en lieu et place de l'État ? Pourquoi pas, mais là aussi à condition que soit repensé le sens de ce qu'est une entreprise, par-delà le sens auquel 30 ans de néolibéralisme l'ont réduite. L'entreprise, en tant que telle, n'est en effet pas le problème : le problème, c'est la signification qu'on a donnée à l'entreprise en en faisant un acteur uniquement occupé à maximiser son intérêt propre, et donc en oubliant ou du moins en minimisant la notion de *responsabilité sociale* de l'entreprise. Or, une entreprise est un acteur économique et social (en droit, c'est un *sujet*) auquel la société doit pouvoir demander des comptes quant à l'utilité sociale de l'activité de production ou de service à laquelle cet acteur se consacre[2]. Non seulement il faut aujourd'hui redécouvrir cette dimension d'utilité sociale de l'entreprise, mais il faudrait urgemment l'élargir jusqu'à l'utilité écologique et environnementale.

1. Voir É. Balibar, « Entre l'État et le Commun : le service public – mi-temps de la crise, 2/3 », *AOC*, 16 juillet 2020 : https://aoc.media/opinion/2020/07/15/entre-letat-et-le-commun-le-service-public-mi-temps-de-la-crise-2-3/ Voir le diagnostic très tôt posé (début des années 1980) par J. Habermas, « La crise de l'État-providence et l'épuisement des énergies utopiques », dans *Écrits politiques. Culture, droit, histoire*, trad. C. Bouchindhomme, R. Rochlitz, Paris, Champs-Flammarion, 1999, p. 139 *sq*.

2. C'est là un point sur lequel Alain Supiot insiste particulièrement dans ses travaux.

En temps de crise écologique globale, la société est en effet en droit de demander des comptes environnementaux aux entreprises, en plus des comptes sociaux qu'elles doivent également être tenues de rendre. Incontestablement, faire cela, c'est rompre avec la conception libérale de l'entreprise qui en fait un acteur qui n'a de comptes à rendre à personne d'autre qu'à lui-même – et à ses actionnaires parce que, selon cette conception, l'entreprise n'est pas un sujet, mais un *bien* et, à ce titre, la propriété de ses actionnaires. Dans un contexte de défaillance sans doute irrémédiable de l'État social, il paraît parfaitement envisageable de s'en remettre davantage à ces acteurs sociaux que sont les entreprises, mais à la condition expresse qu'elles se conçoivent elles-mêmes comme des acteurs *sociaux* et qu'elles se comportent en conséquence : il est à craindre qu'on soit assez loin du compte puisque cela supposerait à la fois une transformation des rapports des entreprises à leur environnement social (qu'elles admettent en avoir un qui ne se réduise pas à leurs seuls actionnaires), et une transformation interne de leur mode d'organisation (qu'elles rompent avec le néo management).

Il serait sans doute plus commode de commencer par redéfinir la notion de service public. Et plutôt que de la redéfinir à partir de rien, il vaudrait sans doute mieux redécouvrir son sens premier et originaire : elle s'appuie sur l'idée de propriété collective. Un service public est quelque chose qui appartient à tout le monde, non pas cependant au sens d'une possession, mais au sens d'une *propriété d'usage* ou d'une propriété *par* l'usage[1] : en ce

---

1. Selon une conception de la propriété que l'on trouvait déjà chez Fichte, *L'État commercial fermé*, trad. D. Schulthess, Lausanne, L'Âge d'Homme, 1980, p. 72 : « j'ai décrit le droit de propriété en tant que droit exclusif *à des actions*, nullement *à des choses* ».

sens, Étienne Balibar[1] a raison de rapprocher la notion de service public de celle du « commun » – dont je privilégierais quant à moi la version qu'en donnent Christian Laval et Pierre Dardot quand ils définissent le commun comme « co-activité, et non comme co-appartenance, co-propriété ou co-possession »[2]. En ce sens, si l'on peut dire, comme Robert Castel, que le service public[3] est la propriété de ceux qui n'en ont pas, il faut entendre par là non pas une forme de possession ou propriété collective, mais un ensemble partagé de conditions dont l'usage commun permet au plus grand nombre – donc à ceux qui ne possèdent pas ces conditions de façon privative – de déployer son activité propre. Dire que les services publics permettent de réduire les inégalités est donc insuffisant : il faut dire qu'ils sont la réduction *en acte* de la *principale* inégalité, celle entre propriétaires et non propriétaires. Les classes dominantes et dirigeantes le savent parfaitement, d'où la lutte qu'elles ont engagée depuis de longues années contre les services publics, et que la crise de la Covid 19 ne semble pas devoir ralentir, ni dans son rythme ni dans son intensité : c'est vrai s'agissant de l'hôpital avec, on l'a vu, la promotion d'acteurs politiques directement responsables de l'état dans lequel il se trouve depuis l'introduction de la réforme de la tarification et les transformations de son fonctionnement interne – mais c'est vrai également

1. É. Balibar, « Entre l'État et le Commun : le service public – mi-temps de la crise, 2/3 », art. cit.

2. P. Dardot, Ch. Laval, *Commun. Essai sur la révolution au XXIᵉ siècle*, Paris, La Découverte, 2014, p. 48.

3. Complémentaire de ce que Castel appelait des mécanismes de « propriété de transfert », telle l'assurance sociale : *cf.* R. Castel, *Les métamorphoses de la question sociale. Une chronique du salariat*, Paris, Fayard, 1995, p. 308 *sq.*

du système public d'enseignement, notamment secondaire et supérieur, la crise sanitaire ayant permis à la fois de porter les derniers coups contre le baccalauréat et d'imposer la Loi de programmation pluriannuelle de la recherche, nouvelle et décisive étape dans la dérégulation de l'enseignement supérieur.

Mais encore faut-il être au clair sur la manière dont est menée cette lutte : la stratégie n'est en effet pas tant de détruire les services publics de façon frontale et brutale que de *faire baisser la demande* de services publics. Pour cela, l'indispensable préalable est de faire baisser la qualité des services publics (par exemple en n'accordant pas aux universités les moyens pérennes de faire face correctement à un afflux d'étudiants), et donc littéralement – on y revient encore – de les *saboter* de manière à ce que la population s'en détourne d'elle-même et finisse par demander au privé de pallier les insuffisances du secteur public. La crise sanitaire vient de démontrer que l'État pourrait parfaitement, s'il le voulait, agir autrement : au plus fort de la crise, les hôpitaux ont vu arriver des moyens qu'ils réclamaient en vain depuis des années[1], des moyens qui leur ont été retirés,

---

1. Qu'il soit clair que je n'attribue ici aucune *intention* de sabotage aux pouvoirs publics : dans l'urgence, des moyens hors du commun ont effectivement été déployés (pas seulement en France, et parfois ailleurs – en Allemagne par exemple – plus encore qu'en France), pour les hôpitaux, mais aussi pour le soutien aux entreprises et aux salariés. Mais je constate que ces moyens ont décuplé les dettes publiques au plus grand bénéfice des prêteurs, que les plus riches se sont considérablement enrichis pendant la crise et que (rien qu'en France) des centaines de milliers de personnes sont tombées dans la pauvreté. Je redis que je désigne par « sabotage » une tendance *systémique* inhérente au mode de production capitaliste, une tendance à mes yeux avérée par l'usage que ledit mode de production a commencé à faire et fera de la pandémie par l'intermédiaire des gouvernements qui le servent, et cela de la Chine aux États-Unis en passant par l'Europe [note complétée pour la présence édition].

aussitôt passé le pic de la crise. Mais cette crise a aussi été celle qui aura permis aux acteurs de découvrir et d'expérimenter, dans leurs services et au plus près des patients, des modes de fonctionnement (ne disons justement pas de « gouvernance ») et de prise de décision situés aux antipodes des pratiques managériales qui leur sont habituellement imposées : ce sont les soignants qui ont repris la main aux dépens des administrateurs, et qui l'ont fait dans une contestation en acte des hiérarchies instituées, notamment entre le corps médical et le corps infirmier – les nécessités et les vertus de la coopération s'étant imposées à eux contre les fonctionnements hiérarchiques hérités.

Le fait que de très nombreux acteurs aient ainsi fait, au plus fort de la crise sanitaire, l'expérience vive d'une coopération en acte au service des patients et, plus généralement, au service de la population et en vue de la satisfaction de ses besoins les plus essentiels (que les malades soient soignés, que les anciens soient entourés, que les enfants soient encadrés et éduqués, que les magasins soient alimentés, que les ordures soient enlevées, que le courrier soit distribué, etc.) est une contestation directe de l'idéologie et des pratiques de la concurrence injectées à haute dose dans la population depuis plus d'une trentaine d'années. Ce sont les présupposés anthropologiques de cette idéologie et de ces pratiques qui sortent de la crise sanitaire profondément remis en cause.

À cette idéologie de la concurrence et à ses présupposés anthropologiques de type individualiste, on peut objecter que le premier constat anthropologique est que les hommes vivent en société et qu'ils sont des animaux sociaux : inutile d'être marxiste pour affirmer cela, Aristote suffit largement. On objectera aussi que l'individualisme est lui-même une idéologie d'origine sociale et qu'il a fallu de nombreux siècles d'histoire sociale pour que l'individu devienne une valeur et que des sociétés se structurent autour d'institutions destinées à protéger les droits de l'individu. Il n'y a là rien qui soit naturel, il n'y a que de l'historique et du social. J'ajouterai qu'on peut concevoir l'individu, sa valeur et la société qui la reconnait tout à fait autrement que comme un champ de bataille entre égoïstes forcenés : la reconnaissance de la valeur de l'individu doit aller de pair avec celle du caractère complémentaire des individus entre eux – ce qui suppose de penser que la société n'est pas l'opposé de l'individualité, et qu'elle ne consiste en rien d'autre que dans le lien de solidarité entre individus. Là encore, inutile d'être marxiste : avoir lu Durkheim suffit amplement. Je remarque en outre que les approches individualistes, en particulier économiques, de l'individu font l'impasse sur le fait que chaque individu est aussi une *personne*, et qu'à ce titre il y a, en chacun, quelque chose qui échappe au calcul pour la très simple raison que cela n'a pas de prix. C'est ce que Kant appelait la *dignité*. Or la dignité est ce dont les approches économiques dominantes (par exemple celle de l'hôpital en termes de nombre de lits et de coût) aboutissent à faire systématiquement abstraction : cela a sauté aux yeux ces derniers mois.

S'il fallait ramener à l'essentiel ces initiatives diverses qui ont été le fait de très nombreux acteurs pendant la crise sanitaire, je dirais qu'elles ont peu à voir avec la démocratie politique, mais tout à voir avec la démocratie sociale parce qu'elles sont des initiatives qui viennent *d'en bas*, parce qu'elles résultent de la *coordination directe* des acteurs les uns avec les autres, parce qu'elles sont mues par le projet d'être *socialement utiles*, parce qu'elles résultent d'une *auto-organisation* et parce que, enfin, elles témoignent de la mise en œuvre d'une *intelligence collective*. En ce sens, elles sont la démocratie sociale en acte. Il aura donc fallu des défaillances en chaîne du côté du marché et de l'État pour que la démocratie sociale se réveille et prenne le relai. Elle a fait la démonstration de son efficacité quand les instances dirigeantes faisaient la démonstration de l'inverse, dans des proportions et à une échelle qui laissent sans voix.

TABLE DES MATIÈRES

ACTUALITÉS

INTERVENTIONS

chevé d'imprimer en janvier 2024 par *La Manufacture - Imprimeur* – 52200 Lang
Imprimé en France – N° d'imprimeur :240040– Dépôt légal : janvier 2024